2019 개정 누리과정 · 2024 개정 표준보육과정을 반영한

영유아건강교육

제3판

2019 개정 누리과정 · 2024 개정 표준보육과정을 반영한

영유아건강교육

임민정 · 임영심 · 정정희

KNOWLEDGE COMMUNITY 공동체

머리말

인간 삶의 과정에서 건강은 가장 기본적이면서 중요한 부분을 차지한다. 건강한 삶은 하루아침에 이루어지는 것이 아니며, 어릴 때부터 건강에 대해 관심을 기울이고 건강한 생활습관과 태도를 형성하도록 노력해야 한다. 또한 일상생활에서 건강을 유지하고 질병을 예방하기 위한 적극적인 자세를 지니는 것이 필요하다.

이 책은 영유아기 건강의 중요성을 인식하고 영유아의 건강증진 및 건강교육을 제공하기 위한 이론과 실제를 소개한다. 최근 여성의 사회경제적 참여가 늘어나고 유아교육기관에 입학하는 연령이 낮아짐에 따라 영유아의 건강한 성장과 발달을 위한 유아교육기관의 역할이 점차 증대되고 있다. 유아교육기관에서는 영유아의 발달 과정 및 발달 특성에 적합한 환경과 영양을 제공하고, 영유아들이 건강에 대한 올바른 지식, 기술, 태도를 형성할 수 있도록 건강교육을 실시해야 한다. 영유아기 건강은 생애 성장과 발달의 기초를 형성하고 이후의 발달에 중요한 영향을 미치게 된다. 영유아들을 돌보고 교육하는 교사들은 영유아기 건강의 중요성과 건강에 영향을 미치는 여러 요인들을 이해하고, 영유아의 건강을 유지하고 성장과 발달을 지원할 수 있는 건강교육의 내용과 방법을 습득해야 한다.

건강은 개인의 잠재력을 실현하고 행복한 삶을 영위해 나가는 데 필수적인 역할을 담당한다. 현대적 개념의 건강은 단순히 질병이 없는 상태가 아닌 신체적 · 정신적 · 사회적 측면의 건강을 포함하는 포괄적인 의미를 지닌다. 영유아를 위한 건강교육도 신체적인 건강만이 아니라 정신적 건강과 사회적 건강을 지원할 수 있는 포괄적인 방향으로 접근하여야 한다. 최근 유아교육 이론들은 지식과 기술을 직접적으로 전달하기보다 유아 스스로 지식을 구성하고 적용해 보는 능동적 학습을 강조하고 있다. 특히 2019 개정 누리과정과 2024 개정 표준보육과정에서는 유아 중심과 놀이 중심 교육을 중심으로 학습하도록 하였다. 건강교육을 실행하는 과정에서도 놀이경험을 하는 가운데 영유아의 적극적인 참여를 격려하고, 일상생활 속에서 건강한 생활습관과 태도를 실천해 볼 수 있는 환경과 교수-학습 방안을 제공해야 할 것이다. 따라서 이 책에서는 포괄적인 건강의 개념에 기초하여 영유아의 건강한 성장과 발달을 지원하기 위한 건강교육의 이론과 방법을 구성하였다.

책의 내용은 크게 영유아를 위한 건강교육의 이론과 실제로 구분되어 있다. 건강교육의 이론 편은 1장 건강교육의 개념, 2장 영유아 발달과 건강, 3장 건강교육 교육과정, 4장 영유아 건강교육 관련 법과 평가, 5장 건강생활습관 지도, 6장 영양교육과 건강, 7장 영유아의 정신건강, 8장 건강관리와 감염병, 9장 질병 간호와 응급처치, 10장 영유아 건강교육을 위한 교수-학습 방법, 11장 영유아 건강교육을 위한 환경구성, 12장 아동학대와 건강으로 구성되어 있다. 실제 편인 마지막 13장에서는 앞 장에서 다루어진 건강교육의 내용과 이론을 기초로 영유아교육기관에서 적용할 수 있는 영아와 유아 대상의 활동 유형을 제시하고 있다.

이 책은 유아교육과 아동학, 보육 관련 학과에서 영유아 건강교육을 공부하는 예비유아교사들과 유아교육기관에서 영유아를 지도하는 원장 및 교사들을 위한 유용한 학습자료로 사용될 수 있다. 또한 해당 분야의 대학원생, 교수, 정책연구가들에게 영유아 건강교육의 중요성을 인식하고 방향성을 설정하는 데 도움이 되는 다양한 정보를 제공할 수 있을 것이다. 본서의 초판을 낸 지 수년이 지난 지금, 2019 개정 누리과정과 2024 개정 표준보육과정을 반영하여 제3판을 발행하게 되었다. 이후로도 지속적으로 부족한 부분을 보완해 나갈것을 약속드리며, 많은 격려와 충고 부탁드린다. 책이 출간되기까지 많은 도움을 주신 분들의 노력에 감사드리며, 부족한 책의 출판을 지원해 주신 공동체 출판사 사장님을 비롯한 공동체 가족 여러분들께 깊은 감사의 마음을 전한다.

2025년 7월

저자 일동

CONTENTS

제1장

건강교육의 개념

1. 건강의 의미와 중요성
2. 영유아 건강교육의 개념
3. 영유아 건강에 영향을 미치는 요인

1장 건강교육의 개념

현대인들의 삶은 점점 바쁘고 복잡해지고 있으나 건강한 삶에 대한 관심은 높아져 가고 있다. 건강한 삶은 하루아침에 이루어지는 것이 아니라 인생의 전 과정을 통해 지속적으로 노력함으로써 성취할 수 있는 것이다. 과거에는 건강하다는 것이 단지 신체적으로 아프지 않은 것을 의미하였으나 건강에 대한 개념은 신체적 건강과 정신적·사회적 건강을 모두 포함하는 의미로 확대되고 있다. 건강교육은 건강의 기초가 형성되고 성장발육이 왕성하며 일생에 걸친 습관을 형성하는 영유아기부터 실시되는 것이 중요하다. 따라서 1장에서는 건강의 의미와 중요성, 건강교육의 개념, 영유아 건강에 영향을 미치는 요인 등을 중심으로 살펴보고자 한다.

1. 건강의 의미와 중요성

대부분의 사람들은 인생에서 가장 중요한 목표 가운데 하나로 건강하게 살아가는 것을 들고 있다. 건강한 삶은 사람들로 하여금 행복을 느끼게 해주며 자신이 하고자 하는 소망을 이루어 가는 원동력이 될 수 있기 때문이다. 영유아기는 건강한 몸과 마음을 형성하는 기초를 제공해 주므로 일생을 통해 건강한 삶을 살아가는 데 중요한 역할을 한다.

영유아의 건강은 주위에서 돌보아 주는 부모와 교사에 의해 영향을 받게 된다. 양육자가 영유아의 신체적·정신적 발달 특성을 잘 이해하고 적절한 돌봄을 제공하여야 건강한 성장과 발달이 가능하다. 또한 양육자는 영유아의 건강에 도움이 되는 음식물을 섭취하도록 제공하고 예방접종 및 질병에 대한 상식, 안전사고에 대한 지식을 갖추고 필요할 때마다 적절하게 대처할 수 있어야 한다.

일반적으로 가정에서 부모는 자녀가 건강하게 자랄 수 있도록 지원하고 보살펴 주는 역할을 수행한다. 또한 유아교육기관에서 교사는 청결하고 위생적인 환경 제공과 정서적 지지 등을 통해 영유아의 건강한 생활습관 형성을 지원하게 된다. 따라서 영유아를 날마다 돌보고 교육하는 부모와 교사가 건강에 대한 관심을 가지고 관련 지식 및 실천 능력을 갖추는 것은 매우 중요하다고 볼 수 있다.

1) 건강의 의미

건강(health)의 어원은 whole(완전한, 전체)에서 시작되어 hale로, 그리고 health로 변화되어 온 것이다(Artikel, 1974). 건강의 어원을 살펴볼 때 건강개념은 신체적·정신적·사회적 측면을 모두 포함하는 의미로 볼 수 있다. 과거에는 신체적인 건강만을 일컫던 건강개념이 19세기 들어 정신적인 건강에까지 확대되게 되었고, 20세기 이후에는 총체적인 생활경험으로서의 건강개념이 등장하게 되었다. 건강에 대한 개념이 변화해 오면서 단순히 건강함을 질병이 없는 상태라고 보는 수동적 태도에서 건강을 해치는 생활습관을 변화시키고 운동과 같이 적극적으로 건강을 추구하는 능동적 태도를 강조하는 방향으로 인식이 전환되고 있다.

세계보건기구(WHO)는 건강의 의미를 “단지 질병이나 불구가 없는 상태만이 아니라 신체적·정신적·사회적으로 완전한 안녕상태"로 정의하고 있다. 이에 덧붙여 사람은 국적·인종·종교·경제·사회 등의 상태 여하를 불문하고 누구든지 고도의 건강을 누릴 권리가 있음을 명시하고 있다. 우리나라 헌법에서도 건강에 대해 "모든 국민이 마땅히 누려야 할 기본적인 권리"라고 규정하고 있는 것을 볼 때, 국가에서 국민의 건강을 하나의 기본권적 개념으로 보고 있음을 알 수 있다.

영유아 건강의 개념도 질병에 감염되지 않거나 허약하지 않다는 의미뿐 아니라 신체적·정신적·사회적 측면에서 문제가 없는 상태를 뜻하는 의미로 확대되고 있다. 신체적으로 건강하다는 것은 몸이 허약하지 않고 튼튼하며 병이 없는 것을 말한다. 정신적 건강은 스트레스나 화 등과 같은 정신적 고통이 없는 것으로 마음이 행복하고 편안한 상태를 의미한다. 사회적 건강이란 다른 사람과 어울리며 원만한 관계를 유지하는 사회적응력을 가진 경우를 뜻한다. 신체적·정신적·사회적 건강은 서로 밀접하게 관련되어 있으므로 이들 간의 상호 관련성을 고려하면서 건강을 유지하는 것이 필요하다.

종합적으로 살펴볼 때, 건강하다는 것의 의미는 질병이 없는 상태로서 신체적인 측면뿐만 아니라 인간 발달의 세 가지 측면인 신체적·정신적·사회적 요소에서 모두 건강한 경우를 뜻하는 것이라 볼 수 있다.

2) 영유아 건강의 중요성

건강은 인생 전체를 향한 설계를 하는 데 기초가 되는 것으로서 미래의 꿈과 희망을 이루기 위해 갖추어야 할 기본적 자질이다. 건강에 문제가 생기는 경우 성장과 발달 과정에서 지식과 기술을 배우거나 자신이 원하는 바를 성취하는 기회를 놓치게 될 수 있다. 건강은 생애 전체를 통해 중요하게 고려되어야 하지만 특히 영유아기의 건강은 일생을 살아가는 데 기초가 되기 때문에 더욱 관심을 기울여야 한다.

인간의 성장과 발달은 태아기부터 12세까지 대부분 결정된다. 수태되는 순간부터 태내기와 신생아기, 영아기와 유아기는 생리적인 측면과 신체적·심리적·인지적 측면에서 일생 중 가장 현저한 변화과정을 겪게 된다. 따라서 이 시기의 건강은 성인기에까지 영향을 미치게 된다. 태어나서 일정 기간이 지나면 모체로부터 받은 면역력이 소실되어 질병에 노출되기가 쉬워진다. 영유아는 자신의 건강을 스스로 관리하는 데 미숙하므로 부모와 교사가 영유아의 건강을 유지하도록 도와줄 필요가 있다. 사람의 몸은 질병에 노출되거나 몸이 쇠약해진 후에 다시 회복하려면 많은 시간과 노력이 요구된다. 그러므로 영유아기부터 건강에 대한 중요성을 인식하고 스스로 건강을 유지하는 데 관심을 가져 질병을 예방하도록 하는 것이 필요하다.

최근 우리나라는 저출산 고령사회로 진입하게 되면서 아동에게 안전하고 건강한 사회 만들기에 대한 관심이 증가하고 있다. 그러나 건강지표들에 의하면 아동의 신체활동 시간이 줄어들어 과거에 비해 체력이 점점 약해지고 있으며 인스턴트 식품의 과다섭취로 인해 비만 아동이 증가하고 있는 것으로 밝혀지고 있다. 따라서 미래세대 국민 건강을 좌우하는 영유아에 대한 건강관리와 교육을 통해 질병을 예방하고 건강증진을 강화하는 것이 필요하다.

2. 영유아 건강교육의 개념

건강교육(health education)은 건강과 관련된 지식을 습득하고 이해하여 건강한 삶을 영위하도록 노력하고, 기존의 습관이나 행동을 수정하고 강화하여 올바른 건강행위를 실천하도록 하는 것이다(Israel, 1994). 건강교육은 학습자의 요구와 건강개념에 기반하여 건강유지와 안녕의 증진을 동기화하기 위한 교육을 사전에 계획해서 지속적으로 제공하는 것을 의미한다. 또한 건강과 관련된 지식, 태도, 실천능력을 길러 스스로 자신의 건강에 대한 책임감을 가지고 의사결정을 하도록 지원하는 데 그 목적이 있다.

과거에는 건강교육이 주로 질병예방에 초점을 맞춘 소극적 개념이었다면 현대에 들어서는 건강유지와 건강증진의 개념까지 포괄하는 매우 광범위한 개념으로 확대되고 있다. 건강은 인간 삶의 질을 좌우하는 핵심적인 요소이므로 영유아기에 건강교육을 시작하는 것은 매우 중요하다고 할 수 있다. 미국의 유아교육협의회인 NAEYC(1998)에서도 건강한 생활습관 형성을 위해서 영유아기에 건강 관련 경험과 학습을 제공하여 건강에 대한 기본 정보를 이해하고 이를 실천할 수 있는 능력을 기르도록 권장하고 있다.

영유아 건강교육을 위해서는 먼저 교사가 영유아의 발달과 건강을 위한 기본적 지식과 내용을 이해하는 것이 필요하다. 특히 영유아를 위한 건강교육은 영유아의 발달 특성에 대한 이해를 기초로 최적의 성장과 발달을 이루도록 지지와 보호를 제공하고 건강능력의 극대화를 도모해야 한다.

또한 영유아 건강교육은 영유아에 대한 바른 인식에서부터 출발하는 것이 필요하다. 영유아는 성인의 축소판이 아니며 나름대로의 특성을 지닌 존재로서 존중받아야 한다. 성인은 영유아의 건강을 지원해 주는 역할을 하되 영유아가 성인에게 의존적인 존재가 되는 것은 바람직하지 않다. 개별 영유아는 발달의 보편성을 지니고 있으나 개인차를 가진 존재라는 인식을 바탕으로 건강교육을 제공해야 한다. 영유아기는 생리적 취약성과 가소성을 동시에 지닌 특성을 나타낸다. 감염성 질환, 탈수, 고열에 노출될 가능성이 높고 신체조절 능력과 판단력의 부족으로 인해 사고 위험성도 매우 높다. 따라서 영유아 건강교육은 영유아기의 생리적 특성과 여러 가지 건강 요인들을 고려하면서 이루어져야 한다.

1) 영유아 건강교육의 중요성

영유아 건강교육의 중요성을 살펴보면, 먼저 유전적 측면과 환경적 측면에서 생각해 볼 수 있다. 유전적 측면에서 건강교육의 중요성은 영유아가 태어나면서부터 가지고 있는 기본적 성향, 발달 특징을 고려한 가운데 건강교육을 제공한다는 것이다. 영유아의 발달 특성은 개인차를 가지고 있으므로 개별적 특성을 고려하여 건강교육을 제공하도록 한다. 환경적 측면에서 건강교육은 변화하는 시대적 특성과 사회적 환경을 고려하여 영유아가 건강한 삶을 살아가도록 교육해야 하는 중요성을 지닌다. 과거에는 아토피나 신종플루, 수족구와 같은 병이 큰 문제가 되지 않았으나 기후변화와 환경파괴 등으로 인해 점점 새로운 병이 나타나고 있다. 그러므로 환경적 측면의 변화를 고려한 영유아 건강교육을 제공할 필요가 있다.

또한 영유아 건강교육의 중요성은 예방과 치료적 측면에서도 살펴볼 수 있다. 예방적 측면에서는 영유아들의 발달 및 성장이 아직까지 완성되지 않은 단계이기 때문에 건강과 관련하여 향후 일어날 수 있는 여러 가지 사고나 질병에 미리 준비하고 대처하기 위해 건강교육이 필요하다는 입장이다. 또한 치료적 측면에서는 영유아가 건강을 위협하는 상황이나 질병에 걸린 경우, 적절하게 대처하는 방법을 알고 해결할 수 있도록 건강교육을 제공하는 것이다. 이러한 예방적 측면과 치료적 측면에서의 건강교육은 어떤 것이 더 중요하다기보다는 두 가지 측면 모두 영유아의 건강한 삶을 위해 필요하다고 볼 수 있다.

2) 영유아 건강교육의 목적

영유아 건강교육은 영유아의 신체적·정신적·사회적 건강을 위해 제공하는 교육으로서 질병이나 유해환경으로부터 스스로를 보호하고 적절하게 대처하여 건강한 삶을 유지해 가도록 교육하려는 목적을 지닌다. 어린 영유아는 스스로 건강을 돌보고 유지하기 어려우므로 건강교육을 통해 영유아로 하여금 건강에 대한 올바른 지식, 기술, 태도를 갖추도록 지도한다.

① 건강교육을 통해 건강과 관련된 지식을 습득한다

건강한 생활을 하기 위해서는 건강과 관련된 기본 지식을 가지고 있어야 한다. 잘못된 건강지식은 오히려 영유아의 건강을 해칠 수 있기 때문에 어릴 때부터 건강에 관한 정확한 지식과 정보를 가질 수 있도록 지도한다.

② 건강교육을 통해 건강 관련 기술을 익힌다

건강 관련 지식을 실천하기 위해서는 올바른 기술을 갖추는 것이 필요하다. 예를 들면, 손을 씻기 위한 방법에도 비누칠하기, 비눗물이 남지 않도록 깨끗이 헹구기 등 구체적인 기술이 있으므로 바른 생활습관을 기를 수 있도록 반복해서 익히도록 지도한다.

③ 건강교육을 통해 건강한 생활태도를 형성한다

영유아가 건강하게 성장하기 위해서는 건강한 생활에 대한 관심을 가지고 건강을 유지하기 위한 긍정적 태도를 형성하는 것이 필요하다. 예를 들어, 손 씻기에 대한 건강교육을 제공하여 손을 깨끗이 씻었을 때 즐거운 기분을 가지고, 생활 가운데 손 씻기를 실천할 수 있는 자세를 기르도록 지도한다.

3. 영유아 건강에 영향을 미치는 요인

영유아기 건강에 영향을 미치는 요인들에는 주로 유전적 요인과 환경적 요인이 포함된다. 이러한 요인들은 서로 역동적이고 복합적으로 영향을 미치므로 건강에 미치는 요인을 어느 한 가지만으로 설명하기는 어렵다. 부모나 교사는 영유아의 건강상태에 영향을 미치는 다양한 요인들에 대한 정보를 알아두어 건강을 유지하고 증진시키는 데 활용하도록 한다.

1) 유전적인 요인

수정 시 부모에게 받게 되는 여러 가지 유전인자들은 영유아의 신체적·정신적 발달과 건강의 기초를 형성하는 중요한 역할을 한다. 특히 심장질환, 암, 당뇨병 혹은 정신질환 등과 같은 질병은 유전적 요인과 관련성이 깊다. 가족력 조사를 통해 유전적 특성을 알아냄으로써 영유아의 건강에 영향을 미칠 수 있는 유전적인 요인들을 예측하여 사전에 예방하거나 조기에 치료하는 것이 매우 중요하다.

2) 환경적인 요인

(1) 영양

영유아기는 단위체중당 소요되는 영양소 열량이 성인에 비해서 매우 높게 나타난다. 성인의 경우 신체를 유지하고 근육운동과 정신활동에 소요되는 영양 공급이 요구되지만, 영유아는 신체 성장과 발달이 빠른 속도로 이루어지고 활동량이 많으므로 부가적인 영양이 더 많이 필요하기 때문이다. 이 시기에 영양이 충분히 공급되지 않으면 영양결핍으로 인해 질병이나 기타 부작용이 나타나기 쉽다. 그러므로 영유아가 충분한 영양을 섭취하여 건강을 유지하고 정상적인 성장과 발달을 이루도록 지원하여야 한다.

(2) 수면과 휴식

수면은 피로회복과 에너지 재충전을 위한 생리적 기제이다. 편안하고 충분한 수면을 취하는 것은 영유아의 건강한 성장과 발달을 위해 매우 중요하다. 영유아에게 필요한 수면 시간과 숙면 정도는 개인차가 있을 수 있으나 평균적으로 2~3세 영아의 경우 낮잠을 포함하여 12~15시간, 4~5세 유아의 경우 10~12시간의 수면이 요구된다.

수면과 함께 충분한 휴식을 취하는 것도 중요하다. 영유아는 스스로 조절하는 능력이 충분히 발달되지 않아 활동이나 놀이에 몰입하고 있는 경우 피곤한 상태에서도 계속하는 경우가 많다. 따라서 영유아가 피곤을 느끼지 않도록 활동 중간 적절한 휴식을 취하게 하는 것이 필요하다.

(3) 위생환경과 생활습관

깨끗하고 쾌적한 환경을 유지하고 자신의 몸을 청결하게 유지하는 습관을 기르는 것은 건강한 몸과 마음을 가지기 위한 기본 요건이 된다. 위생적 환경에는 가정과 유아교육기관의 환경이 모두 포함되며, 온도와 습도, 통풍과 환기, 적절한 공간 확보, 청결한 시설과 설비 등 여러 가지 조건이 필요하다.

영유아를 위한 환경에서 실내 온도는 겨울 20℃, 여름 25℃ 정도로 유지하는 것이 좋으며, 매일 아침 창문을 열어 환기시켜야 한다. 날씨가 건조할 경우 가습기를 틀어 습도를 알맞게 조절하고, 가습기는 항상 청결하게 관리하여야 한다. 또한 실내의 청결유지를 위해 책상, 교구장, 교구들을 물과 비누, 살균소독액을 통해 닦아주도록 한다.

건강한 생활습관 형성을 위해서는 어릴 때부터 스스로 손을 깨끗이 씻고 몸을 청결하게 유지하며 날씨에 맞게 옷을 입는 습관을 기르는 것이 중요하다. 손 씻기는 질병 감염을 예방할 수 있는 효과적인 방법이므로 식사 시간 전, 화장실 다녀온 후, 바깥놀이 활동 후 등 수시로 손을 씻을 수 있도록 바른 손 씻기 방법을 알려주며 지도한다.

(4) 정서적 안정

정서적 안정은 신체적 건강과 밀접한 관련성을 가지고 있다. 영유아가 정서적으로 편안한 환경에서 지내게 될 때 신체적 건강도 증진될 수 있다. 정서적으로 불안정한 환경에서는 영유아가 스트레스를 받게 되어 심할 경우 신체적 질병과 정신적 문제까지 생길 수 있다. 따라서 영유아의 정서적 안정을 위해 세심하게 배려하는 것이 요구되며, 일상생활 가운데 정서적 안정을 위협하는 여러 가지 조건들을 제거하는 것이 필요하다.

(5) 건강검진과 조기발견

질병을 미리 예방하고 건강한 몸을 유지하기 위해서는 정기적으로 건강검진을 실시하도록 한다. 정기적 건강검진은 개별 영유아의 성장과 발육이 정상적으로 이루어지고 있는지 파악하는 데 도움이 되며, 외부적으로 드러나지 않는 선천적 기형이나 질병 등을 조기에 발견하여 치료할 수 있는 기회를 제공한다.

정기 검진 이외에도 질병의 감염 여부를 조기에 알아내어 치료하는 것이 필요하다. 영유아가 발열, 발진, 활동성 저하 등의 징후를 보일 때 질병 유무를 신속히 파악하여 조기에 치료할 수 있도록 조치하여야 한다.

(6) 치아 건강관리

치아는 음식물을 씹는 기능을 하여 충분한 영양을 섭취하는 데 도움을 준다. 건강한 치아 유지를 위해서는 이를 깨끗이 닦는 습관을 기르도록 하며 충치가 생기지 않도록 예방하는 것이 중요하다. 또한 치아에 특별한 이상이 없는 경우에도 정기적으로 치과 검진을 받아 건강한 치아를 유지할 수 있도록 관리해 주어야 한다.

(7) 운동

규칙적인 운동은 건강을 유지하는 데 중요한 역할을 한다. 운동은 심장과 폐를 튼튼히 할 뿐 아니라 신체 모든 기관의 고른 발달과 적응을 도와준다.

영유아들은 놀이를 통해 자연스럽게 하루에 필요한 운동량을 충족할 수 있다. 부모와 교사는 영유아가 실내외에서 신체를 움직이며 활동해 볼 수 있는 충분한 공간과 안전한 놀이 환경을 제공해 주는 것이 필요하다. 영유아의 놀이를 촉진하기 위한 공, 자전거 등 놀잇감을 준비하거나 숨바꼭질, 잡기 놀이 등을 할 수 있는 공간과 시간을 마련해 준다. 미끄럼틀, 그네 등 복합놀이기구 등을 이용한 다양한 신체활동에 참여하고, 물, 모래, 역할놀이 등 다양한 놀이 기회를 제공하여 건강한 신체를 유지하고 운동기능 및 협응 능력을 발달시키도록 한다.

제2장

영유아 발달과 건강

1. 신생아기 발달과 건강
2. 영아기 발달과 건강
3. 유아기 발달과 건강
4. 아동기 발달과 건강

2장

영유아 발달과 건강

영유아의 건강한 성장과 발달을 위해서는 연령별 발달 과정과 특징을 알고 이에 적합한 건강 지원을 제공해야 한다. 영유아의 발달은 신체, 언어, 인지, 사회, 정서 발달이 상호 밀접하게 연관되어 통합적으로 이루어지며, 연령별 시기에 따라 독특한 발달적 변화가 나타난다. 영유아기 발달 과정을 신생아기, 영아기, 유아기, 아동기로 구분하여 시기별 발달 특징과 건강 지원 방안을 살펴본다.

1. 신생아기 발달과 건강

1) 신체적·생리적 특징

(1) 신체적 특징

신생아의 평균 키는 남아 50.12cm, 여아 49.35cm이고, 평균 체중은 남아 3.41kg, 여아 3.29kg 정도이다(보건복지부·질병관리본부, 2007). 신생아의 신체 크기는 인종, 성, 부모의 체격, 어머니의 건강 및 영양 상태 등의 요인과 관련이 있는데, 일반적으로 남아가 여아보다 크고 체중이 더 나가는 경향을 보인다. 신생아는 생후 며칠 동안 체중이 5~10% 정도 줄어드는 생리적 체중감소를 나타내는데, 이는 신생아의 피부에서 수분이 줄어들고 대소변이 배출되기 때문으로, 7~10일이 지나면 다시 출생 시의 몸무게를 지니게 된다(이숙재·이봉선, 2012).

신생아는 머리 부분이 커서 몸 전체 길이의 1/4 정도가 된다. 평균 머리둘레는 약 34cm, 가슴둘레는 약 33cm 정도로 머리둘레가 가슴둘레보다 더 크다(보건복지부·질병관리본부, 2007). 신생아의 머리는 일시적으로 일그러진 모양을 보일 수 있으나 점차 정상으로 돌아온다.

신생아의 피부는 태내 환경에서 양수에 떠 있었으므로 주름이 많고 얇으며 붉은색을 띤다. 갓 태어난 신생아는 몸 전체가 끈적끈적한 태지(vernix caseosa)와 솜털로 덮여 있는데, 이는 세균감염을 막기 위한 보호막 구실을 한다. 출생 후 며칠이 지나면 신생아의 피부는 건조해지고 솜털도 사라진다(조성연 외, 2014).

(2) 생리적 특징

신생아는 어머니로부터 완전하게 보호받던 태내 생활과 달리 스스로 살아가며 외부 환경에 독립적으로 적응해야 한다. 이를 위해 신생아는 호흡, 순환, 체온조절, 소화와 배설 등 기본적인 생리적 기능이 잘 발달되어 있다.

- 호흡 : 1분에 30~50회 정도로 성인의 2배 정도 빠르고 불규칙하게 호흡한다.
- 순환 : 심장박동이 성인보다 빠르고 불규칙하다. 생후 약 열흘 정도 지나면 순환기가 안정되어 심장박동수가 안정되고 규칙적으로 된다.
- 체온조절 : 체온은 성인보다 조금 높은 37~37.5℃ 정도이다. 신생아가 스스로 체온을 조절하여 주변의 온도변화에 적응하기까지는 시간이 걸리므로, 출생 직후 겉싸개 등을 이용하여 일정한 체온을 유지하도록 해준다.
- 소화와 배설 : 음식물을 스스로 섭취하기 위한 빨기 반사행동을 보이고, 위에서 소화 효소가 자동적으로 분비된다. 장이 가득 차게 되면 괄약근이 열리면서 자연스럽게 배변을 하게 된다.

2) 반사행동

반사(reflex)행동은 외부에서 주어진 특정한 자극에 대해 무의식적이고 자동적으로 반응하는 것을 말한다. 출생 시 신생아는 다양한 반사행동을 가지고 태어나며, 생후 6개월이 되면 신경조직이 발달하면서 대부분의 반사행동이 사라진다. 신생아가 보여주는 반사행동의 일부는 생존과 직결되는 필수적인 행동이다. 예를 들어, 신생아의 '근원 반사'와 '빨기 반사'는 알려주지 않아도 자동적으로 젖꼭지를 찾고 빨 수 있도록 타고난 행동이다.

표 2-1 신생아의 반사행동

반사	자극	영아의 반응	발달 양상
눈 깜빡거리기 반사(Blinking)	빛을 반짝이거나 바람을 분다.	두 눈을 감는다.	영구적이다.
바빈스키 반사 (Babinski)	발바닥을 간지럽힌다.	발가락을 폈다가 오므린다.	9개월~1세 이후에 사라진다.
파악 반사 (Grasping)	손바닥에 물건을 쥐어준다.	물건을 꽉 잡는다.	3개월 이후 약해지고 1세 이후에 사라진다.
모로 반사 (Moro)	큰소리가 나거나 떨어지는 것처럼 갑작스러운 자극이 주어진다.	깜짝 놀라면서 등을 활모양으로 휘고, 머리를 뒤로 하며 팔다리를 바깥쪽으로 펼쳤다가 곧 몸의 중심으로 모은다.	3~4개월 이후에 사라진다.
근원 반사 (Rooting)	뺨이나 입가에 자극을 준다.	자극의 방향으로 고개를 돌리고 입을 열어 빨기 시작한다.	3~4개월 이후에 사라진다.
걷기 반사 (Stepping)	영아를 위로 들어 올렸다가 발을 바닥에 놓는다.	걷는 것처럼 발을 움직인다.	3~4개월 이후에 사라진다.
빨기 반사 (Sucking)	입에 물체로 자극한다.	반사적으로 빤다.	3~4개월 이후에 사라진다.
수영 반사 (Swimming)	영아의 얼굴을 물속에 넣는다.	잘 조정된 수영 동작을 한다.	6~7개월 이후에 사라진다.
긴장성 경반사 (Tonic neck)	영아를 눕혀둔다.	두 손을 주먹 쥐고, 대개 고개를 오른쪽으로 돌린다.	2개월 이후에 사라진다.

출처 : Santrock(2005).

3) 일상생활 적응

(1) 수면

신생아는 하루에 약 16~18시간 동안 잠을 자며, 자다가 깨어나서 울고, 젖을 먹고, 활동하다가 졸려 하고 다시 잠이 드는 상태를 주기적으로 반복한다. 신생아는 수면의 절반 이상을 활동적 수면 상태인 불규칙 수면(REM : Rapid Eye Movement)으로 보낸다. REM 수면 동안 신생아는 깨어있을 때와 유사한 뇌 활동과 신체 움직임을 보이며, 중추신경계의 성장에 필요한 자극을 받는다(Berk, 2013). 따라서 신생아가 충분한 수면을 취할 수 있도록 편안한 환경을 마련하는 것이 중요하다.

(2) 수유

신생아는 모유나 조제분유를 먹는데, 젖을 빨 때 익숙하지 않아 공기를 들이마시고 가끔 토하기도 한다. 또한 위가 작고 수직 모양으로 되어 있어 한꺼번에 많이 먹지 못하므로 2~3시간 간격으로 하루에 7~8회 정도 수유한다. 수유 시간과 횟수, 양은 개인차가 크므로 신생아의 욕구에 맞추어 조절한다. 출산 후 1~2일에 나오는 황갈색의 초유는 태변의 배설을 촉진하고, 다량의 영양성분과 면역체를 함유하고 있으므로 가능하다면 먹이는 것이 좋다(정미라·배소연·이영미, 2007).

(3) 배변

생후 1~2일경에 검은 녹색이나 갈색의 끈끈한 태변을 본다. 이는 태내에서 마신 양수 때문이며, 며칠이 지나면 하루 4~7회 정도 정상적인 대변을 본다. 모유 수유를 하는 경우 대변이 더 묽고 횟수도 더 많아진다. 신생아의 소변은 성인에 비해 빛깔이 엷고 냄새도 진하지 않다. 적은 양의 소변을 하루에 10~20회 정도 보므로 기저귀를 자주 갈아주어 피부가 짓무르지 않도록 주의한다(이영 외, 2009).

(4) 울음

신생아의 울음은 음식이나 위로, 적절한 자극 등 요구를 전달하기 위한 표현 방법이다. 신생아의 요구와 상태에 따라 울음의 양상이 다르므로 울음소리를 구별하여 필요한 욕구를 충족시켜 주어야 한다. 신생아기가 지나면 울음은 점차 줄어든다.

2. 영아기 발달과 건강

영아기는 신생아기 이후 약 2세까지의 시기를 일컫는다. 영아기는 일생 중 신체 성장이 가장 급속히 이루어지는 시기로, 독립된 존재로서 살아갈 수 있는 기본적인 능력들이 발달하게 된다.

1) 신체 발달

(1) 신체적 성장

영아기는 생애 첫 번째 성장 급등기라고 불린다. 생후 1년 동안 영아의 신장은 출생 시의 약 1.5배로 자라며, 몸무게는 3배 이상 증가한다. 영아는 만 1세까지 몸통이 빠르게 성장하고 만 2세부터는 팔다리가 빠르게 성장한다. 머리가 크고 팔다리가 짧아 만 2세경의 머리 크기는 전체 신장의 1/5 정도이다.

영아기는 키와 체중뿐 아니라 근육과 골격의 발달이 빠른 속도로 이루어진다. 신생아의 근육조직은 약 39%가 수분으로 되어 있으나 만 2세경부터 근육섬유가 발달하고 점차 두꺼워지며 단단해진다. 영아의 골격은 성인에 비해 약하고 부드러우며 그 수가 적다. 성장하면서 점차 뼈의 조직이 경골화되고, 뼈의 크기와 수도 증가하게 된다(조성연 외, 2014).

2017 소아청소년 성장도표

신체발육 표준치

남자					여자			
신장 (cm)	체중 (kg)	체질량지수 (kg/m²)	머리둘레 (cm)	만나이 (개월/세)	신장 (cm)	체중 (kg)	체질량지수 (kg/m²)	머리둘레 (cm)
49.9	3.3		34.5	0개월	49.1	3.2		33.9
54.7	4.5		37.3	1개월	53.7	4.2		36.5
58.4	5.6		39.1	2개월	57.1	5.1		38.3
61.4	6.4		40.5	3개월	59.8	5.8		39.5
63.9	7.0		41.6	4개월	62.1	6.4		40.6
65.9	7.5		42.6	5개월	64.0	6.9		41.5
67.6	7.9		43.3	6개월	65.7	7.3		42.2
69.2	8.3		44.0	7개월	67.3	7.6		42.8
70.6	8.6		44.5	8개월	68.7	7.9		43.4
72.0	8.9		45.0	9개월	70.1	8.2		43.8
73.3	9.2		45.4	10개월	71.5	8.5		44.2
74.5	9.4		45.8	11개월	72.8	8.7		44.6
75.7	9.6		46.1	12개월	74.0	8.9		44.9
76.9	9.9		46.3	13개월	75.2	9.2		45.2
78.0	10.1		46.6	14개월	76.4	9.4		45.4
79.1	10.3		46.8	15개월	77.5	9.6		45.7
80.2	10.5		47.0	16개월	78.6	9.8		45.9
81.2	10.7		47.2	17개월	79.7	10.0		46.1
82.3	10.9		47.4	18개월	80.7	10.2		46.2
83.2	11.1		47.5	19개월	81.7	10.4		46.4
84.2	11.3		47.7	20개월	82.7	10.6		46.6
85.1	11.5		47.8	21개월	83.7	10.9		46.7
86.0	11.8		48.0	22개월	84.6	11.1		46.9
86.9	12.0		48.1	23개월	85.5	11.3		47.0
87.1	12.2	16.0	48.3	2세	85.7	11.5	15.7	47.2
91.9	13.3	15.8	48.9	2세 6개월	90.7	12.7	15.5	47.9
96.5	14.7	15.9	49.8	3세	95.4	14.2	15.8	48.8
99.8	15.8	15.9	50.2	3세 6개월	98.6	15.2	15.7	49.3
103.1	16.8	15.9	50.5	4세	101.9	16.3	15.7	49.6
106.3	17.9	15.9	50.8	4세 6개월	105.1	17.3	15.7	49.9
109.6	19.0	15.9	51.1	5세	108.4	18.4	15.7	50.2
112.8	20.1	16.0	51.4	5세 6개월	111.6	19.5	15.8	50.6
115.9	21.3	16.0	51.7	6세	114.7	20.7	15.8	50.9
119.0	22.7	16.2		6세 6개월	117.8	22.0	15.9	
122.1	24.2	16.4		7세	120.8	23.4	16.1	
127.9	27.5	16.9		8세	126.7	26.6	16.6	
133.4	31.3	17.6		9세	132,6	30.2	17.2	
138.8	35.5	18.4		10세	139.1	34.4	17.8	
144.7	40.2	19.1		11세	145.8	39.1	18.5	
151.4	45.4	19.8		12세	151.7	43.7	19.1	
158.6	50.9	20.3		13세	155.9	47.7	19.7	
165.0	56.0	20.8		14세	158.3	50.5	20.3	
169.2	60.1	21.2		15세	159.5	52.6	20.8	
171.4	63.1	21.6		16세	160.0	53.7	21.0	
172.6	65.0	21.9		17세	160.2	54.1	21.1	
173.6	66.7	22.3		18세	160.6	54.0	21.0	

[주] · 표준치는 2017 소아청소년성장도표 50백분위수 값을 의미 · 2세미만(0-23개월)의 신장은 누운 키, 이상의 신장은 선 키로 측정

보건복지부 질병관리본부 대한소아청소년과학회

그림 2-1 소아청소년 성장도표 신체발육 표준치

출처 : 보건복지부 질병관리본부(2017).

(2) 운동기능 발달

운동기능의 발달은 눈, 머리, 목 등의 상체부터 팔, 다리 등의 하체 방향으로 이루어지는 두미 발달을 나타내며, 신체 중앙에서부터 말초 방향으로 진행된다. 영아의 보행능력은 고개 들기, 뒤집기, 앉기, 기기, 일어서기, 걷기, 뛰기의 일정한 순서로 발달하는데, 만 1세경이 되면 스스로 걸을 수 있고 만 2세경에는 뛰어다닐 수 있게 된다.

소근육 운동능력은 팔과 손, 손가락의 순으로 발달한다. 처음에는 손바닥을 사용하여 사물을 잡지만 만 1세 정도가 되면 엄지와 검지로 작은 물체를 집을 수 있게 된다. 눈과 손의 협응이 발달하면서 손 뻗기, 움켜쥐기, 잡기, 던지기, 옷 벗기 등이 점차 가능해진다(김영옥·백혜리·최미숙·황윤세, 2009).

(3) 뇌 발달

영아기는 뇌의 발달이 급속도로 이루어진다. 출생 시 머리와 뇌의 크기는 다른 신체 부위에 비해 성인의 크기에 가까우며, 뇌의 무게는 성인의 30%에 이른다. 뇌의 무게는 빠르게 증가하여 2세경에는 성인 무게의 70%에 이르고, 6세 무렵이 되면 거의 성인의 90%에 도달하게 된다(Berk, 2013). 영아기는 두뇌의 구조와 기능이 빠르게 성장하므로 뇌의 성장 급등기라고 불린다(정옥분, 2012). 따라서 건강한 뇌 발달을 위해 충분한 영양 공급과 적절한 환경적 자극이 제공되어야 한다.

2) 인지 발달

(1) 감각과 지각 발달

영아는 감각기관을 사용하여 외부 환경의 정보를 받아들인다. 시각, 청각, 후각, 미각, 촉각의 감각기관을 통한 지각 능력은 인지 발달의 기초가 된다. 생후 1년 동안 대부분의 중요한 감각과 지각 능력이 완성된다.

① 시각

영아의 감각 능력 중 가장 늦게 발달한다. 신생아의 시야는 가시거리가 20~30cm 정도에 그치지만 생후 1년 무렵이 되면 점차 성인과 비슷한 시력을 지니게 된다. 3개월이 되면 움직이는 물체를 눈으로 좇을 수 있고, 4개월이 되면 색 변별이 가능해진다. 6개월경에는 낯익은 얼굴과 낯선 얼굴을 구분할 수 있고, 사물보다는 사람의 얼굴과 유사한 모양을 더 선호하고 길게 응시한다.

② 청각

청각은 태내에서부터 발달하며, 영아는 주변의 여러 가지 소리 자극에 민감하게 반응한다. 2~3개월이 되면 양육자의 목소리에 반응하고, 5~6개월이 되면 소리가 들리는 위치를 알아낼 수 있다. 1세 무렵이면 모국어의 말소리를 구별하여 들을 수 있고(Werker & Tees, 1984), 점차 언어가 발달하게 된다.

③ 후각과 미각

영아는 냄새에 민감한 반응을 나타내는데, 달콤한 냄새를 맡으면 만족스럽고 부드러운 표정을 짓지만 불쾌한 냄새를 맡으면 얼굴을 찡그리고 고개를 돌린다. 영아의 미각은 짠맛, 신맛, 쓴맛, 단맛을 구분할 수 있고, 단맛을 선호하는 경향을 나타낸다.

④ 촉각

영아는 사물과 접촉하는 데에 민감하여 입과 손을 이용해 새로운 사물을 탐색하는 데 매우 능동적이다. 출생 시 혀와 입술 주위의 촉각이 발달되어 있어 초기에는 입술로, 나중에는 손을 사용하여 사물을 지각하고 탐색하게 된다. 양육자와의 피부접촉은 영아에게 심리적 안정감을 주고 신뢰감을 형성할 수 있도록 도와준다.

(2) 영아기 사고의 특성

피아제(Piaget) 이론에 의하면 영아기의 인지 발달은 감각기관 및 몸의 움직임을 통해 개념을 습득해 가는 감각운동기(sensorimotor stage) 시기에 속한다. 영아는 스스로 행동하고 이에 따른 감각의 변화를 지각하면서 감각운동 지능을 형성해 나간다. 대상이 지각되지 않을 때에도 여전히 존재한다는 것을 이해하는 대상영속성(object permanence) 개념은 8~12개월 사이에 점차 발달한다. 영아의 대상영속성은 감각운동기 동안의 탐색 경험을 통해 획득되는데, 2세 정도가 되면 분명한 대상영속성 개념을 지니게 된다(정옥분, 2003).

표 2-2 영아기 인지 발달 과정

연 령	인지 발달 특성
0~3개월	• 소리, 빛, 몸짓 등에 반응을 보인다. • 움직이거나 변화되는 것에 관심을 가진다. • 얼굴 표정을 모방하여 따라 한다.
4~7개월	• 사물이 눈에 보이지 않을 때에도 존재한다는 사실을 인식한다. • 소리 내며 딸랑이에 손을 뻗는 등 두 가지 활동을 동시에 수행한다. • 사물을 움직여 보며 인과관계를 탐색한다.
8~12개월	• 사물이 눈앞에 보이지 않아도 존재한다는 것을 이해하기 시작한다. • 행동을 연합하고 계획할 줄 알다. • '안 돼'라는 말의 의미를 안다.
13~18개월	• 사물이 놓인 일정한 장소를 예상할 수 있다. • 각 사물은 고유한 특성이 있다는 것을 안다. • 사람들의 행동이나 표정을 주의 깊게 관찰하고 그대로 따라 한다.
19~23개월	• 사물을 주의 깊게 응시하며 탐구하고 조사한다. • 행동의 순서를 알고 계획할 수 있다. • 다른 사람의 의도를 모방하기 시작한다.
24~36개월	• 다양한 방법으로 문제를 해결하려고 시도한다. • 이야기를 기억하여 말로 할 수 있다. • '왜?'라고 물으며 정보를 얻는다. • 비교와 규칙을 이해하기 시작한다. • 상상력이 풍부해지고 단순한 상상놀이를 시작한다.

출처 : 이 영 외(2009).

영아의 표상능력이 발달하게 되면서 18개월 이후 경험한 것을 기억하고 시간이 지난 후 따라 할 수 있는 지연 모방이 나타난다. 감각운동기 마지막 단계인 2세경이 되면 사물을 보지 않아도 머릿속으로 상상할 수 있는 정신적 표상이 가능해진다.

3) 언어 발달

울음으로 의사를 표현하던 영아는 점차 언어를 사용하여 의사소통하게 된다. 언어를 획득하는 시기는 개인차가 있으며, 언어 획득 이전에는 울음이나 소리 내기, 옹알이, 몸짓언어를 사용한 비언어적 형태의 의사소통이 이루어진다.

생후 12개월이 지나면 영아는 한 단어로 의사를 표현하게 된다. '엄마', '아빠', '맘마' 등의 한 단어 문장을 시작으로 사물이나 사건에 대한 자신의 생각을 표현한다. 이 시기 영아는 새로운 사물이나 상황에 대해 몸짓 또는 말소리로 상징을 사용하는데 이는 소리와 개념을 결부시키게 되었다는 의미이다.

18개월경이 되면 '엄마 까까', '친구 빠빠' 등 2개 이상의 단어를 결합한 언어를 사용한다. 단어 습득이 급속하게 이루어지므로 언어폭발기, 또는 명명폭발기(naming explosion)라고 일컬어진다. 24개월경에는 250~300개 정도의 단어를 이해하고 명사 외에 동사, 형용사를 사용하기도 한다. 30개월이 되면 평균 600개의 단어를 습득한다(권민균 외, 2012).

4) 사회·정서 발달

(1) 정서 발달

영아들도 기쁨, 슬픔, 공포, 분노 등 특정한 정서를 느끼고 표현한다. 언어 표현이 미숙한 영아는 정서적 반응을 통해 요구와 감정을 타인에게 드러내고, 자신과 다른 사람의 행동을 조절하며 소통하게 된다.

① 정서 표현

영아기에 나타나는 정서는 일차 정서와 이차 정서로 구분된다. 생애 초기 나타나는 일차 정서는 선천적인 반응으로 얼굴 표정만으로 정서 상태가 쉽게 파악된다. 일차 정서는 모든 문화권에서 보편적으로 나타나므로 기본 정서라고도 일컫는다. 기쁨, 슬픔, 공포, 분노, 놀람 등이 일차 정서에 포함된다.

생후 1년경 나타나는 이차 정서는 좀 더 복잡한 수준의 인지능력을 필요로 한다. 자기인식과 자신의 행동을 평가하는 능력이 요구되므로 자기인식 정서로 불린다(Lewis, 1995). 이차 정서에는 당황, 수치, 죄책감, 질투, 자긍심 등이 포함된다.

② 정서 이해와 조절

다른 사람의 정서를 인식하고 이해하는 능력은 생후 6~7개월 정도부터 시작되며, 이 시기 영아는 상대의 표정을 통해 정서를 구분할 수 있다. 이후 영아는 낯설거나 모호한 상황일 때 부모의 정서 반응을 살피고 자신의 행동을 조절하는 사회적 참조(social referencing)를 나타낸다. 정서 조절은 상황에 맞게 정서를 드러내고 다른 사람과 원만한 관계를 맺기 위해 습득되어야 한다. 18~24개월 영아는 당황하게 만드는 사람이나 불쾌한 자극으로부터 몸을 돌리거나 입술을 다무는 등 부정적인 정서를 통제하려는 경향을 보인다(Gross, 2008).

(2) 기질과 애착

영아의 사회·정서 발달은 기질과 애착 형성의 영향을 받는다. 영아의 기질은 상호작용 반응에 영향을 주고, 초기 애착 형성으로부터 사회적 관계 발달이 이루어진다.

① 기질

기질(temperament)은 개인의 행동양식과 정서적 반응유형을 가리키는 것으로 출생 직후부터 안정되고 일관적으로 나타난다. 영아의 기질은 유아기, 아동기를 거쳐 성인기에 이르기까지 동일한 경향을 유지하기도 하고(Caspi & Silva, 1995), 환경적 영향에 의해 변화할 수도 있다(정옥분, 2006).

토마스와 체스(Thomas & Chess, 1977)는 아홉 가지 기질의 구성요인인 활동수준, 규칙성, 접근/ 회피, 적응성, 주의산만, 지속성, 기분, 반응강도, 반응역치에 따라 영아를 순한(easy) 기질, 까다로운(difficult) 기질, 느린(slow-to-warm-up) 기질의 세 가지 유형으로 구분하였다. 전체 연구대상 가운데 순한 기질의 영아는 40%, 까다로운 기질의 영아는 10%, 느린 기질의 영아는 15%로 조사되었으며, 나머지 35%는 어느 유형에도 속하지 않는 것으로 나타났다.

② 애착 형성

애착(attachment)은 영아와 양육자 사이에 형성되는 친밀한 정서적 유대감을 가리킨다. 애착은 상호적 관계로 이루어지며, 일상생활 속에서 영아와 양육자 사이의 반복적이고 지속적인 상호작용을 통해 형성된다. 안정적인 애착을 형성한 영아는 주변 세계에 대한 신뢰감을 가지며, 또래나 다른 사람들에 대해 기대를 보이고 긍정적인 반응을 얻을 수 있다(Sroufe, Egeland, Carlson, & Collins, 2005; Thompson, 1998).

영아들이 양육자와 애착을 형성하게 되면 낯가림과 분리불안을 보인다. 6개월경 시작되는 낯가림은 8~10개월쯤 절정에 이르고, 만 2세가 지나면 점차 줄어든다. 이때가 되면 양육자와 떨어질 때 울거나 불안해하는 분리불안도 사라진다. 안정적인 애착을 형성한 영아는 분리불안 반응을 덜 나타내고, 양육자를 안전기지로 삼아 주변을 탐색할 수 있다.

5) 영아기 발달을 위한 건강 지원

영아기는 일생 중 신체 성장이 가장 급속히 이루어지며, 기기, 서기, 걷기, 달리기 등 기본적인 운동능력이 획득되는 시기이다. 또한 태내기와 영아기는 두뇌 발달의 결정적 시기로서 충분한 영양섭취와 적절한 자극이 요구된다. 그러므로 영아의 건강한 성장과 발달을 촉진하기 위해 다양한 지원을 제공해야 한다.

① 신체 발달 특성에 대한 이해

영아기 신체 발달 특성에 대한 기본적 지식을 갖추고, 정기적인 신체검사를 통해 발달적인 변화를 주기적으로 확인한다. 급속한 신체 성장이 이루어지는 시기이므로 수시로 영아를 관찰하여 건강한 발달 상태를 점검한다.

② 감각자극과 신체활동의 제공

영아기는 감각운동 발달의 주요 시기이므로 일상생활에서 오감을 발달시킬 수 있는 다양한 탐색활동을 제공한다. 또한 신체 움직임이 활발한 영아를 위해 신체 발달과 운동능력을 촉진할 수 있는 다양한 신체활동과 놀이기구를 제공한다.

③ 안전하고 위생적인 환경구성

영아기는 면역력이 약한 시기이므로 질병에 걸리지 않도록 위생적이고 안전한 환경을 구성해 준다. 특히 1세 미만의 영아들은 입으로 사물을 탐색하는 경향을 보이므로 놀잇감의 안전한 관리와 청결에 주의한다.

④ 충분한 영양섭취와 휴식 제공

신체 성장과 두뇌 발달이 급속히 이루어지는 영아기는 단위체중당 필요한 영양요구량이 높으며, 이 시기의 영양결핍은 생애 건강에 장기적이고 부정적인 영향을 미친다. 영아의 성장단계에 따라 충분하게 영양을 공급하고 적절한 수면과 휴식을 취하도록 해준다.

⑤ 정서적 안정감과 애착 형성

영아의 정서적 표현에 민감하게 반응하고 공감해 주어 영아가 신뢰감을 느끼고 안정적으로 애착을 형성하도록 돕는다. 또한 영아가 지닌 기질적 특성을 파악하여 개별적인 요구와 차이에 적합하게 반응해 준다.

3. 유아기 발달과 건강

유아기는 2~6세까지 초등학교에 들어가기 이전의 시기를 의미한다. 기본적인 운동능력이 발달하고 상징적 사고가 가능하며 또래와 상호작용하는 기회가 많아진다. 또한 언어 발달이 급속하게 이루어지고 다른 사람과 어울릴 수 있는 사회적 기술을 점차 습득하게 된다.

1) 신체 발달

(1) 신체적 성장

유아기는 영아기에 비해 급속한 신체 발달이 이루어지지 않으나 꾸준한 신체적 성장이 진행된다. 유아기에는 매년 5~7.5cm 정도 신장이 자라고, 2~3kg 정도 체중이 증가한다. 5세경이 되면 출생 시의 2배 정도의 신장이 되고, 체중도 약 5.5배 증가한다. 유아의 신장과 체중은 사춘기까지 계속 성장한다.

치아는 2세 반~3세 정도가 되면 모두 나오고, 5~6세가 되면 유치가 빠지면서 영구치가 생기게 된다. 유아기에 들어서면 골격이 더욱 단단해져 튼튼해지고, 통통한 살이 빠지고 근육이 발달하여 성인과 비슷한 체형이 된다.

(2) 운동기능 발달

유아기는 대근육과 소근육이 발달하고 이동능력이 증진되어 감에 따라 많은 운동기능이 습득된다. 3세 유아들은 몸을 움직이는 것을 좋아하며, 뛰기, 오르기, 달리기 등의 반복적인 운동을 즐긴다. 5~6세가 되면 성인과 비슷한 수준으로 자유롭게 몸을 움직일 수 있다. 유아기의 운동기능 발달은 이후 아동기의 다양한 신체운동 능력을 습득하는 데 바탕이 되며, 유아의 자신감과 자아 인식을 발달시키는 데 중요한 역할을 한다.

또한 유아기는 눈과 손의 협응력과 소근육을 사용하는 조작기능이 능숙하게 발달한다. 3세 정도가 되면 옷의 단추를 풀 수 있고 색연필을 쥐고 그림을 그릴 수 있다. 4세가 되면 혼자서 옷을 입고 벗으며 신발 끈을 맬 수 있다. 5~6세가 되면 다양한 형태의 모양을 그릴 수 있고 숫자나 글자를 쓸 수 있게 된다.

표 2-3 **유아기 운동기능 발달**

연 령	대근육 운동	소근육 운동
3~4세	• 아래쪽으로 공을 던짐 • 깡충 뛰기 • 한 발로 서기 • 양발로 3번 정도 뛰기 • 구르는 공 잡기	• 단순한 모양 그리기 • 종이 자르기 • 풀칠하기 • 블록 쌓기 • 흘리지 않고 컵에 물 따르기
4~5세	• 공을 튕기고 잡기 • 뛰다가 멈추기 • 원하는 방향으로 공을 차기 • 한 발로 4번 정도 뛰기 • 방향대로 공 튀기기	• 신발 끈 묶기 • 선 따라 오리기 • 구슬 엮기 • 옷핀 잠그기 • 이름 쓰기
5~6세	• 공 던지기 • 구르는 공 차기 • 발 바꾸어 뛰기 • 줄넘기하기 • 보조바퀴 달린 두발자전거 타기	• 종이 접기 • 다양한 도형 그리기 • 종이 안의 모양 도려내기 • 크레용을 제대로 사용하기 • 글자 보고 따라 적기

출처 : 권민균 외(2012).

이 시기는 운동기능이 발달하면서 먹기, 옷 입기, 씻기, 대소변 가리기 등 일상생활에 필요한 다양한 자조(self-help)기술이 습득된다. 그러므로 일상생활에서 유아에게 스스로 할 수 있는 기회를 자주 제공하여 올바른 기본생활습관의 형성을 지원해 준다.

(3) 뇌 발달

두뇌 성장은 영아기에 비해 빠른 속도는 아니지만 계속해서 왕성하게 발달한다. 뇌 무게는 5세가 되면 성인의 90%에 이르며, 신경조직도 거의 완성된다. 유아기 동안 뇌 크기의 증가는 수초화(髓鞘化)와 시냅스(synapse) 밀도의 증가로 나타난다. 수초화란 뇌의 신경세포가 미엘린(myelin)이라는 지방성 물질로 둘러싸이는 것인데, 수초화가 될수록 신경세포 간 정보를 전달하는 속도가 빨라지고 효율성이 높아진다. 시냅스는 신경세포의 자극전달부를 말한다. 출생 후 2세까지 시냅스의 밀도가 급격히 증가하다가 이후 천천히 증가하여 7세경에는 성인의 수준에 도달한다(이기숙 외, 2015). 기억력과 사고력, 문제해결력 등 인간의 고등행동을 관장하는 전두엽은 영아기 후반부터 발달하기 시작하여 유아기 동안 집중적으로 성장한다.

2) 인지 발달

유아기는 피아제의 인지 발달 이론에서 전조작기 단계(preoperational stage)에 해당된다. 전조작기는 유아들의 상징적 사고가 복잡해지고 구체화되는 시기이며, 전개념적 사고기(2~4세)와 직관적 사고기(4~7세)로 구분된다.

(1) 유아기 사고의 특성

① 상징적 사고

상징적 사고는 유아가 부여하는 단어나 숫자, 이미지 등의 표현 또는 표상을 통해 나타난다. 유아들은 사물에 대한 상징을 이해하면서 실제로 존재하지 않더라도 사물을 기억해 내고 생각할 수 있다. 유아의 상징에 대한 이해는 점차 발달하여 지연 모방과 가상놀이가 나타나고, 언어능력의 발달과 연관되어 더욱 정교해진다.

② 자기중심성

유아는 다른 사람들이 자기와 동일하게 지각하고 느낀다고 생각하는 자기중심적 사고를 보인다. 피아제는 유아가 자신의 관점에 지나치게 집중하기 때문에 다른 사람의 관점에서 생각하지 못하는 자기중심성을 보인다고 설명하였다. 그러나 최근 연구에서는 유아가 자신이 직접 경험하지 않은 상황에 대해서는 자기중심성을 보이지만 익숙한 상황에 대해서는 타인조망수용이 가능하다고 보고되기도 한다(Moll & Tomasello, 2006; Newcombe & Huttenlocher, 1992).

③ 보존개념

보존(conservation)개념은 물질의 양이나 수, 길이, 부피, 면적 등 형태가 바뀌어도 그 속성이 변하지 않는다는 것을 이해하는 능력이다. 피아제에 의하면 전조작기 유아들은 미숙한 보존개념을 지닌다. 이것은 유아들의 인지과정에서 동시에 여러 면을 고려할 수 있는 탈중심화(decentration)가 되지 않고, 원래로 되돌아가 생각할 수 있는 능력인 가역성(reversibility)이 부족하기 때문이다.

전조작기 사고의 한계

- 중심화 : 어떤 상황의 한쪽 면에만 집중하고 다른 것들은 무시한다.
- 비가역성 : 반대로 작용하여 원래의 상태로 되돌릴 수 있음을 이해하지 못한다.
- 변환적 추리 : 논리적인 추리를 하지 못하고, 관련 없는 곳에서 원인을 찾는다.
- 물활론 : 살아 있지 않은 사물에도 생명이 있다고 생각한다.

3) 언어 발달

유아기는 어휘 수가 활발히 증가한다. 유아기 초기에는 200~300개 정도의 단어를 사용하지만, 5세경이 되면 2,000개 이상의 단어를 알게 된다. 3세 정도의 유아는 세 단어를 사용하여 문장을 말할 수 있고, '아니', '싫어'와 같은 부정문을 자주 사용한다. 4~5세가 되면 부사와 형용사, 조사를 사용하여 문장을 바꾸어 말할 수 있고, 6세경에는 성인과 비슷한 정도의 문장을 구성하게 된다.

유아는 효과적으로 의사소통하기 위해 듣는 사람의 수준에 맞게 내용을 바꾸어 이야기할 수 있다. 사회적 말하기도 점차 향상되어, 차례대로 말하기, 다른 사람의 말을 듣기, 자신의 말을 수정하기 등 또래나 다른 사람들과 대화를 나누는 데 필요한 언어기술을 습득하게 된다.

또한 유아기에는 읽기와 쓰기의 문자언어 능력이 발달하기 시작한다. 유아기 초기에는 글자에 관심을 보이고, 책에 그려진 그림을 보며 글을 읽다가 점차 글자를 읽기 시작한다. 쓰기의 경우 영아기부터 끼적거리기 등 기초적인 형태의 쓰기가 나타나며, 창안적 글자 쓰기가 사용되다가 점차 표준화된 쓰기 단계로 발달하게 된다.

표 2-4 유아기 문자언어 발달

	읽기	쓰기
1단계	그림 중심 읽기 시도 : 이야기가 형성되지 않음	끼적거리기와 그리기 단계
2단계	그림 중심 읽기 시도 : 이야기가 형성됨	한두 개의 자형이 우연히 나타나는 단계
3단계	그림 중심 읽기 시도 : 인쇄된 글자를 보지 않으며 문자언어처럼 읽음	자형이 의도적으로 한두 개 나타나는 단계
4단계	인쇄된 글자 중심 읽기 시도 : 인쇄된 글자를 쳐다봄	글자의 형태가 나타나는 단계
5단계	인쇄된 글자 중심 읽기 시도 : 모르는 단어를 빠트리거나 대치하는 등 부조화된 전략 사용	단어 쓰기 단계
6단계	인쇄된 글자 중심 읽기 시도 : 혼자 읽기	문장 쓰기 단계

출처 : 이기숙 외(2015).

4) 사회·정서 발달

(1) 정서 발달

유아기에는 영아기에 형성된 기본적인 정서를 바탕으로 자아인식과 관련된 사회적 정서가 발달한다. 인지와 언어가 발달하면서 타인의 정서를 이해하고 상황에 적절하게 정서를 표현할 수 있는 능력도 생겨난다.

① 정서 표현

유아기 정서 표현은 강렬하고 즉각적이며, 기복이 심하고 지속시간이 짧은 특징을 지닌다. 만 2세경이 되면 정서가 분화하면서 자긍심, 죄책감, 수치심 등의 이차 정서 혹은 자아인식 정서(self-conscious emotion)가 나타난다. 이러한 자아인식 정서는 유아에게 자신을 인식하고 스스로의 행동을 평가할 수 있는 능력이 생겼음을 의미한다. 또한 3~5세 유아는 다른 사람의 기분을 고려한 정서적 표현을 나타낸다. 예를 들면, 유아는 선물이 마음에 들지 않아도 상대를 기쁘게 해주기 위해 미소를 지을 수 있다.

② 정서 이해와 조절

유아기에는 언어와 인지가 발달하면서 다른 사람의 정서를 이해하는 능력이 발달한다(Stein & Levine, 1999). 4~5세가 되면 기쁨, 슬픔, 분노 등 기본적인 정서의 원인을 이해하기 시작하고, 특정한 정서에 따른 행동적 반응을 예측할 수 있다. 복합 정서에 대한 이해는 학령기 이후 발달한다. 예를 들어, 기뻐서 눈물이 나거나 부끄러워서 웃는 등 두 가지 이상의 정서를 복합적으로 느낄 수 있음을 이해하지 못한다(Berk, 2013).

(2) 자아 발달

자아개념이란 개인이 스스로에 대해 지니는 감정, 신념, 인식 등을 의미한다(이기숙 외, 2015). 유아기는 인지가 발달하고 사회적 경험이 증가하면서 자아개념(self-concept)이 발달한다. 2세경이 되면 자아인식이 형성되기 시작하고, 3~4세에는 내 것에 대한 소유개념이 생겨나며, 4~5세가 되면 자신과 타인을 비교할 수 있다. 유아의 자아개념은 이름, 신체적 특징, 소유물, 행동방식 등 겉으로 관찰될 수 있는 표면적 특성에 의해 구성된다(Harter, 2006). 예를 들면, 유아는 "나는 네 살이고, 강아지를 키우고 노래를 잘해요" 등으로 자신에 대해 설명한다.

유아가 자기를 인식하고 평가할 수 있게 되면서 자아존중감(self-esteem)이 발달하게 된다. 자아존중감이란 스스로를 유능하고 중요하며 가치 있다고 생각하는 것이다. 4세경의 유아는 친구를 잘 사귄다거나 달리기를 잘한다는 등 자신이 가진 장점을 말할 수 있다(Marsh, Ellis, & Craven, 2002). 유아들은 대체로 자아존중감이 높고, 학령기 아동에 비해 자아존중감에 대한 이해가 제한되어 있다(Berk, 2013).

(3) 사회성 발달

유아기는 영아기보다 대인관계의 폭이 넓어지고 다양해진다. 이 시기의 유아들은 다양한 사회적 상황을 경험하며, 타인과 관계를 맺기 위해 요구되는 사회적 지식과 기술을 습득하게 된다.

① 친사회적 행동

2~3세의 유아는 어려움에 처한 또래를 도와주거나 장난감을 나누어 주는 등 친사회적 행동을 보일 수 있다. 친사회적 행동은 관심 가지기, 감정이입하기, 나누기, 돕기, 위로하기, 보살피기, 협조하기 등을 포함한다(조형숙·박은주·강현경·김태인·배정호, 2013). 이타적 행동은 4~6세경부터 증가하기 시작하고, 조망수용 능력이 발달하는 아동기 중기에 가장 높은 수준으로 나타난다.

② 또래관계 발달

유아기가 되면 의사소통 능력이 발달하고 타인의 생각과 정서를 이해하게 됨에 따라 또래와 어울리며 상호작용하는 기회가 많아진다. 또래관계는 유아의 사회화 과정에 중요한 영향을 미치는데, 유아는 또래와 상호작용하며 자신이 속한 사회의 문화 규범과 가치를 습득해 나간다. 또한 집단에서 요구되는 사회적 행동을 익히고, 사회적 지식과 기술을 적용해 보면서 유능감을 기르게 된다(이 영 외, 2009; 이기숙 외, 2015).

5) 유아기 발달을 위한 건강 지원

유아기는 기초적인 운동능력이 향상되고, 언어와 인지가 발달하면서 자아개념이 형성되고 사회적인 상호작용이 증가한다. 대부분의 유아들이 가정을 벗어나 어린이집과 유치원 등 유아교육기관에서 생활하게 되므로 환경 변화를 고려한 건강 지원과 교육을 제공해야 한다.

① 신체건강을 위한 환경 제공

유아기 신체건강은 두뇌 성장을 포함하여 신체, 인지, 언어, 사회, 정서 발달에 중요한 영향을 미친다. 충분한 영양섭취를 돕는 균형 있는 식단을 구성하고, 다양한 신체활동의 기회를 제공한다. 또한 활동적이고 호기심이 많은 유아들은 활동에 몰입하여 쉽게 지치게 되므로 적절한 휴식을 취하도록 유의한다.

② 올바른 생활습관의 형성

유아기는 자신의 행동을 조절할 수 있는 자기통제력이 길러지고, 일상생활에서 요구되는 자조기술이 획득된다. 유아가 스스로 손 씻기, 양치질하기, 의복관리하기 등을 해보며 건강과 청결을 유지할 수 있도록 기본생활습관을 지도한다.

③ 자아개념과 정서 발달을 돕는 격려와 모델링

유아는 성인의 지시나 피드백을 통해 자아인식 정서를 느끼고 자아개념을 형성하게 된다. 유아의 정서 표현을 수용하고 긍정적인 자아개념이 발달될 수 있도록 적절한 격려와 모델링을 제공한다. 또한 유아 스스로 선택해 볼 수 있는 기회를 제공하여 성취감을 느끼도록 지원한다.

④ 또래 상호작용을 촉진하는 경험

또래와의 상호작용은 유아의 사회화를 돕고, 문제해결 능력과 친사회적 행동 발달을 촉진한다. 유아가 또래와 어울리며 사회적 경험의 폭을 넓힐 수 있도록 다양한 활동과 놀이 경험을 제공한다.

⑤ 건강과 안전에 대한 교육 실시

유아기는 건강과 안전에 대한 지식, 기술, 태도를 익힐 수 있으므로 다양한 경험이나 활동을 이용한 건강과 안전교육을 실시한다. 유아의 연령이나 개인적 특성을 고려하여 교육을 제공하되, 건강한 생활습관을 형성할 수 있도록 일상생활과 연계하여 지속적으로 전개한다.

4. 아동기 발달과 건강

아동기는 6~12세까지의 초등학교에 다니는 시기를 말한다. 아동기는 유아기에 습득된 기술과 능력을 바탕으로 통합되고 질적인 발달이 이루어진다. 읽기, 쓰기 등 문자언어의 습득으로 학습과 사고능력이 향상되며, 사회적 관계가 확대되고 또래관계의 중요성이 더욱 높아진다.

1) 신체 발달

(1) 신체적 성장

학령기 아동의 신체 성장은 영유아기에 비해 완만한 속도로 진행된다. 신체적 성장은 사춘기가 될 때까지 꾸준하고 지속적으로 진행된다. 얼굴 형태는 길쭉해지면서 코와 입 부분이 성장하여 영유아기 얼굴 모습과는 점차 달라진다. 또한 치아의 발달로 인해 6~12세 사이에 유치는 모두 빠지며 영구치가 자라게 된다.

신체적 성숙에 있어 남아가 여아보다 다소 체중이 무겁고 크지만 큰 차이를 보이지는 않는다. 사춘기는 일반적으로 여아가 남아보다 먼저 진행된다. 남아의 신체 발달은 17세까지 지속적인 반면, 여아의 경우 13세를 전후한 시기까지 발달하다가 이후 안정된다(김영옥 외, 2009).

(2) 운동기능 발달

아동은 신체조절이 자유롭고, 새로운 기술과 신체 움직임을 시도해 보면서 성취감과 기쁨을 느끼게 된다. 아동기의 운동능력은 유아기에 비해 훨씬 더 통합되어, 달리기, 오르기, 수영하기, 자전거 타기, 스케이트 타기 등 능숙한 신체 기술이 요구되는 다양한 운동에 참여할 수 있다.

8~10세경이 되면 양손의 운동기능이 분화되어 따로 쓸 수 있게 된다. 중추 신경계의 발달과 정교해진 소근육 조절능력을 바탕으로 근육의 통제가 유연해지고, 수공예, 악기연주 등 여러 가지 기술이 필요한 취미활동이 가능해진다. 10~12세 아동의 조작기술은 성인과 비슷한 수준으로 발달된다.

2) 인지 발달

(1) 아동기 사고의 특징

아동기는 피아제의 인지 발달 이론 단계에서 구체적 조작기(concrete operational

stage)에 해당된다. 이 시기 아동의 사고는 직접 경험한 구체적인 세계에 한정되어 이루어지므로 구체적 조작기라 불린다.

아동기에는 물체나 물질의 외형상의 변화에도 불구하고 양이나 질 등의 속성이 유지됨을 이해하는 보존개념이 형성된다. 자기중심적 사고를 보이던 유아기와 달리 아동기에는 한 가지 사물을 다양한 각도에서 조망할 수 있는 탈중심화가 이루어지며, 타인의 관점에서 생각할 수 있는 타인조망수용 능력이 발달하게 된다. 또한 공통의 속성에 따라 분류할 수 있는 유목화 능력과 사물을 차례와 순서대로 배열할 수 있는 서열화 능력이 생기므로 점차 논리적 사고가 가능하게 된다.

(2) 주의와 기억 발달

아동기에는 중추신경계의 성숙에 의해 주의집중력이 발달하게 된다. 불필요한 자극은 무시하고 관련된 자극에만 주의를 기울이는 선택적 주의(selective attention)가 이루어지고, 유아기에 비해 주의집중 시간이 길어진다.

기억능력은 연령이 증가함에 따라 향상된다. 기억능력의 발달은 유아기 말인 5~12세까지 급격히 이루어진다. 아동기에는 이제껏 경험하여 인식하게 된 지식의 양을 바탕으로 기억할 정보를 부호화하는 과정이 용이해진다. 언어를 통한 추상적 사고가 가능하므로 기억사용 책략이 풍부하고 정교해진다. 예를 들면, 효과적으로 기억하기 위해 유사한 항목들로 조직하거나 공유된 의미를 새롭게 만들어 내는 등 정교화시킬 수 있다.

3) 언어 발달

학령기 아동의 어휘력은 급속히 발달한다. 초등학교를 졸업할 때가 되면 추상적 단어를 포함하여 40,000개 이상의 어휘가 습득된다(Berk, 2013). 단어가 지닌 의미에 대한 이해가 명확해지고, 비유, 풍자, 모순, 격언 등 함축적인 말의 의미를 파악하게 된다. 문법적 규칙이나 구조에 대한 지식도 증가하여 복잡하고 긴 문장을 사용할 수 있게 된다(정옥분, 2006). 또한 인지적 발달로 인해 타인조망수용 능력이 확대됨에 따라 다양한 상황에서 요구되는 기대 수준에 맞추어 정보를 전달할 수 있는 의사소통 기술이 발달하게 된다.

아동기 언어 발달은 읽기와 쓰기에 의해 더욱 확장된다. 단어를 소리로 바꾸어 읽는 능력이 발달하고, 읽기 과정을 통해 다양한 정보를 획득할 수 있게 된다. 쓰기의 경우 글자를 쓸 수 있을 뿐 아니라 자신의 생각이나 의견을 글로 표현할 수 있는 능력이 발달하게 된다.

4) 사회·정서 발달

(1) 정서 발달

정서 발달은 유아기에 대부분 형성되지만 아동기에 이르면 정서 표현과 정서 조절 측면에서 더욱 성숙하고 정교해진다. 정서를 통제하고 표출하는 규칙에 대한 이해가 증가하며 자신의 감정을 숨기는 일에 익숙해진다. 두 가지 이상의 정서가 동시에 나타나는 복합 정서에 대한 이해능력도 발달하여 상충되는 단서를 조합하여 타인의 정서를 설명할 수 있다. 예를 들어, 고장 난 자전거 옆에서 행복한 표정을 짓는 아이의 사진을 보여주고 기분을 물어보면, 4~5세 유아는 "자전거 타는 걸 좋아해서 기분이 좋아요"라고 정서 표현에 주목해서 대답한다. 이에 비해 8~9세 아동들은 "그 애 아빠가 고장 난 자전거를 고쳐준다고 해서 기분이 좋아요"라며 상황 단서를 조합하여 대답할 수 있다(Hoffner & Badzinski, 1989).

(2) 자기 이해의 발달

유아기에 형성된 자아개념은 아동기에 접어들면 더욱 명확하게 발달한다. 아동은 신체적 특징이나 행동 양상 등 외현적인 특성뿐 아니라 성격이나 장단점 등 내면적인 특성을 포괄하여 자아개념을 발달시키게 된다. 학령기 아동은 다른 사람과 비교하여 자신의 외모나 능력, 행동들을 평가하곤 한다. 이러한 사회적 비교를 통해 아동은 점차 자신에 대한 상대적이고 객관적인 이해를 발달시키게 된다.

아동기 초기에는 학업성취와 관련된 피드백이 주어지고 사회적 비교가 빈번히 이루어지기 때문에 유아기에 비해 자아존중감이 낮아지는 경향을 보인다. 아동이 다양한 상황에서 성취감을 느끼고 성공적인 과제 수행에 대한 자신감을 갖게 되면 자신의 능력에 대한 효능감이 생겨난다. 높은 자기효능감은 긍정적인 자아개념을 형성하고 성취동기를 부여하지만, 낮은 자기효능감은 자아개념과 성취지향적인 행동에 부정적인 영향을 미친다(전남련 외, 2014).

제3장

건강교육 교육과정

1. 2024 개정 표준보육과정

2. 2019 개정 누리과정

3장

건강교육 교육과정

아동건강교육을 실시할 때 교사는 영유아의 연령과 발달 특징에 따른 요구와 흥미를 고려하여 교육내용을 구성하여야 한다. 현재 우리나라 영유아보육·교육기관인 어린이집과 유치원에서는 국가 수준의 「2024 개정 표준보육과정(0~2세)」과 「2019 개정 누리과정(3~5세)」을 시행·운영하고 있다. 국가 수준의 교육과정에서는 영유아가 자신의 신체를 긍정적으로 인식하고 즐겁게 신체활동에 참여하며 안전한 생활습관의 기초를 형성할 수 있도록 신체운동 및 건강교육이 강조된다. 이 장에서는 「2024 개정 표준보육과정」(교육부고시 제2024-23호)과 「2019 개정 누리과정」(교육부고시 제2019-189호)의 신체운동·건강 영역을 중심으로 영유아기 건강교육과 관련한 교육과정을 살펴본다.

1. 2024 개정 표준보육과정

표준보육과정은 0~5세 영유아를 위한 국가 수준의 보육과정이며, 영유아가 놀이를 통해 심신의 건강과 조화로운 발달을 이루고 바른 인성과 민주 시민의 기초를 형성하려는 목적을 지닌다. 2019 개정 누리과정의 실행에 따라 2020년 「제4차 어린이집 표준보육과정」이 고시되었으며, 유보통합의 배경에서 0~2세 영아의 놀이를 통한 배움 및 3~5세 누리과정과의 연계 강화를 위해 표준보육과정(0~2세)이 일부 개정되어 고시되었다. 개정된 표준보육과정은 영아의 발달 특성을 고려한 기존의 연령 체계를 유지하여 0~1세 보육과정, 2세 보육과정, 3~5세 보육과정(누리과정)으로 구성된다.

「2024 개정 표준보육과정」은 영유아를 개별적 특성을 지닌 고유한 존재로 전제하며, 영유아 중심과 놀이 중심을 지향한다. 특히 부분 개정된 0~2세 표준보육과정은 영아를 돌봄의 대상으로 보는 관점에서 나아가 능동적인 어린 학습자로서 바라보며, 다양한 경험을 통해 스스로 배움을 만들어가도록 지원하는 데 중점을 둔다. 0~2세 표준보육과정은 「2019 개정 누리과정」과의 연계를 강화하기 위해 기본생활, 신체운동으로 구분되었던 영역을 신체운동·건강 영역으로 통합하고, 0~2세 통합된 보육과정 목표를 반영하여 0~1세와 2세로 구분되었던 영역별 목표를 0~2세로 통합하여 제시하였다.

추구하는 인간상은 '건강한 사람, 자주적인 사람, 창의적인 사람, 감성이 풍부한 사람, 더불어 사는 사람'으로 제시되며, 「2019 개정 누리과정」의 인간상과 동일하다. 「2024 개정 표준보육과정」의 목적과 목표는 다음과 같다.

① 표준보육과정 목적

영유아가 놀이를 통해 심신의 건강과 조화로운 발달을 이루고, 바른 인성과 민주 시민의 기초를 형성하는 데에 있다.

② 0~1세 및 2세 보육과정 목표

가. 자신의 소중함을 알고 건강하고 안전한 환경에서 즐겁게 생활한다.

나. 자신의 일을 스스로 하고자 한다.

다. 호기심을 가지고 탐색하며 상상력을 기른다.

라. 일상에서 아름다움에 관심을 가지고 감성을 기른다.

마. 사람과 자연을 존중하고 소통하는 데 관심을 가진다.

1) 신체운동·건강 영역의 목표

신체운동·건강 영역은 영아가 오감각과 신체운동을 경험하며 신체를 인식하고 운동능력을 발달시키며, 일상에서 건강하고 안전한 기초 습관을 형성하도록 돕는 영역이다. 영아가 풍부한 감각 경험과 신체운동을 시도하고 즐기며, 청결, 식습관, 수면, 휴식, 배변, 놀이, 안전 등 건강하고 안전한 일상생활을 경험하는 내용을 포함한다. 또한 교통수단 이용 및 각종 위험 상황에서 성인의 안내에 따라 대처하는 등 기초 안전 의식을 기르는 목표를 지닌다.

표 3-1 신체운동·건강 영역의 목표

실내외에서 신체활동을 즐기고, 건강하고 안전한 일상생활을 경험한다.
1. 감각 경험과 신체활동을 즐긴다. 2. 건강한 일상생활을 경험한다. 3. 안전한 일상생활을 경험한다.

출처 : 교육부(2024). 2024 개정 표준보육과정(0~2세) 해설서.

2) 신체운동·건강 영역의 내용

신체운동·건강 영역은 '신체활동 즐기기', '건강하게 생활하기', '안전하게 생활하기' 내용범주로 구성되어 있으며, 범주별 세부 내용은 표 3-2와 같다.

표 3-2 신체운동·건강 영역의 내용범주 및 내용

내용범주	내 용	
	0~1세	2세
신체활동 즐기기	다양한 감각을 경험한다.	
	신체와 주변을 탐색한다.	신체를 인식하고 움직인다.
	대소근육을 조절한다.	
	기본 운동을 시도한다.	기본 운동을 즐긴다.
	실내외 신체활동을 즐긴다.	
건강하게 생활하기	도움을 받아 몸을 깨끗이 한다.	자신의 몸과 주변을 깨끗이 해 본다.
	음식에 관심을 가진다.	음식을 즐겁게 먹는다.
	하루 일과를 편안하게 경험한다.	하루 일과를 즐겁게 경험한다.
	건강한 배변 습관을 갖는다.	
안전하게 생활하기	안전한 상황에서 놀이하고 생활한다.	안전하게 놀이하고 생활한다.
	안전한 상황에서 교통수단을 이용해 본다.	
	위험하다는 말에 주의한다.	위험한 상황에 대처하는 방법을 경험한다.

출처 : 교육부(2024). 2024 개정 표준보육과정(0~2세) 해설서.

'신체활동 즐기기' 내용범주는 영아가 오감과 신체운동 감각을 사용하여 주변 환경을 탐색하고, 대소근육을 조절하며 실내외에서 기본운동 및 신체활동을 즐겁게 경험하는 내용이다. 영아의 감각기능은 주변 환경을 탐색하며 자신의 신체를 인식해 나가도록 하는 주요한 통로이므로, 시각, 청각, 후각, 촉각, 미각의 오감과 균형감 등 신체운동 감각의 다양한 감각을 사용하여 자신과 타인, 주변 환경에 대해 탐색하며 알아가도록 지원한다. 또한 영아가 자신의 몸을 움직이며 대소근육 조절을 발달시키고, 기본적인 운동을 시도하며 실내외에서 다양한 신체활동을 즐겁게 경험하도록 한다. 영아는 일상생활에서 감각적 자극을 경험하며 환경과 신체에 대한 인식을 발달시켜 나가고, 이동하거나 제자리에서 여러 가지 동작으로 몸을 움직여보며 서기, 걷기, 앉기, 뛰기 등 운동

능력의 기초를 형성하게 된다. 영아가 실내외 신체활동을 즐기며 건강한 발달과 신체운동 능력을 기를 수 있도록 편안하고 안전한 환경을 조성하며 영아의 배움을 지원하도록 한다.

'건강하게 생활하기' 내용범주는 영아가 청결, 음식 섭취, 배변 등에서 점차 자조 능력을 기르고, 건강한 생활 습관의 기초를 형성하며, 규칙적인 일과를 즐겁고 편안하게 경험하는 내용이다. 영아는 신체 성장과 두뇌 발달이 급속히 이루어지며 기본적인 운동 능력이 획득된다. 그러나 환경의 변화에 대한 적응력이 낮고 질병에 대응하는 저항력이 매우 약하다. 따라서 충분한 영양과 휴식, 청결과 위생, 질병예방을 통해 건강하고 편안한 일상생활을 경험할 수 있도록 세심하게 보살펴야 한다. 영아기는 음식 선호에서 개인차가 크므로 영아의 개인 특성을 반영하여 새로운 음식을 접해보며 즐겁게 먹을 수 있도록 지원한다. 또한 놀이, 낮잠과 휴식, 식사와 간식, 기저귀 갈이와 배변 등 일상생활의 과정에서 영아의 신체 리듬과 개별적 요구를 수용하고, 적절한 도움과 격려를 제공하여 영아가 편안하고 자연스럽게 일상을 경험하도록 지원한다.

'안전하게 생활하기' 내용범주는 영아가 안전한 상황에서 놀이하고 생활하며, 일상 및 위험한 상황에서 위험 신호에 반응하고 대처하는 것을 경험하는 내용이다. 영아는 호기심이 많고 신체 움직임이 활발하지만, 위험한 상황을 정확히 인지하지 못하고 충동적으로 행동하는 경향이 높다. 또한 위험한 상황에서 스스로 보호하는 능력이 부족하므로 안전사고를 예방하기 위해 세심한 주의를 기울여야 한다. 영아는 신체운동 및 조절 능력이 발달하면서 새로운 상황에 도전하는 자율성과 주도성이 높아지고, 동시에 안전한 상황과 위험 요소에 대한 인식이 생겨나면서 스스로 주의하고 조심하려는 행동을 보이게 된다. 그러므로 영아가 성인의 적절한 안내와 지원을 받아 교통수단을 이용해 보거나 생활과 놀이에서의 안전, 화재나 지진 등의 재해 상황에 반응하고 대처하는 방법을 경험하며, 일상생활에서 위험 요인과 상황을 알고 어른의 지시에 따라 자신의 안전을 지킬 수 있도록 해 주고, 안전한 장소와 상황에서 생활하며 놀이할 수 있도록 지원한다.

2. 2019 개정 누리과정

「2019 개정 누리과정」은 국가가 고시한 국가 수준의 교육과정으로 유치원과 어린이집에 다니는 3~5세 유아에게 공통으로 적용되며 2020년 3월부터 시행되었다. 「2019 개정 누리과정」은 유아가 놀이하고 경험하는 총체적 교육활동에 중점을 두고 교사와 유아가 함께 만들어 가는 교육과정의 중요성을 강조하며, 유아가 중심이 되고 놀이가 살아나는 교육과정을 추구한다. 「2019 개정 누리과정」은 0~2세 표준보육과정 및 초등학교 교육과정과의 연계성을 고려하여 3~5세 유아가 경험해야 할 공통적이고 일반적인 내용으로 구성된다. 추구하는 인간상은 '건강한 사람, 자주적인 사람, 창의적인 사람, 감성이 풍부한 사람, 더불어 사는 사람'으로 제시되며, 「2024 개정 어린이집 표준보육과정」의 인간상과 동일하다. 「2019 개정 누리과정」의 목적과 목표는 다음과 같다.

① 누리과정 목적

유아가 놀이를 통해 심신의 건강과 조화로운 발달을 이루고, 바른 인성과 민주 시민의 기초를 형성하는 데에 있다.

② 누리과정 목표

가. 자신의 소중함을 알고, 건강하고 안전한 생활습관을 기른다.
나. 자신의 일을 스스로 해결하는 기초능력을 기른다.
다. 호기심과 탐구심을 가지고 상상력과 창의력을 기른다.

라. 일상에서 아름다움을 느끼고 문화적 감수성을 기른다.

마. 사람과 자연을 존중하고 배려하며 소통하는 태도를 기른다.

「2019 개정 누리과정」은 「3~5세 연령별 누리과정」에서 제시되었던 영역 체계를 유지하여 신체운동·건강, 의사소통, 사회관계, 예술경험, 자연탐구의 5개 영역으로 구성된다. 영유아 건강교육과 관련된 「2019 개정 누리과정」 내용을 알아보기 위해 '신체운동·건강 영역'을 중심으로 목표와 내용을 살펴본다.

1) 신체운동·건강 영역의 목표

신체운동·건강 영역은 3~5세 유아가 여러 가지 신체활동에 즐겁게 참여하며 청결과 위생, 즐거운 식사, 적당한 휴식을 통해 건강한 생활습관을 형성하고, 일상에서 안전하게 생활하는 방법을 배우고 실천하는 것을 목표로 한다. 또한 신체운동·건강 영역은 건강하고 안전한 생활습관과 태도를 기르는 목표를 지닌다. 3~5세 유아가 일상생활에서 청결과 위생을 지키고 규칙적인 수면과 휴식을 취하며 바른 식생활 태도를 갖추고 질병을 예방할 수 있는 능력을 갖추도록 한다. 아울러 유아가 안전하게 행동하고 위험한 상황을 인식하여 대처할 수 있도록 놀이와 생활에서 안전한 생활습관을 형성한다.

표 3-3 신체운동·건강 영역의 목표

실내외에서 신체활동을 즐기고 건강하고 안전한 생활을 한다.
1. 신체활동에 즐겁게 참여한다. 2. 건강한 생활습관을 기른다. 3. 안전한 생활습관을 기른다.

출처 : 교육부 · 보건복지부(2019).

2) 신체운동·건강 영역의 내용

신체운동·건강 영역은 '신체활동 즐기기', '건강하게 생활하기', '안전하게 생활하기' 세 가지 내용범주로 구성되며, 범주별 세부 내용은 표 3-4와 같다. 신체운동·건강 영역은 유아가 자신의 신체에 관심을 가지고 다양한 실내외 활동에 즐겁게 참여하며, 건강하고 안전한 생활을 해나가는 다양한 경험과 관련된 내용으로 구성된다.

표 3-4 신체운동·건강 영역의 내용범주 및 내용

내용범주	내 용
신체활동 즐기기	• 신체를 인식하고 움직인다. • 신체 움직임을 조절한다. • 기초적인 이동운동, 제자리 운동, 도구를 이용한 운동을 한다. • 실내외 신체활동에 자발적으로 참여한다.
건강하게 생활하기	• 자신의 몸과 주변을 깨끗이 한다. • 몸에 좋은 음식에 관심을 가지고 바른 태도로 즐겁게 먹는다. • 하루 일과에서 적당한 휴식을 취한다. • 질병을 예방하는 방법을 알고 실천한다.
안전하게 생활하기	• 일상에서 안전하게 놀이하고 생활한다. • TV, 컴퓨터, 스마트폰 등을 바르게 사용한다. • 교통안전 규칙을 지킨다. • 안전사고, 화재, 재난, 학대, 유괴 등에 대처하는 방법을 경험한다.

출처 : 교육부 · 보건복지부(2019).

'신체활동 즐기기' 내용범주는 신체를 인식하고 움직이기, 신체 움직임을 조절하기, 기초적인 이동운동, 제자리 운동, 도구를 이용한 운동을 하기, 실내외 신체활동에 자발적으로 참여하기 내용을 포함한다. 3~5세 유아가 자신의 몸을 움직이면서 자연스럽게 신체를 인식하고 대소근육을 조절하며, 다양한 실내외 신체활동에 자발적으로 참여하면서 즐기는 내용으로 구성된다.

'건강하게 생활하기' 내용범주는 자신의 몸과 주변을 깨끗이 하기, 몸에 좋은 음식에 관심을 가지고 바른 태도로 즐겁게 먹기, 하루 일과에서 적당한 휴식을 취하기, 질병을 예방하는 방법을 알고 실천하기 내용을 포함한다. 3~5세 유아가 스스로 몸과 주변을 청결하게 하고, 몸에 좋은 음식에 관심을 가지고 바른 태도로 즐겁게 식사하며, 신체 리듬에 맞추어 하루 일과에서 적절히 휴식을 취하고, 질병을 예방하고 건강을 유지할 수 있는 방법을 알고 실천하는 내용으로 구성된다.

'안전하게 생활하기' 내용범주는 일상에서 안전하게 놀이하고 생활하기, TV, 컴퓨터, 스마트폰 등을 바르게 사용하기, 교통안전 규칙을 지키기, 안전사고, 화재, 재난, 학대, 유괴 등에 대처하는 방법 경험하기 내용을 포함한다. 3~5세 유아가 안전하게 놀이하고 생활하며, 일상에서 자주 접할 수 있는 TV, 컴퓨터, 스마트폰 등을 바르게 사용하고, 교통안전 규칙을 지키며 안전하게 생활할 수 있도록 한다. 또한 체계적이고 반복적인 안전교육을 통해 안전사고, 화재, 재난, 학대, 유괴 등의 위험한 상황이 발생하였을 때 도움을 요청하거나 대처할 수 있는 방법을 배우며, 자신을 보호하는 데 필요한 지식, 기능, 태도를 형성하는 내용으로 구성된다.

3~5세 유아는 몸을 움직이며 놀이하는 경험을 즐기며, 대소근육이 발달하고 이동능력이 향상되면서 기본적인 운동능력을 습득하게 된다. 건강한 발달과 성장을 위해 기초 체력을 기르는 것이 매우 중요하며, 유아기 운동능력과 신체 발달은 이후 성인기까지 지속되는 영향을 미치게 된다. 그러므로 생활 속에서 유아의 발달 수준에 적합한 운동 및 신체활동 기회를 제공하여 긍정적인 자아개념과 성취감을 느낄 수 있도록 지원해 주어야 한다. 또한 유아가 스스로 자신의 몸을 건강하고 안전하게 지킬 수 있는 힘을 키우도록 일상에서 건강하고 안전한 생활을 실천하는 경험을 지원한다.

제4장

영유아 건강교육 관련 법과 평가

1. 영유아 건강교육 관련 법

2. 어린이집과 유치원 건강 관련 평가

4장

영유아 건강교육 관련 법과 평가

영유아기의 건강은 일생 동안의 건강을 위한 기초를 형성하는 시기이므로 이 시기에 적절한 건강교육을 제공하는 것은 중요하다. 영유아 개인의 건강은 국가적 차원에서의 인적자원 양성 측면에서도 중요하며 아동복지적·교육적 측면에서도 중요하게 고려해야 할 사안이라 볼 수 있다. 따라서 국가적 차원에서 법령 체계 구축과 정책 입안을 통해 가정과 유아교육기관에서 이루어지는 건강교육을 체계적으로 지원해야 한다.

또한 유치원과 어린이집에서 건강교육을 제공할 때 건강교육이 효과적으로 실시되고 있는지에 대한 평가가 필요하다. 이를 위해 어린이집과 유치원 평가에서 건강 관련 평가지표와 항목이 중요하게 다루어지고 있다. 따라서 이 장에서는 영유아 건강교육을 위한 관련 법령과 건강교육을 평가하기 위한 유아교육기관의 평가체제에 대해 살펴보고자 한다.

1. 영유아 건강교육 관련 법

모든 영유아는 건강하게 태어나서 건강하게 자라고 안전한 가정 및 학교 생활을 영위할 권리를 가지고 있다. 영유아 권리에 대해 규정하고 있는 국제협약 제6조에서는 모든 영유아들이 생존권과 보호권을 가지고 있다는 점을 강조하고 있으며, 영유아를 보호하고 있는 기관 및 시설은 영유아의 안전과 위생 및 건강에 관한 기준에 부합하는 환경을 제공하여 영유아의 건강과 안전을 보장해야 함을 알려주고 있다.

이에 따라 우리나라 정부에서도 영유아의 건강과 안전을 위한 국가적 차원에서의 정책을 마련하고 유치원과 어린이집에 요구되는 법규 및 규정들을 제시하고 있다(문혁준 외, 2016). 영유아 건강 관련 정책은 영유아의 건강증진을 위하여 유아교육기관을 지원하고 감독하는 역할을 담당한다. 영유아 건강 지원 정책은 관련 법령을 기초로 하여 유아교육기관에서 영유아의 신체적·정신적 건강에 위험한 일이 발생할 시, 이를 다룰 수 있도록 교사를 도와주는 역할을 담당하고 영유아를 위한 건강교육 환경을 조성하는 데 기여할 수 있다. 아동복지법에서는 영유아의 건강·안전 및 복지 증진을 위해 영유아와 그 보호자 및 가정을 지원하는 정책을 수립한 후 이를 시행하여야 한다고 규정하고 있다(아동복지법 시행령 제2~4조).

따라서 영유아 건강 관련 정책 입안을 위한 기초 관련 법으로서 유아교육법, 영유아보육법과 함께 어린이 건강 지원정책에서 건강 관련 법령에 대해 살펴보고자 한다.

1) 유아교육법

유아교육법에 나타난 건강 관련 내용은 유아교육법 제3조, 제17조를 통해 살펴볼 수 있다.

유아교육법 제3조에는 유아를 건전하게 교육할 책임자로 보호자와 함께 국가 및 지방자치단체의 책임을 강조하고 있다. 또한 제17조에는 유아 건강검진과 급식에 관한 규정을 제시하였다. 그 내용을 살펴보면, 유치원에서 유아에 대한 건강검진을 실시하고 건강검진 결과 이상이 있거나 치료가 필요할 경우 보호자와 협의하여 필요한 조치를 하도록 하고 있다. 급식 부분에 있어서는 유치원에 다니는 유아에게 적합한 급식을 제공하여야 함을 규정하고 있다. 특히 건강검진 실시 시기와 그 결과 처리에 관한 사항, 그리고 급식 시설과 설비기준에 관한 사항을 교육부령으로 정하여 이를 반드시 준수해야 하도록 강조하고 있다.

또한 교육부에서는 적절한 급식 환경 조성을 위한 유치원 규모별 시설·설비 기준 등을 주된 내용으로 하는 유아교육법 시행규칙을 개정하여 제시하였다(법무부, 2010). 2008년에는 어린이 건강증진에 기여하려는 목적을 가지고 어린이 식생활안전관리 특별법을 제정하여 영유아의 올바른 식습관 지도 및 영양의 균형을 고려한 안전한 식품을 제공하기 위해 필요한 규정을 구체적으로 명시하고 있다.

2) 영유아보육법 및 관련 규정

영유아보육법 제1조에는 영유아보육의 목적을 제시하고 있다. 영유아보육의 목적은 영유아의 심신을 보호하고 건전하게 교육하며 건강한 사회 구성원으로 길러내는 것을 가장 중요시하고 있다(보건복지부, 2010). 영유아를 건강하고 안전하게 보호하고 양육하여 영유아의 발달 특성에 적합한 교육을 제공하는 총체적 사회복지서비스를 보육이라 하는데, 이러한 보육의 정의에서 영유아의 건강과 안전을 크게 강조하고 있는 것을 알 수 있다.

영유아보육법 제3조 제2항을 살펴보면, 영유아가 안전하고 쾌적한 환경에서 건강하게 생활하고 성장해 갈 수 있도록 하는 것을 주요 보육 이념으로 명시해 두고 있다. 또한 영유아보육법 제5장에서도 영유아의 건강·영양과 안전에 대해 강조하고 있으며, 제31조에서 제33조에 걸쳐서 영유아 건강관리와 응급조치에 대한 언급과 함께 급식관리까지 다루고 있다.

이 외에도 영유아 건강검진과 급식관리 등에 대한 사항을 보건복지부령으로 정해 준수하도록 하고 있으며, 영유아보육법 제31조 제2항에 영유아에게 질병이나 사고로 인한 위급상황이 생길 경우 즉시 응급의료기관에 이송하도록 하는 규정이 있다. 국민건강보험법 시행령 제25조는 '영유아 건강검진 실시 기준'에 따라 영유아의 건강증진을 도모하고 건강한 미래 인적자원으로 성장하도록 지원할 것을 규정하고 있다. 또한 구강보건법에서는 건강진단 시 구강진단을 실시하도록 규정하고 있다.

3) 어린이 건강 지원 관련 법

영유아의 건전한 성장과 발달을 위한 다양한 지원 가운데 정책이나 제도, 규제 관련 법령들을 알아보고 이에 대한 지식을 갖추는 것이 필요하다. 어린이 건강 관련 법령에는 어린이 식생활안전관리 특별법, 식품위생법, 아동복지법, 어린이놀이시설 안전관리법, 석면안전관리법, 실내공기질 관리법 등이 있다.

(1) 어린이 식생활안전관리 특별법

이 법의 목적은 어린이들이 올바른 식생활 습관을 갖도록 하기 위해 안전하고 영양을 균형 있게 갖춘 식품을 제공하는 데 필요한 사항을 규정하여 어린이 건강증진에 기여하기 위한 것이다.

① 어린이 식품안전보호구역 지정관리

제5조(어린이 식품안전보호구역 지정) 시장·군수 또는 구청장은 안전하고 위생적인 식품 판매환경의 조성으로 어린이를 보호하기 위하여 학교와 해당 학교의 경계선으로부터 200미터의 범위 안의 구역을 어린이 식품안전보호구역으로 지정·관리할 수 있다.

② 어린이 기호식품 관리 등

제8조(고열량·저영양 식품 등의 판매 금지 등) 식품의약품안전처장은 학교나 어린이 기호식품 우수판매업소에서 고열량·저영양 식품과 고카페인 함유 식품의 판매를 제한하거나 금지할 수 있다.

제9조(정서저해 식품 등의 판매 금지 등) 어린이 기호식품 중 사행심을 조장하거나 성적인 호기심을 유발하는 등 어린이의 건전한 정서를 해할 우려가 있는 식품이나 그러한 도안이나 문구가 들어 있는 식품에 대하여 판매나 판매목적의 제조·가공·수입·조리·저장·운반 및 진열을 금지할 수 있다.

제10조(광고의 제한·금지 등) 어린이 기호식품 고열량·저영양 식품 및 고카페인 함유 식품을 제조·가공·수입·유통·판매하는 자는 방송, 라디오 및 인터넷을 이용하여 식품이 아닌 장난감이나 그 밖에 어린이의 구매를 부추길 수 있는 물건을 무료로 제공한다는 내용이 담긴 광고를 하여서는 아니 된다.

③ 올바른 식생활 정보 제공 등

제11조(영양성분 표시) 주로 어린이 기호식품을 조리·판매하는 업소로서 대통령령으로 정하는 영업자는 조리·판매하는 식품의 영양성분을 식품의약품안전처장이 정하는 표시기준 및 방법 등에 따라 표시하여야 한다.

제11조의2(알레르기 유발식품 표시) 주로 어린이 기호식품을 조리·판매하는 업소 영업자는 조리·판매하는 식품에 알레르기를 유발하는 성분·원료가 포함된 경우 그 원재료명을 식품의약품안전처장이 정하는 표시기준 및 방법 등에 따라 표시하여야 한다.

제12조(영양성분의 함량 색상·모양 표시) 어린이 기호식품 중 총리령으로 정하는 식품에 들어 있는 총지방, 포화지방, 당, 나트륨 등 영양성분의 함량에 따라 높음, 보통, 낮음 등의 등급을 정하여 그 등급에 따라 어린이들이 알아보기 쉽게 녹색, 황색, 적색 등의 색상과 원형 등의 모양으로 표시하도록 식품 제조·가공·수입업자에게 권고할 수 있다.

제13조(어린이 식품안전·영양교육 및 홍보 등) 모든 어린이들이 건강하고 바른 식생활을 실천할 수 있도록 개인 또는 집단의 특성, 건강상태 및 건강의식 수준에 따라 어린이 기호식품에 대한 안전과 영양공급에 대한 교육 및 홍보를 실시하여야 한다.

제14조(품질인증기준 및 표시) 식품의약품안전처장은 안전하고 영양을 고루 갖춘 어린이 기호식품의 제조·가공·유통·판매를 권장하기 위하여 식품의약품안전처장이 고시한 품질인증기준에 적합한 어린이 기호식품에 대하여 품질인증을 할 수 있다.

④ 어린이급식관리지원센터

제21조(어린이급식관리지원센터의 설치·운영) 시장·군수·구청장은 어린이에게 단체급식을 제공하는 어린이집과 유치원에 대한 위생 및 영양관리를 지원하기 위하여 어린이급식관리지원센터를 설치·운영하여야 한다.

⑤ 식생활 안전관리체계 구축

제23조(식생활 안전지수 조사 등) 식품의약품안전처장은 어린이 식생활의 안전과 영양수준을 객관적으로 확인·평가하기 위하여 식생활 안전지수를 대통령령으로 정하는 바에 따라 정기적으로 조사하여 공표하여야 한다.

(2) 식품위생법

식품위생법은 식품으로 인해 생길 수 있는 위생상의 위해를 방지하고 식품영양의 질적인 향상을 도모하며 식품에 관한 올바른 정보를 제공하여 국민 보건증진에 이바지하는 것을 주요 목적으로 하고 있다. 식품의 원료관리 및 제조·가공·조리·유통 과정에서 위해한 물질이 생기거나 오염되는 것을 방지하기 위해 각 과정의 위해요소를 확인하고 평가하며 관리하는 식품안전관리인증기준(HACCP)을 제시하고 있다.

⑶ 아동복지법

아동복지법은 영유아가 건강하게 성장하기 위해 필요한 여러 가지 사항에 대해 명시해 놓은 법으로서 아동의 신체에 손상을 주는 학대행위, 성적 수치심을 주는 성희롱 혹은 성폭력, 정서적 학대행위, 방임행위, 아동매매행위, 음행매개행위, 아동 이용 구걸행위나 건강에 유해한 행위를 시키는 것 등을 금지하고 있으며 이러한 규정을 위반한 자의 경우 처벌을 받도록 되어 있다.

2. 어린이집과 유치원 건강 관련 평가

어린이집과 유치원 평가항목에는 건강교육과 관련된 지표들이 중요한 요소로 포함되어 있으며 세부항목들을 비교해 보았을 때 서로 유사하다는 것을 알 수 있다. 그동안 자발적 신청에 따라 운영되던 어린이집 평가인증제도는 보육·양육에 대한 사회적 책임강화 실현과 영유아의 건강한 성장 및 발달을 위하여(2018년 12월 11일 영유아보육법 개정 및 공포) 전체 어린이집을 대상으로 하는 어린이집 평가제로 변경되었다. 새로이 도입된 어린이집 평가제는 2019년 6월부터 시행되고 있다.

유치원의 경우에도 2019 개정 누리과정 이후 유치원의 자율성 및 책무성 강화를 지원하는 유치원 평가를 실시하고 있다. 어린이집 평가제와 유치원 평가에 대해 구체적으로 살펴보면 다음과 같다.

1) 어린이집 평가제

(1) 추진 목적

2024 개정 어린이집 평가제는 영유아의 발달과 안전을 최우선으로 고려하여 어린이집의 질적 수준을 향상시키기 위해 설계되었다. 이를 통해 어린이집 운영 및 보육 서비스의 표준화를 도모하고, 국가 차원에서 아동복지 및 보육환경의 개선을 목표로 한다. 또한 평가제는 보육교직원의 전문성 강화를 통해 부모 및 지역사회의 신뢰 확보를 지향한다.

(2) 추진 배경

보육환경의 변화와 사회적 요구 증가는 현행 평가제가 변화하는 상황에 충분히 대응하지 못한다는 문제를 제기하였다. 국제적으로 유아교육 및 보육의 질적 개선 요구가 지속되는 가운데 평가기준의 객관성과 투명성을 강화할 필요성이 제기되었다. 아울러, 정부의 보육 정책 기조에 부합하는 방향으로 영유아 중심의 보육환경 개선 및 교직원 역량 강화를 위한 실천 방안을 마련하는 것이 필요하였다.

(3) 주요 내용

첫째, 평가항목의 세분화를 통해 보육 프로그램, 교직원 역량, 운영관리, 보육환경 등 각 영역별로 세부 평가지표를 도입하여 평가의 심도와 실효성을 제고하였다. 둘째, 영유아의 건강과 안전 보장을 강화하기 위해 사고예방 및 응급대처 능력 평가항목이 추가되거나 강화되었다. 셋째, 교직원의 교육 및 전문성 향상을 지원하기 위한 기준과 훈련 프로그램이 도입되었다. 마지막으로, 부모 참여 활성화와 지역사회 협력을 포함하는 운영 방안을 평가에 반영함으로써 어린이집의 역할 확장을 도모하였다.

(4) 2024 개정 평가제

기존 어린이집 평가제는 보육과정 및 상호작용, 보육환경 및 운영관리, 건강·안전, 교직원의 4개 평가영역과 18개의 평가지표, 59개의 평가항목으로 이루어져 있다. 현행 2024 개정 평가제는 6개의 평가영역과 15개의 평가항목으로 구성되며, 기존에 있던 평가지표는 삭제되었다.

표 4-1 어린이집 평가지표 비교

<table>
<tr><th colspan="2">평가제</th><th colspan="2">2024 개정 평가제</th></tr>
<tr><th>평가영역(4개)</th><th>평가지표(18개)</th><th>평가영역(6개)</th><th>평가항목(15개)</th></tr>
<tr><td rowspan="2">1. 보육과정 및 상호작용</td><td rowspan="2">1-1. 영유아 권리 존중
1-2. 보육계획 수립 및 실행
1-3. 놀이 및 활동 지원
1-4. 영유아 간 상호작용 지원
1-5. 보육과정 평가</td><td>1. 영유아 중심 일과 운영</td><td>1-1. 일과의 충실한 운영
1-2. 따뜻하고 편안한 일상생활 지원</td></tr>
<tr><td>2. 영유아가 주도하는 배움 지원</td><td>2-1. 영유아의 놀이를 위한 공간 구성 및 운영
2-2. 배움을 위한 자료 제공</td></tr>
<tr><td rowspan="2">2. 보육환경 및 운영관리</td><td rowspan="2">2-1. 실내 공간 구성 및 운영
2-2. 실외 공간 구성 및 운영
2-3. 기관 운영
2-4. 가정 및 지역사회와의 연계</td><td>3. 영유아 존중 상호작용 지원</td><td>3-1. 교사와 영유아의 반응적 상호작용
3-2. 영유아 또래 간 상호작용 격려</td></tr>
<tr><td>4. 보육과정 실행과 평가</td><td>4-1. 관찰 및 실행계획
4-2. 보육과정 평가</td></tr>
<tr><td>3. 건강 · 안전</td><td>3-1. 실내외 공간의 청결 및 안전
3-2. 급 · 간식
3-3. 건강증진을 위한 교육 및 관리
3-4. 등 · 하원의 안전
3-5. 안전교육과 사고예방</td><td>5. 원장의 리더십과 보육교직원 역량 강화</td><td>5-1. 보육의 질 향상을 위한 리더십
5-2. 상호 존중하는 소통과 협력
5-3. 보육교직원 역량 강화</td></tr>
</table>

4. 교직원	4-1. 원장의 리더십 4-2. 보육교직원의 근무환경 4-3. 보육교직원의 처우와 복지 4-4. 보육교직원의 전문성 제고	6. 건강 및 안전	6-1. 실내외 공간의 청결 · 쾌적성 6-2. 급 · 간식 운영의 적합성 6-3. 실내외 공간, 시설 · 설비의 안전한 관리 6-4. 영유아의 안전한 보호

(5) 건강 및 안전 영역

영유아가 어린이집에서 건강하고 안전하게 생활할 수 있도록 지원하는 것은 영유아의 기본적인 권리와 삶의 질을 보장하는 필수요건이다. 영유아의 건강과 안전은 일차적으로 질병에 감염되거나 신체적 상해를 입지 않고 건강하게 보호되는 것을 말하지만, 궁극적으로는 영유아가 자신의 주변 환경에서 노출될 수 있는 방임, 학대 등의 문제로부터 안전하게 보호되는 것을 말한다.

어린이집에서는 실내외 공간을 청결하고 쾌적하게 유지하여 영유아의 면역력을 키우고 영유아에게 안전하고 풍부한 식재료로 청결하게 조리한 음식을 제공함으로써 영유아가 건강하게 성장할 수 있도록 지원한다. 어린이집에서는 사고나 위험으로부터 영유아를 보호할 수 있는 안전한 보육환경을 제공해 주어야 하며, 보육교직원은 안전사고에 대한 대처 능력을 길러 어린이집의 일과 중에 위험이 생기거나 사고가 나지 않도록 지속적으로 관리해야 한다.

① 실내외 공간의 청결·쾌적성

영유아가 많은 시간을 보내는 보육실의 공간과 시설·설비, 물품이 청결하게 유지되도록 관리한다. 영유아는 성인에 비해 면역력이 떨어져 질병에 취약하므로 영유아가 청결하고 쾌적한 공간에서 하루 일과를 지낼 수 있도록 한다.

표 4-2 실내외 공간의 청결·쾌적성 평가항목

평가항목에 따른 적합한 수준
1. 보육실 공간을 청결하고 쾌적하게 관리한다. ① 보육실을 청결하고 환기가 이루어지도록 관리한다. ② 보육실 내의 놀잇감, 개별 침구 등을 청결하게 관리한다.
2. 실내외 공간을 청결하고 쾌적하게 관리한다. ① 보육실을 제외한 실내외 공간을 청결하게 관리한다. ② 실내외 공간의 놀이기구, 놀잇감 등을 청결하게 관리한다. ③ 화장실(이동식 변기, 기저귀 가는 공간 포함)을 청결하고 쾌적하게 관리한다.

② 급·간식 운영의 적합성

영유아기는 신체적으로 급속한 성장과 발달이 이루어지는 시기로 어린이집에서는 양질의 급·간식을 통해 영유아의 성장이 원활하게 이루어질 수 있도록 지원해야 한다. 영유아는 청결하고 위생적으로 조리된 질 좋은 먹거리를 섭취하여 신체의 건강과 발달을 이루고, 면역력을 키워 질병을 예방할 수 있다. 또한 영유아는 어린이집에서의 급·간식 시간을 즐겁게 경험함으로써 하루의 긴장을 풀고 에너지를 얻으며, 좋은 신체 여건을 유지하며 어린이집에서의 일과를 활기차게 보낼 수 있다.

표 4-3 급·간식 운영의 적합성

평가항목에 따른 적합한 수준
1. 신선한 식자재 구매, 보관이 이루어지도록 관리한다. ① 식자재 보관 장소를 청결하게 유지 · 관리한다. ② 신선한 식자재 구매 및 보관 과정에서 유통기한(소비기한)을 준수하고 이를 위생적으로 보관한다.
2. 조리실의 공간을 청결하고 위생적으로 관리한다. ① 조리실 공간 및 조리실 내 시설 · 설비를 청결하게 유지 · 관리한다. ② 조리실 비품과 식기류를 사용 후 세척, 소독하여 위생적으로 관리한다.

③ 도마와 칼은 교차오염 방지를 위해 최소한 육류용, 어패류용, 기타 채소류용 등으로 구분하여 사용한다.

3. 조리 및 배식과정을 청결하고 위생적으로 관리한다.
① 조리를 하는 보육교직원은 조리 시 청결하고 위생적인 복장을 갖추고 있다.
② 조리과정이 청결하고 위생적으로 이루어진다.
③ 배식과정이 청결하고 위생적으로 이루어진다.

2) 유치원 평가

유치원의 경우 유아교육법 제19조 및 유아교육법 시행령 제20조, 제21조, 제22조에 근거하여 유치원 평가를 실시하도록 하고 있다. 유치원 평가의 주목적은 2019 개정 교육과정을 충실히 운영할 수 있는 유치원 운영체계 구축과 유아의 건강·안전관리 강화를 통한 유치원의 책무성을 강화하고자 하는 것, 그리고 유치원 교육공동체의 참여·소통·협력을 통한 유치원 자율성 강화이다(대구유아교육진흥원, 2021). 또한 유치원 평가의 방법을 개선하고 평가과정을 간소화하는 것을 통해 현장 중심의 평가가 이루어지도록 함으로써, 유아교육의 질적 수준 제고 및 교육서비스 개선, 학부모의 알 권리 및 유치원 선택권 보장을 중요시하고 있다.

유치원 평가를 위한 평가지표는 4개 영역의 16개 지표, 43개 항목으로 구성되어 있다. 4개의 평가영역은 교육과정, 교육환경 및 운영관리, 건강·안전, 교직원이며 평가방법은 자체평가 중심으로 이루어지되 서면평가를 병행하도록 하고 있다.

표 4-4 유치원 평가지표(4개 영역 16개 지표 43개 항목)

평가영역(항목 수)	평가지표	평가항목 수
1. 교육과정(12)	1-1. 교육계획 수립	3
	1-2. 일과 운영	2
	1-3. 교수 · 학습 방법 및 평가	4
	1-4. 교사와 유아 상호작용	3
2. 교육환경 및 운영관리(10)	2-1. 놀이공간의 다양성	1
	2-2. 시설 · 설비의 적합성	2
	2-3. 놀이자료의 구비 및 관리	2
	2-4. 행 · 재정관리	3
	2-5. 방과후 과정 운영	2
3. 건강 · 안전(14)	3-1. 시설 및 환경	5
	3-2. 건강 및 안전 증진	4
	3-3. 급 · 간식 건강 및 안전	3
	3-4. 등 · 하원 안전	2
4. 교직원(7)	4-1. 원장의 전문성	3
	4-2. 교직원의 전문성	1
	4-3. 교직원 복지	3

출처 : 유아교육진흥원(2021).

(1) 유치원 평가지표

유치원 평가지표 가운데 건강 관련 평가지표는 건강·안전 영역에 포함되어 있으며 4개의 지표 가운데 시설 및 환경, 건강 및 안전 증진, 급·간식 건강이 건강 관련 지표와 밀접하다고 볼 수 있다. 건강·안전 영역 지표를 통해 유아들의 건강과 관련된 평가내용을 살펴보고 유아들의 건전한 성장과 발달에 도움을 줄 수 있는 유치원 환경을 제공하도록 해야 한다. 유아의 건강한 삶을 위해서 유치원 실내외의 시설과 환경을 청결하고 쾌적하게 유지하도록 하는 것이 중요하다. 이를 위해 유아의 질병 및 상해에 대한 관리, 건강한 생활습관을 가지도록 하기 위한 지도, 건강검진과 아동학대 예방 및 교육관리가 필요하다. 또한 급·간식 운영계획을 수립하여 식자재 준비에서부터 조리 및 배식과정을 위생적으로 관리하는 것도 필요하다.

건강·안전 영역의 4개 지표 가운데 건강 관련 지표별로 평가문항을 살펴보면 다음과 같다.

표 4-5 건강·안전 평가지표

항목	평가지표	평가문항
3. 건강 · 안전 (14)	3-1. 시설 및 환경	3-1-1. 실내 공간을 청결하고 안전하게 관리한다.
		3-1-2. 실외 공간을 청결하고 안전하게 관리한다.
		3-1-3. 수도시설 공간을 청결하고 안전하게 관리한다.
		3-1-4. 전기 및 가스를 안전하게 관리한다.
		3-1-5. 안전시설 및 용품을 충실히 관리하고 사용법을 숙지한다.
	3-2. 건강 및 안전 증진	3-2-1. 질병 및 상해 관리가 적절히 이루어진다.
		3-2-2. 의약품 등을 철저하게 관리하고 있다.
		3-2-3. 건강 및 안전 증진을 위한 예방 관리를 실시한다.
		3-2-4. 건강 및 안전 증진을 위한 교육을 충실히 실시한다.
	3-3. 급 · 간식 건강 및 안전	3-3-1. 균형 잡힌 급 · 간식 계획을 수립 · 제공하며, 식자재 관리를 적절하게 한다.
		3-3-2. 조리 및 배식과정이 안전하고 위생적이다.
		3-3-3. 급 · 간식 운영 및 사후 관리가 위생적으로 이루어진다.
	3-4. 등 · 하원 안전	3-4-1. 등 · 하원 계획 및 지도가 안전하게 이루어진다.
		3-4-2. 어린이통학버스 관리 및 운행이 안전하게 이루어진다.

(2) 유치원 평가에서의 건강 관련 지표의 이해(교육부, 2016)

■ 유아의 건강증진을 위한 관리 및 교육 실시

유아들이 유치원에서 머무르는 시간이 점차 길어지므로 실내외 공간을 청결하게 관리하고 깨끗한 유치원 환경을 제공하여 유아 스스로가 위생적 생활습관을 기르도록 한다. 또한 유아의 건강관리와 교육은 신체리듬과 건강상태를 고려하여 실시하는 것이 필요하다. 일과 가운데 다양한 활동을 통해서 손 씻기와 이 닦기 등과 같은 개인적 위생을 준수하도록 지도하고 주변을 청결하게 하도록 하여 건강한 생활습관을 형성하도록 한다.

■ 급·간식 운영 및 관리 위생

영유아의 신체 발달의 단계와 영양적인 요구를 고려하여 질 높은 급·간식을 제공하도록 한다. 영양적으로 균형 잡힌 식단을 제공하기 위해 영양사와 전문가가 식단을 구성하는 데서부터 식자재 구입, 위생시설 및 설비, 그리고 조리와 배식을 하도록 하여 영양과 식품 관련 안전성을 확보하도록 한다. 유아의 간식은 다음 식사에 부담을 주지 않을 정도로 제공하는 것이 적절하며 비타민과 무기질이 풍부한 과일이나 채소 중심으로 공급하는 것이 바람직하다.

위생적이고 안전한 급·간식 제공을 위해 전체적인 시설 및 설비, 조리 및 배식 시스템을 갖추고 위생적으로 관리하여 집단 식중독이 일어나지 않도록 주의한다. 유치원 급·간식 운영과 관련하여 주요 의사결정 사항을 학부모에게 알리고 식단이나 급·간식 과정에 관한 부모의 의견을 수시로 모니터링함으로써 신뢰를 구축하도록 한다.

■ 유아의 영양관리 및 교육 실시

유아기에는 바람직한 식습관이 형성되는 시기이므로 유아 대상 식습관 지도가 필요하다. 식습관은 하루 일과 중에서 이루어질 수 있으며, 특히 식사예절,

균형 잡힌 영양에 관한 정보, 음식의 역할에 대한 이해, 편식지도, 그리고 식사 위생 등이 포함될 수 있다. 유아의 건전한 식습관 형성은 음식 섭취와 관련되는 것뿐 아니라 건전한 신체와 정신적 성장 및 발달을 위해 반드시 필요한 기초적인 것임을 알려주어야 한다.

제5장

건강생활습관 지도

1. 배변훈련
2. 손 씻기
3. 치아관리
4. 식습관 지도
5. 수면관리

5장

건강생활습관 지도

바르고 건강한 생활습관은 평생 지속되는 건강한 삶의 토대가 된다. '세 살 버릇 여든 간다'는 속담에서 알 수 있듯이 영유아기에 형성된 생활습관은 성인기에 이르기까지 지속적인 영향을 미치게 된다. 어린이집과 유치원에서는 영유아가 일상생활에서 적절하고 바른 습관과 태도를 형성할 수 있도록 체계적이고 반복적인 건강생활습관 지도를 제공해야 한다. 이 장에서는 건강한 생활습관을 기르기 위해 요구되는 배변훈련, 손 씻기, 치아관리, 식습관 지도, 수면관리에 대해 알아보기로 한다.

1. 배변훈련

일상생활에서 건강을 관리하고 질병을 예방하기 위해서는 규칙적이고 위생적인 배변습관을 형성하는 것이 중요하다. 영유아는 2~3세경이 되면 대소변 배설에 관련된 괄약근을 자율적으로 조절하고 배변의사를 표현할 수 있게 된다. 대부분의 영유아는 3세 전후로 성인의 도움을 받아가면서 차츰 대소변을 가릴 수 있게 된다(김숙이·손수민·고선옥·신리행, 2016).

배변훈련은 근육이나 신경의 성숙으로 배변 시간이 비교적 규칙적으로 될 때 시작한다. 대변 가리기를 먼저 훈련시키며 가능한 한 1일 1회 대변을 볼 수 있도록 지도한다. 배뇨훈련은 16~18개월부터 서서히 3시간 간격으로 지도하고, 잠이 깬 후 배뇨하도록 도와준다.

1) 배변훈련을 위한 준비

배변훈련은 적절한 시기와 방법이 중요하다. 영유아가 배변훈련을 시작할 준비가 되었을 때 배변 요구를 파악하여 적절히 도와주어야 한다. 배변훈련과 관련된 영유아의 행동 특성은 다음과 같다.

- 배뇨나 배변 후 기저귀를 바꾸어 달라는 의사표현을 한다.
- 밤사이에 소변을 보는 횟수가 줄고, 간격이 길어지면서 소변을 보지 않는 날도 가끔 있다.
- 대소변 볼 의사가 있을 때 영유아의 얼굴 표정이 바뀌거나 다리를 꼬고 끙끙거리며 앉으려 한다.
- 옷이 젖지 않으려면 변기에 앉아야 한다는 사실을 이해한다.
- 대소변 관련 용어를 간단하게 사용하면서 의사표현을 할 줄 안다.
- 스스로 옷을 벗는 시늉을 한다.

표 5-1 배변훈련과 관련한 영유아의 발달 특성

연 령	발달 특성
15개월	젖은 기저귀나 의복을 가리키며 불편함을 표현한다.
18~24개월	대소변에 관련된 간단한 용어들을 이해하고 사용한다.
30~36개월	화장실에 가야겠다는 의지를 말로 표현한다.
36개월 이상	짧은 기간이라도 대소변을 참을 수 있다.

출처 : 주영은 · 성영화 · 이숙자(2011).

2) 배변훈련의 지도

배변훈련 때 부모와 교사는 느긋한 마음을 갖는 것이 중요하다. 영유아가 배변훈련을 시작하고 성공했을 때 칭찬해 주고 설령 실패하더라도 격려해 주어 좌절감을 느끼지 않도록 도와야 한다. 대체적으로 2주 정도가 경과하면 배변습관을 습득하게 된다. 가끔은 밤에 배뇨하거나 낮이라도 실수를 하는 경우가 있는데, 이때 지나치게 꾸중하거나 무안을 주게 되면 배변에 대한 불안함과 강박적인 반응을 보일 수 있다. 부모와 교사는 영유아가 대소변을 실수하더라도 너그럽게 이해하고 편안한 마음을 지니고 훈련을 지속할 수 있도록 격려해야 한다.

성공적인 배변훈련을 위한 지도

- 평소에 기저귀를 자주 갈아주고, 입고 벗기 편한 옷을 입힌다.
- 영유아의 의사를 항상 존중한다.
- 배변훈련에 관련된 책을 읽어준다.
- 간이 변기를 준비해서 쉽게 사용할 수 있도록 한다.
- 영유아가 배변의사를 보이면 변기에 앉거나 화장실에 가자고 제안한다.
- 식사 후, 낮잠 전과 후, 장소 이동 전에 화장실 사용을 권한다.
- 영유아가 변기를 사용하려고 하면 칭찬하고 격려한다.
- 대소변 후에는 반드시 손을 씻도록 교육한다.

3) 배변훈련 시 주의사항

- 변기 사용에 반발할 때는 강요하지 않는다.
- 스스로 배변의사를 표시하며 순응할 때까지 느긋하게 기다린다.
- 실수를 할 경우 화를 내거나 벌 주는 행위를 하지 않는다.
- 배변의사를 지나치게 자주 묻지 않는다.
- 변기에 훈련을 핑계로 5분 이상 앉혀두지 않는다.
- 영유아가 변기에 앉아 있는 동안 변기의 물을 내리지 않는다.

- 간이 변기나 화장실은 항상 청결하게 유지한다.
- 화장실 조명을 밝게 하고 편안한 느낌을 주면서 무서움을 유발하지 않도록 분위기를 조성한다.
- 영유아의 변은 건강 이상 증상을 파악하는 데 신호가 될 수 있다.

2. 손 씻기

손 씻기는 건강을 지키는 생활습관 가운데 가장 실천하기 쉬우면서 효과가 큰 방법이다. 영유아들은 신체 성장이 왕성하고 호기심이 많아 활동적인 경향을 보이지만 환경 변화에 대한 적응력이 낮고 성인에 비해 면역력이 취약하다. 따라서 질병을 예방하고 건강하게 생활하기 위해 규칙적으로 손을 씻는 생활습관을 형성하는 것이 매우 중요하다. 그림 5-1에서 손을 씻지 않을 경우 시간이 지남에 따라 세균 수가 급격히 증가하는 것을 볼 수 있다. 유아교육기관에서는 손소독기를 설치하거나 화장실에 손 씻기 방법을 안내하는 자료를 부착하여 올바른 손 씻기 생활습관을 길러주어야 한다.

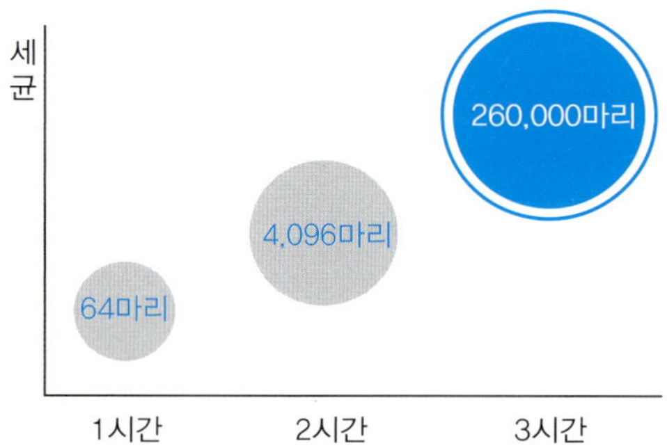

그림 5-1 손을 씻지 않을 시 세균 수 증가 추이

출처 : 질병관리본부(2014).

1) 손 씻기 지도

손 씻기를 지도할 때는 교사의 시범과 모델링이 중요하다. 교사가 먼저 수시로 손을 씻으며 바르게 손 씻는 방법을 영유아들에게 안내해 준다. 손 씻기 순서와 방법에 대한 사진이나 그림 자료를 영유아들이 잘 볼 수 있는 위치에 배치하고, 영유아들이 규칙적으로 손 씻는 생활습관을 기를 수 있도록 격려해 준다. 손 씻기에 필요한 비누와 수건은 미리 준비하고 자주 점검하여 청결을 유지하도록 관리한다. 하루에도 수차례 손을 씻게 되므로 비누는 영유아들에게 적합한 제품을 사용하도록 한다. 소독제가 포함된 액체비누나 거품비누의 경우 피부에 강한 자극을 주거나 과민반응을 일으키지 않는지 주의 깊게 살피도록 한다.

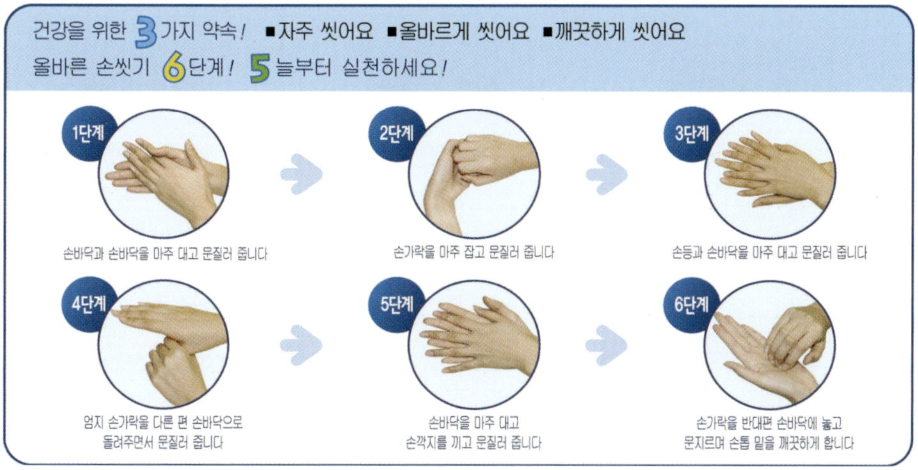

그림 5-2 올바른 손 씻기 6단계

출처 : 범국민손씻기 운동본부(대한의사협회, 질병관리본부).

2) 영유아가 손을 씻어야 하는 경우

- 어린이집이나 유치원에 도착 후
- 식사 및 간식을 먹기 전과 후
- 요리 활동을 하기 전과 후
- 화장실을 다녀온 후
- 코를 풀거나 재채기를 한 후
- 동물을 만진 후
- 실외 활동을 한 후
- 미술 등의 공예나 공작 활동을 한 후
- 쓰레기나 오물을 만진 후
- 신체 분비물을 만진 후

3) 교사가 손을 씻어야 하는 경우

- 어린이집이나 유치원에 도착 후
- 기저귀를 갈기 전과 후
- 배변을 도와준 후
- 아동의 코 풀기, 코 닦기, 더러워진 옷을 만진 후
- 음식 준비, 식사 전과 후, 음식 먹이기 전과 후, 약을 먹이기 전과 후, 요리 활동 전과 후
- 영유아의 신체적 분비물인 피, 고름, 토사물 등을 만져서 처리한 후
- 본인이 화장실을 다녀온 후, 코를 푼 후, 재채기를 한 후, 쓰레기를 만진 후, 동물을 만진 후

3. 치아관리

영유아기에 형성된 올바른 치아관리의 생활습관은 일생 동안 건강한 치아를 유지하는 기본이 된다. 영유아기에는 일반적으로 4~6개월에 1회씩 정기적으로 치과를 방문하여 검진과 교육을 받는 것이 권장된다. 영아는 생후 6개월경에 첫 유치가 나게 되는데 이때쯤 구강검진을 받도록 한다. 2~3세가 되면 20개의 유치가 모두 나온다. 6세 무렵 유치가 빠지면서 28~32개의 영구치를 지니게 된다.

충치예방을 위해서는 탄수화물이나 당분이 높은 음식물 섭취를 제한하고, 식후 반드시 양치질을 하도록 지도한다. 사탕, 초콜릿, 캐러멜 같은 단 음식은 설탕이 많이 들어 있을 뿐 아니라 치아 표면에 부착되어 충치를 발생시키기 쉽다. 탄산음료 등도 치아의 에나멜질을 부식시키므로 치아 건강에 좋지 않다. 생후 10~36개월 아동의 충치는 잠자기 전 우유나 주스를 우유병에 넣어 계속 먹일 경우 생기기 쉽다.

그림 5-3 치아에 좋은 음식과 나쁜 음식

출처 : blog.daum.net/hwa2611/12420115

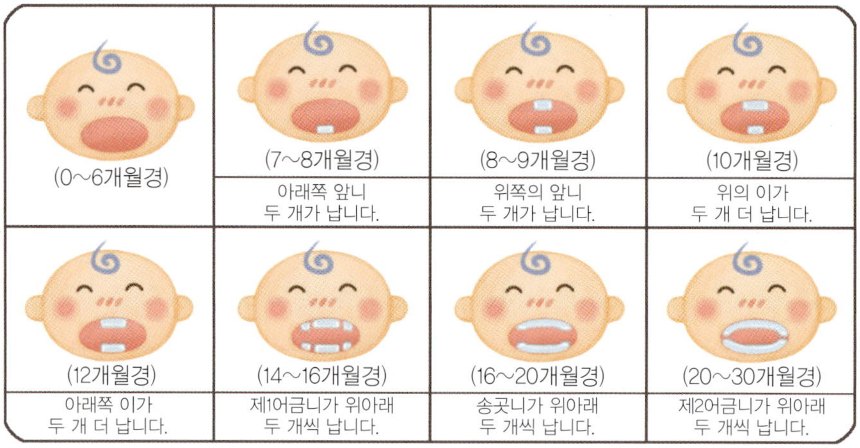

그림 5-4 유치가 나는 순서

출처 : 신순식(2014).

1) 잇몸 닦기

잇몸 닦기는 주로 영아에게 적용되는데 유아들도 잇몸을 깨끗하게 관리할 수 있어야 한다. 영아의 경우 인공 수유나 모유 수유 후 부드럽고 깨끗한 거즈로 이와 잇몸을 닦아서 식사 후 남아 있는 당분들을 제거해 준다. 일회용 거즈를 사용하는 것이 바람직하나 여의치 않으면 거즈용 수건을 매번 살균 세탁하여 사용하도록 한다. 수유 중 잠이 들 경우 당분이 치아에 침착되어 충치를 발생시킬 수 있으므로 젖이나 우유를 먹으면서 잠들지 않도록 유의한다. 밤중에 자주 오랫동안 모유를 수유할 경우에도 치아가 상할 수 있다.

2) 이 닦기

이 닦기 습관은 일생 동안 건강한 치아 유지를 위해 필요하며, 영유아의 독립심과 자조기술을 발달시킨다. 따라서 가정과 유아교육기관에서는 유치가 나기 시작하면서부터 올바른 이 닦기 습관을 형성하도록 지도한다. 유아용 칫솔을 사용하여 바르게 이를 닦는 방법을 알려주고, 식사 후나 잠을 자기 전 양치질을 하도록 도와준다. 양치질이 어려운 경우 물로 입안을 헹구어 내는 습관을 기르도록 지도한다.

5세 무렵이 되면 스스로 이를 닦을 수 있게 된다. 영유아가 혼자서 이를 닦겠다고 하면 교사나 부모가 먼저 시범을 보인 후 바른 칫솔질을 알려주며 서서히 지도한다. 어린 유아의 경우 혼자서 깨끗이 이를 닦기 어려우므로 성인이 도와준 후 칭찬해 준다.

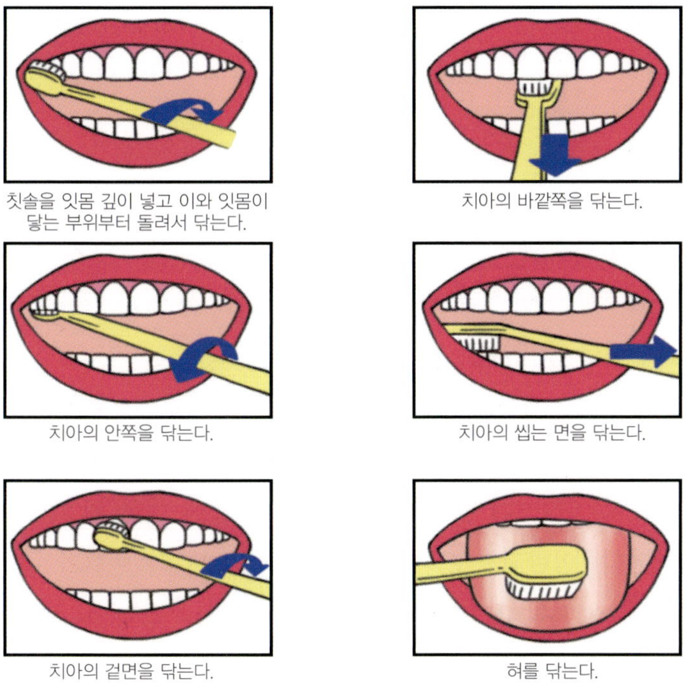

그림 5-5 이 닦는 순서

출처 : 식품의약품안전청(2011).

4. 식습관 지도

식습관은 개인의 성장 경험과 학습의 영향을 받으며, 지역, 문화, 경제적 요인에 따라 다르게 형성될 수 있다. 영유아기는 음식에 대한 선호와 식습관이 형성되는 시기이며, 성장과 발달에 필요한 충분한 영양 공급이 필수적으로 요구된다. 유아교육기관에서는 가정과의 협력을 통해 영유아들이 건강한 식생활을 경험하고 균형 있는 영양섭취를 위한 식습관을 형성하도록 지도해야 한다.

1) 식습관의 발달

식습관 지도는 영유아의 발달 수준과 행동 특성을 고려하여 실시되어야 한다. 18개월~3세 정도의 유아는 탐색과 호기심이 증가하고 자기 독립에 대한 의지가 강하므로 '싫어'라는 단어를 사용하여 자신의 욕구를 표현하며 음식을 거부하기도 한다. 유아기에는 미각이 발달하여 식품에 대한 기호가 생기고, 좋아하는 음식과 싫어하는 음식의 구분이 뚜렷해진다. 혼자서 식사가 가능하고 다양한 음식을 섭취할 수 있다.

영유아들의 식품에 대한 기호나 식욕은 분위기나 주변 사람들의 태도 등 주위 환경의 영향을 많이 받는다. 같은 음식이라도 조리법의 차이나 다른 사람들의 태도에 따라 좋아하거나 싫어하게 되는 등 식품에 대한 기호가 일정하지 않고 자주 달라진다. 일반적으로 여아가 남아보다 기호의 변화가 좀 더 심하고, 부모가 과잉보호하거나 신경질적인 양육행동을 지닐 경우 식욕부진이나 편식행동을 보이는 경우가 잦다(하애화·최경희, 2011).

표 5-2 **연령별 섭식행동**

연 령	행동 특성
18개월	• 식욕이 감퇴한다. • 숟가락을 들어올릴 때 팔꿈치를 움직일 수 있다. • 음식에 대한 거부와 선호의 변동이 심하다. • 스스로 먹을 수 있는 능력이 증진된다.
2세	• 음식에 대한 선호가 확고하다. • 섞이지 않은 음식을 선호한다. • 손가락으로 음식을 집을 수 있다. • 손가락으로 컵을 잡을 수 있다. • 혼자 먹는 것이 용이해진다.
3세	• 식욕이 증진된다. • 보다 다양한 음식을 섭취한다. • 혼자 잘 먹을 수 있다.
4세	• 식욕이 증진된다. • 음식 준비 돕기를 즐긴다.
5세	• 식욕이 좋다. • 혼자 천천히 먹는다.

출처 : 조경자 · 이현숙(2013).

2) 건강한 식생활을 위한 지원

영유아는 위가 작기 때문에 조금씩 자주 음식을 먹는 것이 좋다. 영유아가 원할 때마다 음식을 주는 것이 필요하지만 규칙적인 식사습관을 형성할 수 있도록 적절히 조절하여 지도하도록 한다.

일반적으로 영유아들은 단맛이 나고 부드러우며 씹기 쉬운 음식을 좋아하는 반면, 채소류나 향이 강한 음식, 딱딱하고 질긴 음식, 맵거나 비린 음식을 싫어한다. 영유아들의 기호는 식품이 지닌 본래의 맛 이외에도 색채, 온도, 질감, 크기나 모양 등에 의해 영향을 받으므로 조리법이나 재료 선택 등에 변화를 주어 다양한 음식을 먹어보며 긍정적인 느낌을 가져볼 수 있도록 해주어야 한다.

건강하고 균형 있는 영양섭취의 중요성에 대한 교육을 제공하고, 즐거운 분위기에서 또래와 함께 골고루 음식을 먹어볼 수 있는 긍정적인 식사 환경을 마련해 주도록 한다.

표 5-3 영유아기 식생활 실천 지침

구 분	식생활 실천 지침
생후 6개월까지는 반드시 모유를 먹이자	• 초유는 꼭 먹이도록 한다. • 생후 2년까지 모유를 먹이면 더욱 좋다. • 모유를 먹일 수 없는 경우에만 조제유를 먹인다. • 조제유는 정해진 양대로 물에 타서 먹인다. • 수유 시에는 아기를 안고 먹이며 수유 후에는 꼭 트림을 시킨다. • 자는 동안에는 젖병을 물리지 않는다.
이유 보충식은 성장단계에 맞추어 먹이자	• 생후 만 4개월 이후 6개월 사이에 시작한다. • 여러 음식을 섞지 말고 한 가지씩 시작한다. • 신선한 재료를 사용하여 간을 하지 않고 조리해서 먹인다. • 숟가락으로 떠먹인다. • 과일주스를 먹일 때는 컵에 담아 먹인다.
유아의 성장과 식욕에 따라 알맞게 먹이자	• 일정한 장소에서 먹인다. • 쫓아다니며 억지로 먹이지 않는다. • 한꺼번에 많이 먹이지 않는다.
곡류, 과일, 채소, 생선, 고기, 유제품 등 다양한 식품을 먹이자	• 과일, 채소, 우유 및 유제품 등의 간식을 매일 2~3회 규칙적으로 먹인다. • 영유아 음식은 싱겁고 담백하게 조리한다. • 영유아 음식은 씹을 수 있는 크기와 형태로 조리한다.

출처 : 보건복지가족부(2009).

5. 수면관리

급속한 신체 발달이 이루어지는 영아기에는 충분한 수면을 통해 휴식을 취해야 한다. 영아의 총 수면 시간은 보통 13~15시간 정도이며, 3~4개월 영아의 경우 9~11시간의 밤잠을 자게 된다. 영아가 자다가 갑자기 깨서 울 수 있으나 이는 대부분 일시적인 현상이므로 즉시 안고 달래주어 안심시켜 주도록 한다. 낮잠의 경우 영아마다 개인차가 있으나 하루에 1~2번 정도의 낮잠을 자게 된다. 성장하면서 점차 수면 시간이 줄어들어 2세 무렵이 되면 하루 평균 12~13시간의 수면을 취하게 된다.

유아기에 접어들면 수면 시간이 줄어들고 규칙적인 수면습관을 지니게 된다. 4~5세 유아는 10~12시간 정도의 수면을 취하는 것이 바람직하다. 이 시기 유아들은 대사활동이 왕성하고 활동량이 많으므로 낮잠이나 휴식을 통해 피곤하지 않도록 해준다. 수면 시간이 부족할 경우 성격 발달과 성장을 저해하고 질병에 대한 면역력을 낮추어 건강 문제를 야기할 수 있다.

1) 수면을 위한 환경구성

영아의 수면을 유도하는 가장 좋은 방법은 영아가 깨어있는 상태로 잠자리에 드는 습관을 기르는 것이다. 부모에게 안겨서 잠든 후 낯선 환경에서 잠에서 깰 경우 다시 잠들기 어려워지기 때문이다. 또한 잠자리에 장난감을 두지 않도록 하여 수면을 위한 장소임을 분명히 해야 한다. 침구는 너무 푹신하지 않은 것으로 마련하고 적절히 보온을 해주어야 한다. 빛과 소음을 효과적으로 차단하는 것도 건강한 수면에 도움이 된다.

교사는 일과 운영에서 적절한 휴식과 낮잠이 이루어질 수 있도록 계획하고, 영유아가 쉽게 잠들 수 있도록 가정과 유사한 수면 환경을 제공해 준다. 음악이나 동화를 들려주거나 영유아가 좋아하는 인형이나 담요 등을 사용하여 안정감을 느끼고 편안히 잠들 수 있는 분위기를 조성해 준다. 낮잠 지도는 모든 영유아에게 강요하지 않고, 수면습관이나 생활리듬을 고려하여 개별적으로 지도한다. 낮잠을 자려고 하지 않는 영유아는 조용한 활동을 하거나 휴식을 취하도록 한다. 영유아들이 낮잠을 자는 동안 적어도 한 명의 교사가 곁에서 지켜보며 살펴보아야 한다.

2) 낮잠 지도의 유의점

- 침구는 유아가 스스로 관리할 수 있도록 가볍고 위생적이어야 한다. 영아에게는 방수 매트리스로 된 침구를 제공한다.
- 영아가 깼을 때는 즉시 기저귀를 확인하여 필요시 갈아주고, 영아들의 잠자는 시간과 깨어난 시간을 기록한다.
- 잠들기 힘들어하는 영유아들은 자신의 이부자리에 누워 쉬도록 하거나 잠자는 아이들이 방해받지 않는 곳에서 조용한 놀이를 할 수 있도록 한다.
- 쉽게 잠이 들지 않거나 다른 유아를 방해하기 쉬운 유아는 좀 떨어진 곳에 눕히는 것이 좋다.
- 잠을 깨면 교사와 함께 자신의 침구를 정리하고 화장실에 다녀온 다음, 다른 유아를 방해하지 않는 범위에서 조용한 활동을 하게 한다.

영아돌연사증후군

영아돌연사증후군은 1세 미만의 영아가 갑자기 사망하는 것으로, 뚜렷한 병력이 없고 사망원인이 정확히 규명되지 않는 특징을 지닌다. 생후 1개월부터 1년 사이 영아의 사망원인 중 40~50%를 차지한다. 특히 98%가 생후 6개월 미만의 영아에게 발생하며 수면 시에 가장 많이 나타난다. 영아돌연사를 일으키는 위험 요인은 자궁 내 저산소증, 태아성장지연, 임신 중 흡연, 감염, 미숙아, 엎드려 재우는 것, 영아를 너무 덥게 감싸고 두꺼운 이불을 덮어주는 것, 영아의 침요가 부드럽고 너무 푹신한 경우이므로 이를 참고하여 사고를 사전에 예방하는 것이 필요하다.

제6장

영양교육과 건강

1. 영유아기 영양교육

2. 영양소의 기능과 섭취기준

3. 영유아의 영양 관리

4. 영유아기 영양 문제

6장

영양교육과 건강

급속한 신체적 성장과 발달이 이루어지는 영유아기는 생애 건강의 기초가 되는 중요한 시기이다. 이 시기에 형성된 음식에 대한 태도와 식습관은 개인의 전 생애에 걸쳐 영향을 미치게 된다. 따라서 충분한 영양 공급을 통해 영유아의 성장과 발달을 돕고 어릴 때부터 건강한 식습관을 지닐 수 있도록 영양에 대한 교육이 이루어져야 한다. 이를 위해 영유아기 영양교육의 개념과 중요성, 내용에 대해 알아본다.

1. 영유아기 영양교육

1) 영양교육의 개념

영양교육(dietary education, nutrition education)은 영양지도(dietary guidance)라고도 하며, 영양에 대한 개인의 지식, 태도, 행동을 개선하려는 목적으로 이루어지는 학습경험과 교육을 의미한다. 다시 말해, 영양교육은 학습자에게 단순히 영양에 관한 지식만을 제공하는 것이 아니라 교육을 통해 식생활과 연관된 행동 변화를 이끌어 내려는 실천과학(practical science)이라 할 수 있다. 그러므로 영유아 영양교육은 건강과 영양에 도움이 되는 학습경험을 통해 영유아 스스로 바람직한 식생활 행동을 습득하고 실천하여 습관화할 수 있도록 돕는 과정을 의미한다.

2) 영양교육의 중요성

영유아기는 인간 발달 과정에서 성장과 발달의 속도가 가장 빠른 시기이다. 특히 신체 성장과 운동능력이 활발히 증가하고 신경조직과 대뇌의 발달이 거의 완성되는 시기이다. 따라서 영유아기의 충분하고 적절한 영양섭취는 두뇌 성장을 포함하여 신체·인지·언어·사회·정서 발달의 기초에 큰 영향을 미친다(Berk, 2013).

또한 영유아기는 음식에 대한 선호와 영양섭취에 대한 식습관이 형성되는 시기이기도 하다(Brown, 2005). 영유아기에 형성된 식품 기호와 식습관은 이후 성인기에 이르기까지 영향을 주게 되므로 영양교육을 통해 다양한 음식을 먹어 보고, 건강에 이로운 식생활과 위생적이고 바람직한 식사예절을 익히는 것이 매우 중요하다.

영양교육은 영유아의 건강과 영양에 관련된 문제를 예방하는 데에도 중요하게 작용한다. 영유아기는 발달 특성상 성인과 차별된 영양 공급이 요구되며, 적응능력과 면역력이 약하여 질병에 걸릴 위험이 높다. 또한 서구화된 식생활과 인스턴트 음식 섭취, 외식의 증가와 운동 부족 등으로 인해 어린 시기부터 비만이나 성인병 등의 영양과 관련한 건강 문제가 발생하고 있다. 2014년 국민건강영양조사에 의하면 에너지와 지방의 과잉섭취자 비율은 3~5세 유아의 3.2%를 차지했으나 6~11세 학령기 아동의 경우 10.1%로 나타나 약 3배 정도의 증가를 나타냈다. 영유아기에 적절한 영양교육이 이루어지지 않으면 이후 성장 과정에서 건강 문제가 발생할 가능성이 매우 높아짐을 짐작할 수 있다. 그러므로 균형 있는 영양 공급과 올바른 식습관을 형성하도록 돕는 영유아기 영양교육을 제공하여 건강과 영양에 관련한 문제를 예방할 수 있도록 해야 한다(식품의약품안전청, 2012).

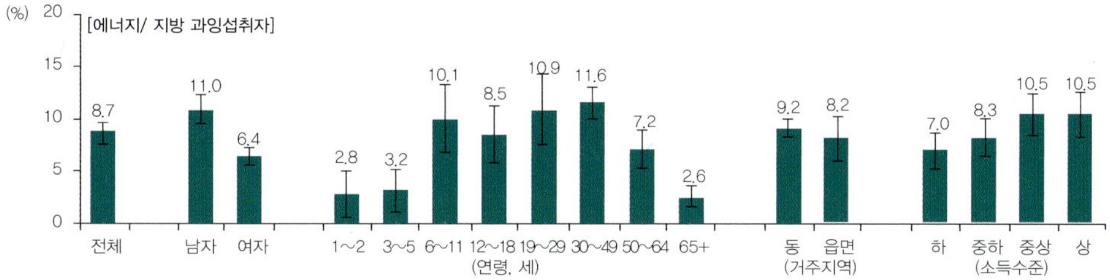

그림 6-1 에너지/ 지방 과잉섭취자

출처 : 보건복지부(2014).

3) 영양교육의 내용

(1) 영양교육의 목표

영유아 영양교육이 효율적으로 이루어지기 위해서는 가정과 유아교육기관에서 영유아의 긍정적인 행동 변화를 유도하는 지속적인 교육이 제공되어야 한다. 영유아를 대상으로 이루어지는 영양교육의 목표는 다음과 같이 제시될 수 있다(이종숙 외, 2009).

첫째, 식품에 대한 긍정적인 태도를 갖고 식사 시간이 즐겁다는 인식을 심어준다.

둘째, 다양한 종류의 식품을 접하고 먹도록 유도한다.

셋째, 건강에 좋은 식습관을 강조한다.

넷째, 식사 준비 과정에 유아를 참여시켜 식품과 건강의 관계에 대한 이해를 돕고, 부모, 교사, 급식 종사자들의 영양지식을 함께 증진시킨다.

(2) 영양교육의 기본 원칙

성장 과정에 있는 영유아를 위한 영양교육은 성인을 대상으로 하는 교육과 구별되는 차이점과 중요성을 지닌다. 또한 영유아가 다양한 음식을 먹어보며 적절한 기호를 발달시키고 건강한 식생활을 습관화할 수 있도록 가정과 긴밀히 협력하여 이루어져야 한다(오경숙·강영식·박창욱·김영분·이정민, 2015). 영유아 영양교육을 실시하는 데 고려해야 할 기본 원칙은 다음과 같다.

① 영양교육은 어린 시기부터 시작해야 한다

기본생활습관 관련 지도와 마찬가지로 식생활 습관도 어린 시기부터 바르게 형성되도록 단계적으로 지도해야 한다. 음식에 대한 기호와 식습관이 형성된 후에는 교정하기가 매우 어렵지만 영유아기에는 적절한 지도를 통해 긍정적인 방향으로 변화시키는 것이 가능하다. 그러므로 건강한 식품 선택과 바람직한 식습관을 기를 수 있도록 영유아기부터 단계적으로 영양교육을 시작해야 한다.

② 영유아의 발달 수준에 적합한 교육이 이루어져야 한다

영유아의 신체적·심리적 및 인지적 발달 특성을 파악하고 이에 적합한 영양교육을 실시해야 한다. 학습경험을 구성할 때는 영유아의 식생활에 대한 이해를 바탕으로 신체기능과 이해능력을 고려하여 내용과 방법을 선정한다. 아무리 바람직한 교육내용이라도 발달 수준에 적합하지 않을 경우 효과를 거두기 어렵다.

③ 영양교육은 구체적이면서도 반복적으로 실시해야 한다

영양교육은 영유아가 이해하기 쉽도록 구체적으로 지도해야 한다. 일상생활에서 영유아의 식습관을 주의 깊게 관찰하고, 바른 생활습관을 지닐 수 있도록 구체적인 행동에 대해 반복하여 지도한다. 또한 유아의 바람직한 식사행동이나 식습관에 관해서는 적절한 격려와 보상을 해주어 유아 스스로 건강한 생활습관을 길러나갈 수 있도록 해준다.

④ 영양교육은 일관성 있는 지도가 필요하다

영유아 개인뿐만 아니라 각 가정에서의 식습관은 다를 수 있으며, 유아교육기관에서의 지도방법도 일관성을 유지하기 어렵다. 일관성 있는 영양교육은 올바른 식습관을 형성하는 데 도움을 주지만 그렇지 못할 경우 영유아에게 혼란을 주고 바른 생활습관을 갖는 데 방해가 될 수 있다. 그러므로 부모나 양육자와의 긴밀한 상담을 통해 영유아의 식습관을 파악하고 가정과 유아교육기관에서 일관된 영양교육을 제공하도록 한다.

⑤ 생활 속에서 바람직한 본보기를 보여주어야 한다

영유아의 음식에 대한 선호와 태도, 식습관과 식사예절 등은 환경의 영향을 많이 받는다. 특히 영유아는 주변 사람들의 행동을 보고 학습하는 경우가 많으며, 음식에 대한 선호와 식습관 형성에서도 부모나 교사, 또래의 영향을 받게 된다. 따라서 생활 속에서 바람직한 본보기를 보여주어 영유아 스스로 자연스럽게 모방하여 건전한 식습관을 갖도록 유도한다.

(3) 영양교육의 내용

영유아를 대상으로 한 영양교육에는 음식과 영양에 대한 지식, 음식과 건강과의 관계, 식품관리와 위생, 올바른 식습관과 예절 등에 대한 내용이 포함된다.

① 음식과 영양에 대한 이해

- 식품과 음식의 종류와 이름, 재료, 특성을 안다.

• 우리 몸에 필요한 여러 가지 영양소를 안다.
• 음식물들은 우리에게 필요한 모든 영양소들의 급원이 된다.

② 음식의 기능과 건강에 미치는 영향

• 음식과 건강의 관련성을 안다.
• 건강에 이로운 음식과 해로운 음식이 있음을 안다.
• 음식마다 다른 영양소를 제공해 주므로 음식을 골고루 먹는다.

③ 식품 취급 및 위생관리

• 음식과 식기는 위생적으로 관리해야 한다.
• 섭식행동과 보건위생(예 손 씻기, 양치질 등)의 관련성을 안다.

④ 올바른 식습관과 예절

• 음식을 소중히 하고 식사 전후 감사하는 마음을 갖는다.
• 식탁에서의 예절을 알고, 식기를 바르게 사용한다.
• 식사 준비와 정리를 돕는다.

표 6-1 3~5세 영양교육 주제별 활동 예시

주 제	활동목표	활동명	활동유형
골고루 먹어요	1. 같은 식품군에 속하는 식품들을 분류할 수 있다. 2. 음식을 골고루 먹으려는 태도를 갖는다.	• '골고루 먹기' 동요 들으며 율동하기 • 식품나라 탐험	음악, 게임
식사예절을 지켜요	1. 식사예절이 무엇인지 말할 수 있다. 2. 식사예절을 지키려는 태도를 갖는다.	• 식사예절 상황별 그림 찾기 • 식사예절 왕 선발 게임	이야기 나누기, 게임

채소와 과일을 먹어요	1. 채소와 과일을 먹으면 좋은 점을 말할 수 있다. 2. 채소와 과일을 골고루 먹으려는 태도를 가진다.	• 채소와 과일의 좋은 점 찾기 • 과채마블 게임	이야기 나누기, 게임, 음악
손을 깨끗이 씻어요	1. 왜 손을 씻어야 하는지 말할 수 있다. 2. 올바른 손 씻기를 실천할 수 있다.	• 올바른 손 씻기 방법 배우기 • 손 씻기 체험활동	이야기 나누기, 음악, 신체
싱겁게 먹어요	1. 싱겁게 먹어야 하는 이유를 말할 수 있다. 2. 싱겁게 먹으려는 태도를 가진다.	• '나트륨 왕국 퉁퉁 임금님의 변신' 동화 • 싱거운 음식을 찾아요 • '싱겁게 먹기' 동요 부르기	동화, 음악, 게임
아침밥을 먹어요	1. 아침밥을 먹어야 하는 이유를 말할 수 있다. 2. 아침밥을 거르지 않으려는 태도를 가진다.	• 아침밥을 먹으면 무엇이 좋은지 알아보기 • 나의 아침밥상 차리기	이야기 나누기, 역할놀이
안전한 식품을 먹어요	1. 안전한 식품과 불량식품을 구분할 수 있다. 2. 안전한 식품을 선택하려는 태도를 가진다.	• 불량식품과 안전한 식품 알아보기 • 비실이 No! 튼튼이 Yes! 주사위 놀이	이야기 나누기, 게임

출처 : 식품의약품안전처 · 어린이급식관리지원센터(2013).

2. 영양소의 기능과 섭취기준

인간이 살아가기 위해서는 적절한 영양소가 필요하며, 음식물을 섭취하고 이를 소화·흡수하여 음식물에 들어 있는 여러 가지 영양소를 사용한다. 영유아기는 급속한 신체 성장이 이루어지는 시기로, 이에 필요한 균형 있는 영양소를 충분히 공급해 주어야 한다. 우리 몸에 필요한 영양소의 종류와 기능에 대해 살펴보고, 건강한 식생활을 위해 균형 있는 영양섭취기준을 알아보기로 한다.

1) 영양소의 종류와 기능

우리 몸이 필요로 하는 여러 가지 영양소 가운데 탄수화물, 지방, 단백질, 무기질, 비타민을 기본 5대 영양소라 부르며, 물을 포함하여 6대 영양소라고도 한다. 탄수화물, 지방, 단백질은 중요한 영양 공급원이므로 3대 영양소라고 한다. 기본 다섯 가지 영양소는 체내에서의 기능에 따라 다음과 같이 분류된다(오경숙 외, 2015).

- 열량영양소 : 생명을 유지하기 위한 체내 작용과 체온을 유지하고 활동에 사용되는 에너지를 만드는 영양소를 말하며, 탄수화물, 지방, 단백질 등이 포함된다.
- 구성영양소 : 신체의 조직을 구성하는 영양소를 말하며, 지방, 단백질, 무기질 등이 포함된다.
- 조절영양소 : 체내에서 일어나는 각종 기능을 조절하고 정상적으로 유지시키는 영양소를 말하며, 단백질, 무기질, 비타민이 해당된다.

표 6-2 기본 영양소의 주요 작용

영양소	열과 에너지의 공급	조직의 구성과 보수	대사과정의 조절
탄수화물	○		
지 방	○	○	
단백질	○	○	○
무기질		○	○
비타민			○
수 분			○

(1) 탄수화물

- 탄수화물은 신체에 열량을 공급해 주는 성분으로, 우리 몸에서 주 에너지원으로 사용되며 1g당 4kcal의 에너지를 생산한다.

- 사람이나 동물의 몸에서는 합성되지 않는 영양성분으로 식물의 광합성에 의해 만들어진다.
- 섬유질을 공급하여 장 운동을 돕는다.
- 성숙과 성장을 위해 필수적인 영양소이며, 체내에서 단백질과 핵산 대사에 중요한 역할을 한다. 탄수화물이 부족하면 단백질이 열량으로 변환되어 사용되므로 단백질이 제 기능을 하지 못한다.
- 결핍 시 피로와 체력 저하를 일으키며, 과잉 시에는 비만이 유발될 수 있다.
- 급원 식품으로는 밥, 라면, 국수, 빵, 감자류, 설탕 등이 있다.
- 탄수화물의 1일 권장량은 총 섭취열량의 55~65% 정도이다(보건복지부·한국영양학회, 2020).

(2) 지방

- 에너지원으로 1g당 9kcal의 열량을 공급해 준다. 체내에서 사용되고 남은 에너지는 저장되었다가 필요시 에너지로 사용된다.
- 지용성 비타민(A, D, E, K)의 운반과 흡수를 돕는다. 지용성 비타민은 반드시 지방과 함께 섭취해야 한다.
- 뇌, 신경조직, 간, 피하조직 등 신체를 구성하는 성분이다.
- 피하지방은 체온을 유지하고 외부 충격으로부터 신체 장기를 보호해 준다.
- 동물성 식품에만 들어 있는 콜레스테롤은 뇌와 신경조직을 구성하는 성분이며, 지방의 소화에 필수적인 담즙산이나 호르몬 등을 합성한다.
- 지방산은 음식의 풍미를 돋우며 포만감을 느끼게 한다.
- 결핍 시 체중 감소, 피로, 비타민 결핍 등이 생기며, 과잉 시 동맥경화증, 심장병 등의 발병률이 높아진다.
- 급원 식품으로 식물성 지방은 식물성 기름과 아보카도, 올리브 등의 일부 과일에 들어 있고, 동물성 지방은 육류, 어류, 조류, 우유, 유제품, 달걀 등에 들어 있다.

- 지방의 1일 권장량은 총 섭취열량의 15~30%이고, 두뇌 성장이 급속한 1~2세 영아의 경우 20~35%이다(보건복지부·한국영양학회, 2020).

(3) 단백질

- 에너지원으로 1g당 4kcal의 열량을 공급해 준다.
- 체내에서 조직을 합성하며, 근육과 골격을 구성하는 주요 요소이다.
- 체액을 약알칼리성으로 유지하고, 신체 성장과 생명 유지에 필요한 효소와 호르몬, 면역체를 생성하는 데 중요한 작용을 한다.
- 탄수화물이나 지방이 부족할 때 에너지원으로 사용된다.
- 결핍 시 영유아의 경우 성장과 발달이 저해되고, 성인에게는 피로, 빈혈, 면역력 약화 등이 나타난다. 과잉 시 체지방으로 전환되고 신장에 부담을 주게 되며, 동물성 단백질을 과다섭취하면 고혈압, 심장병 등이 유발될 수 있다.
- 급원 식품으로는 육류, 달걀, 어패류, 우유 및 유제품, 콩, 곡류, 견과류 등이 있다.
- 단백질의 1일 권장량은 총 섭취열량의 7~20% 정도이다(보건복지부·한국영양학회, 2020).

(4) 무기질

- 단백질과 함께 신체의 골격과 구조를 이루는 구성요소이다.
- 호르몬과 효소의 구성성분이며, 나트륨과 칼륨 등 무기질의 균형을 통해 체액의 균형을 조절한다.
- 체내에서 적당한 pH를 유지할 수 있도록 산과 염기의 균형을 조절한다.
- 성장발육 및 조직의 구성과 생리작용을 조절하는 데 중요한 요소이다.
- 우리 몸의 4%를 차지하며, 하루 필요량이 0.1g 이상인 칼슘, 인, 마그네슘, 나트륨, 칼륨, 염소, 황 등을 다량무기질이라고 하고, 0.1g 이하인 미

량무기질에는 철, 요오드, 불소, 아연, 셀레늄, 구리, 크롬, 망간, 비소, 니켈 등이 있다(심성경 외, 2015).

- 무기질은 새로운 조직이 형성될 때 필요하므로 성장기 아동에게는 적절한 양의 무기질 공급이 필수적이다. 특히 칼슘과 철분의 섭취가 중요하다.

① 칼슘

영유아기는 성장에 필요한 골격과 치아 형성으로 칼슘의 필요량이 성인보다 높다. 결핍 시 성장지연, 뼈와 치아의 질 저하, 뼈의 기형 및 구루병이 나타나고, 성인기에는 골연화증이나 골다공증이 발생한다. 칼슘을 과잉섭취하게 되면 변비, 신장결석 등이 나타나며, 철분과 아연의 흡수를 방해한다. 급원 식품으로는 우유 및 유제품, 뼈째 먹는 생선, 해조류, 녹색 채소 등이 있다.

② 철분

철은 적혈구의 헤모글로빈을 구성하며, 골수에서의 조혈작용, 뇌의 신경전달물질이나 콜라겐의 합성에 작용한다. 철은 흡수율이 낮아 결핍되기 쉬운데, 동물성 단백질이나 비타민 C는 철의 흡수율을 높여준다. 철이 결핍되면 빈혈, 내출혈 등의 증상이 나타난다. 급원 식품으로는 쇠간, 쇠고기, 굴, 달걀, 시금치, 검정콩 등이 있다.

(5) 비타민

- 신체조직의 기능과 성장, 유지를 위한 대사작용에 아주 소량이지만 꼭 필요하다.
- 대부분 체내에서 합성되지 않으므로 부족 시 비타민 특유의 결핍증이 나타난다.
- 용해성에 따라 유지에 녹는 지용성 비타민(A, D, E, K)과 물에 녹는 수용성 비타민(B군, C 등)으로 구분된다.

(6) 수분

- 신체의 약 60%를 차지하는 주요 구성성분이며, 생명 유지에 필수적이다.
- 혈액과 림프액 등 체액의 중요한 구성물질로, 각 세포조직에 영양소를 운반하고 몸 안의 노폐물을 체외로 배설한다.
- 타액, 위액, 담즙, 장액 등 분비액의 성분으로 신체 대사과정의 촉매작용을 한다.
- 호흡이나 땀으로 열을 기화시켜 체온을 조절한다.
- 외부 자극이나 환경 변화 등으로부터 내장기관과 신경조직을 보호한다.

표 6-3 필수 영양소

<table>
<tr><th>영양소</th><th colspan="3">역 할</th><th>급원 식품</th><th>결 핍</th><th>과 잉</th></tr>
<tr><td>탄수화물</td><td colspan="3">• 생명현상 유지
• 단백질 절약
• 에너지원(1g당 4kcal)
• 감미 제공
• 섬유소 공급</td><td>곡류, 감자류, 전분류, 꿀, 떡류, 빵류, 과자류, 사탕, 초콜릿</td><td>피로
탈수</td><td>비만
식욕부진
충치</td></tr>
<tr><td>지방</td><td colspan="3">• 에너지원(1g당 9kcal)
• 단백질 절약
• 인체 구성성분
• 지용성 비타민 흡수</td><td>기름류, 버터, 마가린, 깨, 호두</td><td>피부염
발육지연</td><td>비만
고지혈증
심장병
당뇨병</td></tr>
<tr><td>단백질</td><td colspan="3">• 근육, 피부, 뼈, 세포막 등 구성성분
• 체액의 중성 유지
• 에너지원(1g당 4kcal)</td><td>육류, 생선류, 굴, 콩, 달걀, 치즈, 두유, 어묵</td><td>발육부진
빈혈
피부탄력 감소</td><td>변비
고혈압
신장부담</td></tr>
<tr><td rowspan="3">무기질</td><td rowspan="2">다량</td><td>칼슘</td><td>• 골격 형성</td><td>우유 및 유제품, 뼈째 먹는 생선</td><td>성장지연
뼈와 치아의 질 저하</td><td>고칼슘혈증
신장결석</td></tr>
<tr><td>나트륨</td><td>• 삼투압 유지</td><td>소금, 육류, 어패류, 가공식품</td><td>거의 없음</td><td>혈압상승</td></tr>
<tr><td>미량</td><td>철</td><td>• 헤모글로빈 형성</td><td>간, 굴, 육류, 달걀</td><td>빈혈</td><td>위장장애</td></tr>
</table>

비타민	지용성	A	• 성장발육 촉진 • 시각기능 원활	간, 버터, 연어	감기 결핵 야맹증 안구 건조증	식욕부진 두통 발열
		D	• 칼슘과 인 흡수 촉진 • 혈액의 칼슘 농도 유지 • 햇빛을 통해 합성	난황, 버터, 말린 버섯	골격 연화 (구루병)	식욕부진 두통 구토
		E	• 세포노화 지연 • 생식기능 활성세포 • 호흡	견과류, 곡류의 배아	근육 위축 피부 반점 유산, 불임	거의 없음
		K	• 혈액응고 • 혈전예방 • 체내 합성	시금치, 양배추, 간	혈액응고 지연	지혈지연
	수용성	B군	• 에너지 생산 • 적혈구 형성 • 단백질 및 아미노산 대사	채소 및 과일류, 육류, 생선류, 콩, 우유, 달걀	각기병 피로감(B^1) 구각 구순염(B^2) 피부병 (나이아신) 빈혈(엽산)	
		C	• 세균과 스트레스 저항력 강화 • 멜라닌 색소 침착 방해	신선한 채소, 과일	괴혈병 주근깨, 기미 빈혈 발육부진	거의 없음
수분	• 영양소의 대사물질 운반 • 체내 대사에서 생긴 노폐물 체외 배설 • 체온 및 대사조절 • 체액의 구성 • 체액의 중성 유지와 삼투압 유지 • 외부 충격으로부터 장기보호			음료, 과일	탈수 신장기능 손상	저혈압 근육경련

출처 : 심성경 외(2015).

2) 영양섭취기준

건강한 식생활을 위해서는 다양한 식품을 적당한 양으로 섭취하여 영양의 균형을 이루어야 한다. 영양소는 체내에서 다양한 역할을 하므로 부족하거나 과다섭취하게 되면 영양의 불균형이 생겨 건강 문제나 질환을 야기하게 된다. 올바른 식생활에 도움이 되는 영양소 섭취기준과 식사구성을 알아본다.

(1) 한국인 영양소 섭취기준

영양소 섭취기준이란 대부분의 사람들이 건강을 최적 상태로 유지하는 데 필요한 영양소 섭취 수준을 의미한다(보건복지부·한국영양학회, 2020). 한국인 영양소 섭취기준(KDRIs : Dietary Reference Intakes for Koreans)은 만성질환이나 영양소 과다섭취 예방 등을 고려하여 한국인에 요구되는 평균필요량, 권장섭취량, 충분섭취량, 상한섭취량 등 여러 수준의 섭취기준을 제시하고 있다. 과학적인 근거가 있을 경우 평균필요량과 권장섭취량을 제정하고, 근거가 충분하지 않으면 충분섭취량을 설정하며, 과잉섭취로 인한 유해영향의 근거가 있는 경우 상한섭취량을 제시한다.

영양소 섭취기준의 연령군은 생애주기에 따라 영아기(0~5개월, 6~11개월), 유아기(1~2세, 3~5세), 아동기(6~8세, 9~11세), 청소년기(12~14세, 15~18세), 성인기(19~29세, 30~49세, 50~64세), 노년기(65~74세, 75세 이상)로 분류된다. 영양섭취기준은 기준체위를 바탕으로 대다수 사람들의 영양요구량을 제정한 것이므로 개인별 차이를 고려하여 적용하도록 한다.

표 6-4 어린이의 주요 영양소 섭취기준

성별	연령	에너지(kcal/일)	탄수화물(g/일)			지방(g/일)		단백질(g/일)			수분(ml/일)
		필요 추정량	평균 필요량 (권장 섭취량)	충분 섭취량	에너지 적정 비율 (%)	충분 섭취량	에너지 적정 비율 (%)	평균 필요량 (권장 섭취량)	충분 섭취량	에너지 적정 비율 (%)	충분 섭취량
영아	0~5개월	500		60		25			10		700
	6~11개월	600		90		25		12(15)			800
유아	1~2세	900	100 (130)		55~65		20~35	15(20)		7~20	1,000
	3~5세	1,400	100 (130)		55~65		15~30	20(25)		7~20	1,500
남자	6~8세	1,700	100 (130)		55~65		15~30	30(35)		7~20	1,700
	9~11세	2,000	100 (130)		55~65		15~30	40(50)		7~20	2,000
여자	6~8세	1,500	100 (130)		55~65		15~30	30(35)		7~20	1,600
	9~11세	1,800	100 (130)		55~65		15~30	40(45)		7~20	1,900

출처 : 보건복지부 · 한국영양학회(2020).

[영양 가정통신문 2021-01호]

1월

영유아기 주요 영양소, 반드시 챙겨주세요!

영유아기는 **신체적, 정신적**으로 성장하면서 **신체와 신경계, 뇌가** 발달 및 완성되는 시기입니다. 따라서 영유아기 적절한 영양 섭취는 영유아의 **신체, 인지, 사회, 정서** 발달에 큰 영향을 주며 영유아의 **면역력**과 **건강**에 **직접적**인 영향을 주기 때문에 아주 중요합니다. 그럼 지금부터 **영유아기에 필요한 주요 필수 영양소**에 대해 알아보도록 하겠습니다.

"영유아기의 주요 필수 영양소"

1 칼슘

- 기능
  - **뼈와 치아**의 주 성분이며 **골격 성장**에 도움을 줍니다.
  - **근육과 신경**의 기능을 조절하고 **혈액 응고**에 관여합니다.
- 부족 시 증상
  - **뼈**에 이상이 생길 수 있고, **신경이 예민**해집니다.
  - 잠을 많이 자거나 **구토, 쇠약** 증세가 나타날 수 있습니다.
  - 질환 : **구루병**(뼈의 변형), **테타니**(근육의 수축과 경련)
- 급원 식품
  - 우유 및 유제품, 콩류, 브로콜리, 해조류

2 단백질

- 기능
  - **근육, 피부, 뼈, 머리카락** 등 신체 조직을 형성하고 구성합니다.
  - **효소와 호르몬**의 구성 성분이며 **체내 균형을 유지**시킵니다.
- 부족 시 증상
  - **성장 장애, 모발 변색, 피부염, 빈혈** 등이 나타날 수 있습니다.
  - **면역력이 저하**되어 **감염병**에 쉽게 노출됩니다.
  - 질환 : **콰시오커**(소화 흡수 장애, 신경계 장애)
- 급원 식품
  - 육류, 생선, 해물류

3 철분

- 기능
  - **신경, 뇌, 심장, 근골격계, 위장 관계**의 형성과 발달에 도움을 줍니다.
- 부족 시 증상
  - **발달 장애**가 생길 수 있고, **인지 능력**이 손상될 수 있습니다.
  - **창백함, 두통, 빈혈**을 동반할 수 있습니다.
  - **식욕이 저하**되고, 감염에 대한 저항력이 약화됩니다.
  - 질환 : **철분결핍성빈혈**(대부분 영유아 빈혈 원인)
- 급원 식품
  - 달걀, 조개류, 견과류, 곡류, 감자, 마늘, 깻잎, 과일류

영유아기 우유 섭취가 꼭 필요한 이유

- 우유는 **필수 영양소**가 들어 있고, **단백질**과 **칼슘**이 많습니다.
- 우유의 **칼슘**은 다른 식품의 칼슘보다 **체내 흡수율**이 높습니다.
- 우유에는 섭취해야 하는 **필수아미노산**이 포함되어 있습니다.
- 우유는 **뼈, 근육, 신경 생성**에 필요한 **성장 인자(IGF, TGF)**가 들어 있습니다.
- 우유의 **갈락토스**와 **글루타티온** 성분이 **두뇌 발달**에 도움을 줍니다.
- ⚠ **우유 알레르기와 유당불내증이 있는 영유아는 칼슘이 강화된 두유를 주세요!**

구미시어린이급식관리지원센터

작성자 : 영양팀 김지현
출처 : 영양과 건강교육
중앙급식관리지원센터

그림 6-2 영양교육 가정통신문

출처 : 구미어린이급식관리지원센터.

(2) 식사구성안

적절한 영양섭취기준이 정해지면 영양적으로 균형 잡힌 식단을 구성한다. 식사구성을 계획할 때는 개인별 차이를 고려하되 에너지, 비타민, 무기질, 식이섬유는 필요량의 100%를 충족하고, 탄수화물, 단백질, 지방의 에너지 비율은 각각 55~65%, 7~20%, 15~30% 정도를 유지하도록 구성한다. 소금은 하루 5g 이하, 설탕이나 물엿과 같은 첨가당은 되도록 적게 섭취하도록 계획한다.

식품구성자전거는 우리가 주로 먹는 식품을 종류와 영양소, 기능에 따라 비슷한 것끼리 여섯 가지 식품군으로 구분하여 자전거 바퀴 모양에 섭취횟수를 배분한 식품 모형이다. 식품구성자전거는 다양한 식품을 매일 필요한 양만큼 섭취하여 균형 있는 식사를 유지하며, 규칙적인 운동으로 건강을 지켜나갈 수 있음을 나타낸다. 식품구성자전거의 앞바퀴에는 충분한 양의 물 섭취를 표현하고 있으며, 뒷바퀴에는 곡류, 고기·생선·달걀·콩류, 채소류, 과일류, 우유·유제품류의 식품군이 고르게 포함되어 있다. 과잉섭취를 주의해야 하는 유지·당류는 식품구성자전거에 포함되어 있지 않으며, 조리 시 소량 사용하도록 권장된다(보건복지부·한국영양학회, 2015).

그림 6-3 **식품구성자전거**

출처 : 보건복지부 · 한국영양학회(2015).

3. 영유아의 영양 관리

1) 영아기의 영양 관리

영아기는 생후 2년까지의 시기를 말하며, 급속한 신체 성장과 두뇌 발달이 이루어지므로 적절한 영양 공급이 매우 중요하다. 영아는 단위체중당 체표면적이 크고 활동량이 많아 성인의 2~3배 수준의 에너지가 필요하다. 또한 생후 1년 동안의 단백질 요구량이 일생 중 가장 높은데, 이는 신체조직의 성장과 대사물질 합성 등을 위해 단백질이 사용되기 때문이다. 영아기는 소화와 흡수 기능이 미숙하고 면역력이 약하므로 균형 있는 영양 공급과 위생관리에 주의해야 한다.

(1) 영아를 위한 수유

① 모유 수유

모유는 영아에게 필요한 모든 영양소를 포함하고 있어 영아의 성장과 발달에 가장 좋은 식품이다. 모유에는 유당, 필수지방산, 타우린 등 뇌 발달에 도움이 되는 단백질이 포함되어 있으며, 소화가 쉽고 세균감염을 막아주는 면역물질이 풍부하게 들어 있다. 이러한 모유의 장점으로 인해 세계보건기구(WHO)에서는 생후 2년간 모유를 먹이도록 권장하고 있다.

모유 수유 시간은 15~20분이 적당하며, 수유 간격 및 횟수는 영아의 요구에 따라 융통성 있게 조절한다. 신생아의 경우 2~3시간 간격, 1~3개월 영아의 경우 3시간, 그 이후는 4시간 간격으로 조절하도록 권장되고, 수면 중에는 수유하지 않는다.

표 6-5 모유 수유의 장점

영아 측면	어머니 측면
• 성장 · 발달에 따른 이상적인 영양급원 • 각종 감염병 질환 예방 • 뇌 발달 증진 • 알레르기 예방 • 턱 근육과 치아 발육 촉진 • 심리적 안정과 정서적 발달 증진	• 빠른 산후 회복 • 산모의 자신감 증진 • 본래 체중으로의 회복 용이 • 유방암 예방 • 출산 후 우울증 예방 • 자연적 피임 • 경제적이고 간편함

출처 : 신순식(2014).

② 인공영양

여러 가지 이유로 모유 수유가 가능하지 않을 경우 시판되는 조제유를 사용하여 인공영양을 제공한다. 조제유는 모유 성분과 거의 유사하게 만들어졌으나 모유보다 면역효과가 떨어진다.

인공 수유 전에는 손을 깨끗이 씻고, 반드시 끓여서 식힌 물을 사용하여 먹이기 직전에 적정 농도로 조제한다. 손목 안쪽에 2~3방울 떨어뜨려 적당한 온도인지 확인하고, 편안하고 안정된 자세로 영아를 안고 먹인다. 수유가 끝나면 트림을 시키고, 먹다가 남은 우유는 상하기 쉬우므로 버리도록 한다. 수유의 횟수와 분량은 영아의 요구에 따라 조절하여 제공하되, 조제유는 모유에 비해 체내에서 소화 흡수되는 시간이 더 걸리므로 상대적으로 수유 횟수를 줄인다.

표 6-6 수유 횟수와 양

개 월	모 유	조제유	총 수유량(mL)
0~4개월	8회 이상	5~10회	470~900
4~6개월	5회 이상	4~7회	720~1200
6~8개월	5회 이상	3~4회	720~1200
8~10개월	요구에 따라	3~4회	470~900
10~12개월	요구에 따라	3~4회	470~720

출처 : 신순식(2014).

(2) 이유기의 영양

영아가 4~6개월이 되면 성장과 발달에 필요한 에너지와 영양소를 보충하기 위해 반고형식 또는 고형식으로 전환하는 이유식을 도입한다. 이유식은 영아의 체중이 출생 시 2배가 될 때 시작하도록 권장되며, 일반적으로 곡물, 과일, 야채, 고기 순으로 첨가해 준다. 이유식은 영아의 성장에 따른 영양요구량을 충족하고, 씹고 삼킬 수 있는 능력, 소화능력, 식습관 지도 등을 고려하여 순차적으로 진행한다.

영아가 공복감을 느낄 때 이유식을 먼저 주고 모유나 우유를 먹이도록 한다. 영아기는 면역기능이 미숙하므로 알레르기를 발생시킬 수 있는 식품들(예 복숭아, 딸기, 토마토, 땅콩, 달걀, 육류, 등푸른 생선 등)을 처음 줄 때는 소량씩 경과를 보면서 제공해야 한다. 꿀은 영아 보툴리누스 중독을 일으킬 수 있으므로 첫돌 이전에는 주지 않는다.

영아기에 피해야 할 음식

- 생후 1세 전에 주지 않아야 하는 음식 : 생우유, 꿀, 콘시럽
- 생후 2세 전에 주지 않아야 하는 음식 : 포도, 초콜릿
- 생후 3세 전에 주지 않아야 하는 음식 : 땅콩, 건포도
- 피해야 할 식품 : 섬유소가 많은 식품, 단 음식(예 케이크, 과자, 탄산음료), 짠 음식(예 젓갈, 장아찌), 고지방 식품(예 장어, 생크림), 향신료와 조미료

출처 : 문혁준 · 김혜경 · 박복매(2012).

2) 유아기의 영양 관리

유아기는 다양한 신체기능과 조절능력이 발달함에 따라 기본생활습관이 형성되는 시기이다. 스스로 자립해서 먹을 수 있고 소화기능도 발달하므로 성인식과 유사한 음식을 다양하게 섭취할 수 있다. 유아기는 자아의식이 발달하면서 식품에 대한 기호가 생기고 음식에 대한 좋고 싫음이 분명해져 식욕부진이

나 편식의 문제가 나타나기 쉽다. 유아기에 형성된 식습관은 일생 동안 영향을 미치게 되므로 건강한 성장을 돕는 식단 구성과 적절한 식생활 지도가 이루어져야 한다.

(1) 식단 구성

유아기는 영아기에 비해 성장 속도가 완만하여 먹는 양이 줄어들고, 식품에 대한 기호와 자기 주장이 생겨나 스스로 식품을 선택하고 먹으려는 경향을 보인다. 신진대사 작용이 활발히 이루어지므로 체중당 필요한 에너지와 단백질, 수분의 요구량은 성인보다 더욱 높다. 개인의 신체 크기와 활동량에 따라 영양 요구량의 차이가 크므로 식품의 질과 양을 고려하여 식단을 구성해야 한다. 양질의 단백질과 우유 및 유제품을 중심으로 곡류, 채소류, 과일, 수분 등 균형 있는 영양을 섭취할 수 있도록 한다. 특히 철결핍성 빈혈을 예방하기 위해 간, 달걀 노른자, 육류, 어류 등 철이 함유된 식품을 많이 섭취하도록 한다.

유아를 위한 식단 구성

- 한 끼 식사구성에 곡류, 고기 · 생선 · 달걀 · 콩류, 채소 및 과일류, 우유 및 유제품, 유지 및 당류의 다섯 가지 기초식품군이 고루 포함되도록 한다.
- 양질의 단백질과 칼슘을 충분히 공급할 수 있는 식단을 구성한다. 단백질의 1일 권장량의 2/3는 동물성 단백질로, 나머지는 양질의 식물성 단백질로 구성한다.
- 지방과 콜레스테롤 섭취량을 너무 제한함으로써 에너지와 필수지방산 부족 및 지용성 비타민의 흡수가 저해되지 않도록 한다.
- 육류는 철, 아연, 비타민 B12의 좋은 급원이 되므로 정기적으로 섭취할 수 있도록 한다.
- 신선한 채소와 과일은 비타민과 무기질의 가장 좋은 급원 식품이므로 매일 적어도 4회분 이상 충분히 포함되도록 한다.
- 우유 및 유제품은 칼슘과 단백질 급원에 좋은 식품이므로 반드시 포함하고, 매일 2컵 이상의 우유를 마시도록 권장한다.
- 치아의 건강을 위해 설탕 섭취는 가능한 한 제한하도록 한다.
- 유아는 동일한 음식과 조리법에 쉽게 싫증을 느끼며, 소식, 식욕부진, 편식의 영양 문제가 초래되기 쉬우므로 다양한 조리법을 개발하도록 한다.

출처 : 김일옥 · 최경순(2011).

(2) 유아 간식

유아들은 위의 용량이 적어 한 번에 섭취할 수 있는 음식의 양이 적으므로 1일 3회의 식사만으로 필요한 영양요구량을 채우기 어렵다. 또한 활동량이 많아서 쉽게 지치므로 하루 세 끼 식사 외에 2~3회의 간식을 제공한다. 유아기 초기에는 오전과 오후에 각 한 번씩 간식을 주며, 유아기 후기에는 오후에 한 번 간식을 주도록 한다.

유아의 간식으로 적절한 식품은 수분을 충분히 공급해 줄 수 있고, 비타민과 무기질이 풍부하며, 신선한 계절 식품으로 선택한다. 또한 시각적·미각적으로 만족감을 줄 수 있고 소화가 용이하여 정규 식사에 영향을 주지 않는 식품이어야 한다. 반면 인공감미료나 방부제 등 첨가물이 많이 들어간 것, 자극적인 음식, 탄산음료 등은 가능한 한 간식으로 제공하지 않는 것이 좋다.

표 6-7 **간식과 영양소**

구분	식품
에너지원	비스킷, 쿠키, 샌드위치, 밀전병, 감자, 고구마 등
단백질, 칼슘원	우유, 요구르트, 치즈, 달걀, 푸딩, 콩과자, 미숫가루, 깨엿, 땅콩
비타민원	신선한 과일, 오이, 당근

출처 : 허혜경 · 김성희(2015).

4. 영유아기 영양 문제

성장과 발달이 활발하게 이루어지는 영유아기의 영양 문제는 일생 동안의 건강과 영양 상태에 영향을 미칠 수 있다. 영유아기 흔히 발생하는 영양과 관련된 문제들을 알아보고 적절한 대처를 위한 지도 방안을 살펴보도록 한다.

1) 식욕부진

식욕부진은 음식물을 먹고자 하는 욕구가 감소하거나 없어진 상태를 말한다. 유아기에 접어들면 영아기에 비해 성장속도가 완만해지면서 식욕이 감소하는 현상이 나타날 수 있다. 대부분의 유아가 성장 과정에서 일시적인 식욕부진과 음식에 대한 기호가 불안정해지는 경험을 하게 되므로 지나치게 민감하게 반응하거나 걱정하지 않아도 된다. 그러나 식욕부진 증상이 지속되면 성장지연과 편식의 원인이 되므로 적절하게 지도해 주어야 한다.

(1) 식욕부진의 원인

식욕부진은 단조로운 식단과 조리법으로 음식에 대한 흥미를 잃거나 잦은 간식 등으로 인해 식욕이 줄어들어 발생하기도 하고, 부모의 지나친 간섭이나 과잉보호에 의해 욕구불만이나 스트레스가 있는 경우 나타날 수 있다. 이 외에도 활동량이 부족하거나 질병으로 건강상태가 좋지 않을 때도 식욕부진 증상이 생기므로 원인을 찾아 적절하게 지도해 주어야 한다.

(2) 식욕부진의 지도방법

- 식품의 재료나 조리 방법을 다양하게 하여 음식을 제공하고, 그릇에 담는 방법을 바꾸는 등 식사 환경에 변화를 주어 유아의 음식에 대한 흥미를 유도한다.
- 조리과정이나 식사 준비에 유아를 참여시켜 관심을 갖고 자발적으로 먹을 수 있도록 지도한다.
- 적당한 운동과 신체활동을 통해 활동량을 높이도록 한다.
- 즐겁고 편안한 분위기에서 식사할 수 있는 환경을 마련한다.
- 1회 식사 시간은 20~30분으로 제한하고, 식사와 시간 간격을 두고 간식을 제공하여 공복감을 유지하도록 한다.

2) 편 식

편식이란 식품에 대한 선호가 특정한 종류에만 한정되어 균형 있는 영양섭취가 이루어지지 않거나 성장과 발육에 장애를 일으키는 경우를 말한다(김연진·송주미, 2009). 다시 말해, 편식이란 한두 가지 음식을 먹지 않거나 기피하는 것을 의미하는 것이 아니라 특정한 식품군, 예를 들면 채소나 고기류 등을 전혀 먹지 않아서 영양상 문제가 되는 경우를 일컫는다. 편식은 불균형한 영양섭취뿐 아니라 사회관계, 성격 등에도 부정적인 영향을 미칠 수 있으므로 교정해 주는 것이 바람직하다.

일반적으로 편식은 자아의식이 발달되어 좋고 싫음이 분명해지는 3세 전후 발생하게 된다. 아기는 성인의 3배 정도 되는 약 1만 개의 미뢰를 가지고 태어나므로 맛에 대해 보다 민감하게 반응한다. 특히, 유아들은 채소의 쓴맛과 향, 질긴 식감에 대해 거부감을 지니는 경우가 많으며, 단맛을 선호하면서 편식이 나타난다.

유아기에는 식욕과 식품에 대한 기호가 유동적이므로 식사 환경이나 조리법에 변화를 주거나 적절한 지도를 통해 편식행동을 교정하는 것이 가능하다. 그러나 아동기 이후로는 편식습관을 교정하기 어렵고, 성장 과정에서 신체발육 저하, 영양불균형, 질병에 대한 면역력 약화, 심리적 문제 등 여러 가지 건강 문제가 발생할 수 있다. 따라서 음식에 대한 기호가 유동적이고 식습관이 형성되는 유아기에 편식습관을 교정하도록 부모와 교사가 함께 노력해야 한다.

(1) 편식의 원인

- 이유기에 형성된 미각 : 우유에서 고형물 섭취로 전환되는 이유기에 단조로운 식품 선택, 제한된 식재료, 동일한 조리법 등으로 다양한 음식을 접해보지 않은 경우 편식이 생기기 쉽다.
- 생리·심리적 요인 : 미각이 발달하는 과정에서 특정한 식품의 냄새와 맛,

향 등에 민감하게 반응하여 기피하는 반응을 나타낼 수 있다. 또한 억지로 먹도록 강요당하거나 구토, 복통 등으로 음식에 대한 불쾌한 경험이 있을 경우 심리적 요인으로 편식이 나타날 수 있다.

- 사회·경제적 요인 : 영유아가 성장하고 있는 지역의 환경적 조건이나 경제적인 어려움으로 인해 식품 선택의 기회가 제한됨으로써 편식이 생길 수 있다.
- 가정의 식사 환경 : 부모와 형제들의 편식 등 가족의 식습관과 통제적이거나 과잉보호하는 양육태도에 의해 편식하게 되는 경우가 있다.

(2) 편식의 지도방법

- 식재료와 조리법에 변화를 주어 다양한 식품을 접할 수 있는 기회를 제공한다.
- 새로운 음식은 한 번에 한 가지씩 소개하고, 며칠 후 다시 주어 그 음식에 익숙해질 수 있도록 한다.
- 유아에게 적절한 조리법을 선택하고 음식의 맛을 성인의 기준에 맞추지 않는다.
- 부모나 가족이 편식을 하지 않으며 모범을 보인다.
- 싫어하는 음식을 억지로 강요하지 않으며 식사 환경을 즐겁게 만든다.
- 편식하지 않는 또래 친구와 함께 식사하는 기회를 갖는다.
- 조리과정이나 식사 준비 등에 유아를 참여시켜 관심을 유도한다.

푸드브릿지(Food Bridge)

아이가 싫어하는 음식이나 식재료 등에 점진적으로 노출시켜 거부감을 줄여나가는 편식 개선 방법이다. 같은 재료를 단계별로 다양한 조리법으로 제공하여 싫어하는 음식과 친숙하도록 해주며, 4단계로 진행된다.

- 1단계(친해지기) : 재료를 놀이도구나 식기로 활용하여 시각적으로 친숙하게 한다.
- 2단계(간접 노출) : 재료의 형체를 알아볼 수 없게 하고 모양이나 색 등으로 호기심을 자극한다.
- 3단계(소극적 노출) : 다른 재료와 섞어서 조리하여 거부감을 줄여준다.
- 4단계(적극적 노출) : 재료 본연의 맛을 느낄 수 있도록 한다.

푸드브릿지 적용 예시

1단계	2단계	3단계	4단계
콩나물 머리떼기 놀이	소고기 콩나물죽	콩나물 돼지불고기	콩나물국
콩나물의 머리 부분을 떼면서 콩나물과 친해지기	소고기와 콩나물을 잘게 다지고 쌀을 넣은 후 끓여 죽으로 제공해 콩나물의 식감을 느껴보게 하기	콩나물을 돼지고기와 양념장을 넣고 함께 볶은 후 제공하여 거부감 줄여주기	콩나물 본연의 맛을 느낄 수 있도록 국으로 끓여 제공하기

출처 : 어린이급식관리지원센터(https://ccfsm.foodnara.go.kr).

3) 비 만

비만은 섭취열량이 소비열량보다 많아 체내에 지방이 과도하게 축적되는 것을 말한다. 유아기는 지방세포의 수가 증가하는 시기인데, 어려서부터 육식 위주의 식단, 인스턴트, 패스트푸드 등의 입맛에 길들여져 비만이 되면 이후 정상체중으로 돌아가기 매우 어렵다. 특히 소아비만의 경우 성인기 비만으로 이어질 가능성이 높고, 고혈압, 당뇨, 심근경색 등 성인병을 유발하며, 사회·정서 발달에 부정적인 영향을 미칠 수 있다.

(1) 비만의 원인

- 식습관의 문제 : 습관적인 과식으로 인해 과잉 에너지가 생기는 경우 비만이 생기기 쉽다. 당류의 섭취가 많고, 기름진 음식이나 과자류, 고열량의 음식을 좋아하는 식습관은 열량 과다로 체중이 증가하는 원인을 제공한다.
- 생활습관 요인 : TV 시청, 컴퓨터 게임 등 정적인 활동을 주로 하고 운동량이 부족할 경우 에너지를 소비할 수 있는 기회가 줄어 비만이 발생하기 쉽다.
- 유전적 요인 : 부모 모두 비만이거나 한쪽 부모가 비만일 경우 자녀가 비만이 될 가능성이 높다.
- 기타 질병 : 지능장애, 호르몬 이상의 질병에 의해 비만이 발생할 수 있다.

(2) 비만의 정도

영유아기 비만 측정은 성별에 따른 신장별 표준체중과 비교하여 유아의 체중이 표준체중의 120% 이상일 경우 비만으로 판정한다.

표 6-8 소아의 비만도 평가

$$\text{비만도} = \frac{\text{실제 체중} - \text{성별} \cdot \text{신장별 표준체중}}{\text{성별} \cdot \text{신장별 표준체중}} \times 100$$

구 분	평가기준
과체중	성별 · 신장별 표준체중의 110~119%
경도비만	성별 · 신장별 표준체중의 120~129%
중등도비만	성별 · 신장별 표준체중의 130~149%
고도비만	성별 · 신장별 표준체중의 150% 이상

소아비만을 유발할 수 있는 생활습관 태도

다음의 내용 중 4개 항목 이상이 체크되면 '소아비만을 유발할 수 있는 생활습관'에 해당되며 자녀를 비만으로 만들 수 있으니 주의해야 한다.

부모용	자녀용
① 조림보다 볶음 또는 튀김요리를 자주 한다.	① 어른만큼 먹는다.
② 식단을 짤 때에는 아이들이 좋아하는 음식이 우선이다.	② 간식을 먹어도 식사량은 줄지 않는다.
③ 생선보단 육류가 주종이다.	③ 빨리 먹는다.
④ 저녁 때는 반찬이 많지만 아침이나 점심은 간단하다.	④ TV를 보면서 먹는 때가 많다.
⑤ 프라이팬 하나로 거의 모든 요리를 다 만든다.	⑤ 고기 요리를 좋아한다.
⑥ 닭을 요리할 때 껍질을 벗기지 않는다.	⑥ 채소를 잘 먹지 않는다.
⑦ 음식이 짠 편이다.	⑦ 주스, 탄산음료를 좋아한다.
⑧ 사흘에 한 번꼴로 음식을 시킨다.	⑧ 하루에 두 번 이상 간식을 먹는다.
⑨ 일주일에 한 번 이상 외식한다.	⑨ 집 안에서 놀 때가 더 많다.
⑩ 쇼핑을 할 때마다 외식한다.	⑩ 시간 가는 줄 모르고 몇 시간씩 컴퓨터 게임을 한다.
⑪ 식사 시간이 일정하지 않다.	⑪ 틈만 나면 누우려 한다.
⑫ 빨리 먹으라고 재촉한다.	⑫ 전철이나 버스를 타면 앉을 자리를 찾는다.
⑬ 아이와 함께 누워 과자를 먹기도 한다.	⑬ 숨차서 달리기는 질색이다.
⑭ 배가 고프지 않도록 간식을 충분히 사둔다.	⑭ 운동보다 책 읽기를 좋아한다.
⑮ 밤참을 자주 먹는 편이다.	⑮ 두 가지 이상의 학원을 다닌다.

출처 : 강재헌(2006).

(3) 비만의 지도방법

영유아기 비만 관리는 성장과 발달에 요구되는 적정량의 영양을 공급하고 에너지 소비를 늘려 섭취 에너지와의 균형을 맞추도록 하는 것을 목적으로 한다. 따라서 성인과는 달리 무리하게 몸무게를 줄이지 않고 현재 체중을 유지하는 것을 목표로 하고, 영양적으로 균형이 잡힌 식단을 제공하되 인스턴트 식품, 당분이 많은 과자, 탄산음료, 고열량 식품 등은 제한하도록 한다. 또한 비만한 유아는 운동이 부족하고 활동량이 적은 경우가 많으므로 에너지 소비를 늘릴 수 있는 신체활동을 격려하도록 한다. 특히 유아기는 양육자에 의해 식단 조정이 가능하며 성장하는 과정에 있으므로 적절한 식습관과 에너지 소비를 늘리는 신체활동 참여로 건강한 성장과 발달을 이루도록 도와주어야 한다.

표 6-9 연령별 비만 관리

<table>
<tr><th>연 령</th><th colspan="4">관리 원칙</th></tr>
<tr><td rowspan="2">영아기
(0~2세)</td><td>고위험군</td><td colspan="3">• 출생 시 체중이 2.5kg 미만이거나 4.0kg 이상인 신생아
• 체중 증가율이 빠른 영아</td></tr>
<tr><td colspan="4">• 비만예방을 위한 모유 수유가 중요
• 고형식 이유식을 일찍 시작하지 않도록 하며, 단맛을 내는 이유식을 피함</td></tr>
<tr><td rowspan="3">유아기
(3~5세)</td><td>고위험군</td><td colspan="3">• 체지방 증가가 일찍 시작된 유아
• 텔레비전 시청 시간이 긴 유아
• 수면 시간이 짧은 유아</td></tr>
<tr><td colspan="2">경도비만</td><td>중등도비만</td><td>고도비만</td></tr>
<tr><td colspan="2">• 비만도를 20% 미만으로 낮추는 데 목표를 두나, 성장기이므로 체중 감량보다 체중을 유지하는 것이 목표</td><td colspan="2">• 식사와 운동 상담을 실시
• 합병증 동반 유무 확인
• 합병증이 동반되어 있으면 감량 필요</td></tr>
</table>

	경도비만	중등도비만	고도비만
아동기 (6~11세)	• 정상적인 신장의 성장에 따른 체중 유지 • 집단관리 프로그램 활용	• 합병증 동반 유무 확인 • 합병증이 없는 경우 체중을 유지하고, 합병증이 동반되면 체중 감량 필요	• 합병증 동반 유무 확인 • 합병증 유무에 상관없이 체중 감량 및 전문가 관리 필요

출처 : 어린이급식관리지원센터(2013).

4) 식품 알레르기

식품 알레르기(food allergy)는 특정한 식품의 성분이 항원이 되어 발병하는 알레르기 반응으로, 대부분 식품에 함유된 단백질에 의해 유발된다. 개인에 따라 알레르기를 일으킬 수 있는 식품은 다를 수 있으며, 향신료나 색소 등의 식품첨가물도 알레르기 반응을 유발할 수 있다. 특히 영유아는 소화기관이 미성숙되어 식품에 대한 알레르기 반응이 빈번히 발생하는데 연령이 증가하면서 점차 줄어든다.

(1) 알레르기를 일으키기 쉬운 식품

- 우유, 유제품, 달걀
- 어류 : 등푸른 생선(고등어, 꽁치, 정어리 등)
- 갑각류, 패류 : 굴, 바지락, 새우 등
- 곡류 : 메밀, 옥수수, 밀가루 제품
- 두류 : 대두(두유, 두부 등)
- 채소류 : 죽순, 토란, 우엉 등
- 과일류 : 딸기, 복숭아, 참외 등
- 견과류 : 땅콩, 호두
- 기타 : 초콜릿

(2) 알레르기 예방

식품 알레르기는 소화기관이 성숙해지면서 사라지거나 자연적으로 치유되는 경우가 많으므로, 알레르기를 유발한 식품에 대해 지속적으로 관찰하며 섭취하도록 하는 것이 필요하다. 식품 알레르기 발생을 억제하기 위해서는 음식물에 대한 내성을 기르는 것이 중요하지만, 영아에게는 가능한 한 알레르기를 일으킬 수 있는 식품을 제한하는 편이 바람직하다. 특히 알레르기 가족력이 있는 경우 생후 1년 동안은 알레르기를 일으킬 가능성이 있는 음식의 섭취는 피하도록 한다. 또한 이유식을 통해 새로운 식품을 섭취하기 시작할 때는 조금씩 반응을 살펴보며 시도하여 알레르기를 유발하는 식품을 구별하도록 한다.

5) 철결핍성 빈혈

빈혈이란 혈액의 단위 체적 내 적혈구 수의 크기, 헤모글로빈의 양이 감소된 상태를 말하며, 영유아기 가장 흔한 원인은 철결핍성 빈혈이다. 건강한 영아는 출생 시 충분한 철 저장량을 가지고 태어나지만 6개월에서 3세 사이 급격한 신체 성장으로 혈액량이 증가하고 요구되는 철의 필요량이 급증하게 된다. 이때 음식물로부터 충분한 양의 철이 공급되지 않으면 철결핍성 빈혈이 생기게 된다. 특히 모유나 우유에는 철이 거의 함유되어 있지 않으므로 이유기가 늦어지면 체내 철분이 고갈되어 철결핍성 빈혈이 생길 수 있다.

영유아기 철분결핍은 성장지연, 무기력, 식욕감소 등 건강한 성장을 방해한다. 또한 철분결핍으로 인한 빈혈은 뇌 발달을 저해하여 집중력이 부족해지고 학습능력 감소 등 정신 발달에 영향을 줄 수 있다(하애화·최경희, 2011). 따라서 생후 4~6개월에 적절한 이유식을 진행하여 철결핍성 빈혈을 예방하고, 우유는 철분의 흡수에 방해가 될 수 있으므로 지나치게 많이 먹이지 않도록 한다.

빈혈의 예방

- 철이 풍부히 함유된 식품(예 육류, 생선, 녹색 채소 등)을 충분히 섭취한다.
- 생후 4~6개월부터 철분이 강화된 조제유나 이유식을 공급한다.
- 식사 시 비타민 C가 풍부한 식품을 함께 섭취하여 철분의 체내 흡수를 돕는다.
- 모유가 아닌 인공 수유를 할 경우 철이 강화된 영아용 조제유를 제공한다.

제7장

영유아의 정신건강

1. 정신건강의 이해
2. 영유아의 정신건강에 영향을 미치는 요인
3. 영유아기 정신건강 문제
4. 영유아의 정신건강 증진

7장

영유아의 정신건강

'건강하다'는 의미는 신체적·정신적·사회적으로 온전하고 건강한 상태를 말한다. 최근 사회가 복잡해지면서 신체적인 건강뿐만 아니라 정신적인 측면의 건강에 대한 중요성이 강조되고 있다. 성인과 마찬가지로 영유아기 정신건강은 매우 중요하며, 영유아의 건강한 성장과 발달을 위해 필수적으로 고려되어야 한다. 따라서 이 장에서는 정신건강의 개념 및 정신건강에 영향을 미치는 요인을 살펴보고, 영유아기 발생되는 정신건강 문제와 증진 방안에 대해 알아본다.

1. 정신건강의 이해

1) 정신건강의 개념

정신건강이라는 용어는 본래 정신질환의 유무를 지칭하기 위한 정신병리학적인 개념에서 출발하였다. 현재는 정신질환이 없는 상태뿐 아니라 사회생활의 원만한 적응 및 바람직한 사고를 할 수 있는 정신적 상태를 나타낸다. 그러므로 정신건강은 정신질환을 예방하고 치료하는 소극적인 의미와 정신적으로 건강한 상태를 유지하고 증진시킨다는 적극적인 의미를 모두 포함한 개념으로 여길 수 있다(강문희·장연집·정정옥, 2006).

세계보건기구(WHO)에 따르면, 정신건강이란 개인의 능력을 실현하고 생활 속에서 발생하는 일상적인 스트레스에 대처할 수 있으며, 생산적으로 일을 함으로써 지역사회에 기여할 수 있는 상태로 간주된다. 허혜경과 김성희(2015)는 정신건강을 '정신이나 심리적 상태와 기능에 초점을 맞춰 건강을 설명하는 개념으로, 정신적으로 장애가 없고 사회적으로 잘 적응하며 자신의 능력과 기능을 발휘하여 자기실현과 함께 생활에 만족, 행복감을 경험하는 상태'로 정의하였다.

요약하자면, 정신이 건강하다는 것은 단순히 정신질환이 없는 상태만을 나타내는 것이 아니라 개인 생활을 건전하게 유지하고 원만한 사회관계를 맺을 수 있는 정신적·심리적인 상태를 의미한다. 정신적으로 건강한 사람은 주변 환경에 잘 적응하며, 다른 사람들과 원만한 관계를 유지할 수 있고, 어려운 문제나 갈등 상황에 부딪혔을 때 스스로의 능력을 적극적으로 발휘하여 문제를 해결해 나가는 특성을 보인다(류경화·정명순·지주영, 2008). 따라서 정신건강의 개념은 '정신적으로 병적인 증세가 없이 환경 변화에 잘 적응하고, 자신의 능력을 발휘하며 원만한 개인 생활과 사회생활을 할 수 있는 상태'로 정의할 수 있다.

2) 영유아기 정신건강의 중요성

급변하는 현대사회에서는 성인의 정신건강뿐만 아니라 영유아의 정신건강 역시 심각한 위협을 받고 있다고 볼 수 있다. 여성의 사회 진출이 증가하고 유아교육기관에서 오랜 시간 머무는 영유아들이 많아짐에 따라 아동들은 어린 시기부터 외부 환경에 노출되어 집단생활에의 적응을 요구받고 있다. 또한 부모의 이혼 등에 의한 가족의 해체, 경제적 어려움, 학업성취 압력 등의 스트레스를 느끼고 정신적인 문제를 보이는 아동들이 늘어나고 있는 실정이다(굿네이버스, 2016).

영유아기의 정신건강은 생애 성장과 발달에 있어 중요성을 지닌다. 영유아기는 성격 형성의 기초적 시점이며, 다른 사람과 어울리며 사회 구성원으로서 성장해 나가기 위해 요구되는 사회적 기술과 능력이 발달되는 시기이다. 이로 인해 영유아기에 보이는 정신건강 문제는 정상적인 발달을 저해하고 건강한 성장을 어렵게 할 수 있다.

또한 영유아기의 정신건강은 부모나 교사 등 성인과 주변 환경에 의해 영향을 많이 받는다. 발달 특성상 영유아기는 자기보호 능력이 부족하고 외부 환경의 변화에 취약하며, 스트레스 대처 기술이 미흡한 상태이다. 그러므로 부모와 교사는 일상생활 가운데 영유아가 심리적 안정감을 느끼고 주변 환경에 적응하며 능동적으로 생활할 수 있도록 적절한 환경을 제공해 주어야 한다.

한편 영유아기에 나타난 정신건강 문제들이 방치될 경우 청소년기, 성인기에 신경증, 우울증과 같은 정신병리 증상이나 분노, 파괴적 행동, 도벽, 공격성 등 사회부적응과 문제행동으로 나타날 수 있다. 최근에는 아동의 문제행동과 정신병리를 조기에 발견하고, 치료 및 상담을 통해 개입하려는 시도가 늘고 있다(보건복지부, 2013). 영유아의 정신건강은 사회적 부적응 혹은 문제행동을 예방하고 조기에 개입할 수 있다는 측면에서 중요한 의의를 지닌다.

표 7-1 영유아기 발달과제와 환경구성

	영아기 (0~18개월)	걸음마기 (18~36개월)	유아기 (3~6세)	학령기 (7~12세)
발달 특성	• 사회적 미소 • 특정인에 대한 구별반응 • 낯가리기 • 격리불안 • 걷기, 말하기	• 급속한 언어 발달 • 대소변 가리기 • 자기 주장 펴기 • 신체적 독립	• 사회적 · 성적 역할 학습 • 형제 간 경쟁관계 • 사회적 가치 형성 • 초자아 형성	• 또래집단 형성 • 동료나 집단 정체감 • 지적 추구 활발 • 다양한 기술 습득
발달 과제	• 애착 형성 • 기본적 신뢰감과 안정감	• 분리 개별화 • 자율성 • 대상영속성 개념 • 충동적 공격성의 통제 가능	• 사회화 • 역할학습 • 문화적 습득	• 자신감, 자존감 • 창조성, 생산성 • 집단 정체
환경 구성	• 감각운동적 자극 • 애정적 관계 • 민감한 배려 • 사랑을 주는 관계 • 적절한 영양, 위생 관리	• 지속적 · 일관적 지도 • 충동조절 교육 • 자율성 존중, 강조 • 자기 주장 허용	• 다양한 역할 제시 • 다양한 가치 제시 • 적절한 성 역할 • 친구관계 형성 지원	• 성공적 · 생산적 경험 • 지적 자극 • 학교학습 • 동료관계 • 집단참여 경험

출처 : 김일옥 · 최경순(2009).

2. 영유아의 정신건강에 영향을 미치는 요인

영유아의 정신건강에 영향을 주는 요인은 시대와 사회에 따라 달라질 수 있으나 크게 내적·외적 요인으로 구분된다. 내적 요인은 소인이라고 하며, 유전적인 성향, 체질, 나이, 성, 인종 등 개인이 선천적으로 타고난 병에 걸릴 소질을 의미한다. 이에 반해 외적 요인은 특정 생물학적 현상을 일으키는 원인이나 조건이 되는 요소로서 유발인자라고 하며(설진화, 2009), 기질적 요인, 심리적 요인, 사회문화적 요인으로 나눌 수 있다.

영유아기 정신건강은 외부 환경에 의해 영향을 많이 받으므로 외적 요인인 기질적 요인, 심리적 요인, 사회문화적 요인에 대해 살펴보기로 한다.

1) 기질적 요인

기질적 요인은 영유아의 타고난 기질적 경향과 관련되어 정신건강에 영향을 미치는 요인을 말한다. 출생 전후의 산모나 태아에게 부정적인 영향을 미치는 의약품, 약물, 알코올의 복용이나 흡연 등은 기질적 정신장애를 일으킬 수 있다. 산모의 영양결핍이나 질병도 태아의 건강상태에 영향을 미치는데, 예를 들어 산모의 풍진은 태아에게 정신지체, 신체장애, 청각장애, 심장질환을 유발할 수 있다. 또한 뇌에 미치는 모든 질병과 사고나 상해로 인한 외상, 감염, 인체에 축적되어 장애를 일으키는 화학적 중금속 독성물질은 정신장애를 유발하는 기질적 요인으로 작용할 수 있다.

부모의 정서 상태도 태아의 정신건강에 영향을 미치는 기질적 요인이 된다. 산모의 정서적 상태는 특히 중요한데, 임신 중 스트레스에 노출된 산모에게서 태어난 아기는 불안정하고 신경질적인 반응을 자주 보이게 된다(임 혁·채인숙, 2015). 우리나라를 포함한 동양에서는 전통적으로 태교를 통해 산모와 태아의 정서적 교감과 긍정적 관계 형성을 강조하였다. 태교는 부정적인 외부 자극으로부터 태내 환경을 보호하고 부모와 자녀의 정서적 건강을 지원하기 위함이라고 볼 수 있다. 태아기에 입은 마음의 상처는 이후 성장 과정에서 부정적인 태도와 다양한 문제행동을 나타낼 수 있다.

2) 심리적 요인

영유아의 정신건강에 영향을 미치는 심리적 요인에는 심리·정서적 욕구 충족과 관련하여 발생하는 여러 가지 부정적인 감정들을 들 수 있다. 갈등, 미움, 공포, 불안, 우울, 슬픔, 시기와 질투, 고독, 수치감, 죄책감 등의 부정적인 감정은 적응에 문제를 일으키고 병적인 행동과 정신장애의 원인이 된다.

또한 회복탄력성, 자기개념, 자기존중감 등의 개인이 지닌 심리적 특성도 정신건강에 영향을 미치는 심리적 요인이 된다. 회복탄력성은 역경을 극복하고 다시 회복할 수 있는 개인의 힘을 말하며, 영유아의 회복탄력성이 높을수록 행복감을 느끼고 정신건강에 긍정적으로 나타난다(김은주·이시자, 2015). 자기개념과 자기존중감은 각각 개인이 자신에 대해 지니고 있는 신념과 스스로의 가치에 대한 평가를 말하며, 자기개념과 자기존중감이 낮은 사람은 높은 사람에 비해 정서적 문제를 더 많이 지니는 경향을 보인다(이민규, 2004).

3) 사회문화적 요인

영유아의 정신건강에 영향을 미치는 사회문화적 요인에는 가족요인과 사회적 요인, 문화적 요인이 포함된다.

(1) 가족요인

가족은 한 사람이 태어나 성인으로 성장하는 과정에서 요구되는 기본적인 토양을 제공한다. 건강한 가족관계와 기능은 가족구성원들 개인의 행복감과 정신건강에 커다란 영향을 미친다. 특히 어린 영유아들에게 부모는 건강한 신체 성장에 필요한 보호와 돌봄을 제공하는 양육자일 뿐 아니라 신뢰감, 애착형성, 정서적 욕구 충족, 주도성, 자기개념, 자아존중감 등 정신건강과 관련한 중요한 발달들을 이루어 나가는 데 의미 있는 영향을 주게 된다.

영유아의 정신건강에 부정적으로 작용할 수 있는 가족 간의 요인에는 부부갈등, 환경 변화, 양육스트레스, 부모의 양육태도 등이 포함된다.

① 부부갈등

잦은 부모의 다툼으로 가정 내 분위기가 침체되고 가족구성원들 사이의 유대관계가 불안하면 영유아가 정서적으로 안정감을 지니기 어렵다(김숙령·김미정·조수경, 2014; Cummings & Davies, 2010). 특히 영유아가 보는 앞에서 큰 소리를 내는 싸움이 반복되면 공포감을 느끼고 수면장애 증상이 나타날 수 있으며, 극도로 예민해져 새로운 환경에 적응하기 어려워하게 된다. 반대로 집안 분위기가 지나치게 조용할 경우 영유아는 활발한 에너지를 발산하지 못해 내성적인 성격을 갖게 되고, 또래와 잘 어울리지 못해 혼자 위축되거나 극도로 산만해지기 쉽다.

② 급격한 환경 변화

일상생활에서의 급격한 환경 변화는 영유아의 정신건강에 부정적인 영향을 미칠 수 있다(송정아·이양희, 2004; 이 숙·김수미, 2009). 사소한 작은 변화일지라도 경험을 해보지 않은 영유아에게는 스트레스를 유발하는 요인이 된다. 예를 들어, 부모의 외출로 할머니 집에 맡겨졌을 때, 어머니가 아플 때, 아버지가 출장을 떠났을 때 등 흔히 일어날 수 있는 환경 변화에도 영유아는 긴장과 불안감을 느끼고 스트레스를 경험할 수 있다.

③ 양육스트레스와 우울증

친밀한 상호작용자로서 양육자가 경험하는 양육스트레스와 우울은 영유아의 정신건강에 매우 중요하다. 양육스트레스가 높고 불안하거나 우울할 경우 아이와의 상호작용에서 부정적이고 적대적인 경향을 보이고(Crnic, Gaze, & Hoffman, 2005), 영유아에게 낮은 자아존중감, 불안, 우울, 적응의 문제가 나타나게 된다(최옥주, 2016). 특히 어머니의 우울은 영유아 발달의 전 영역에 걸쳐 중요한 영향을 미치는 요인임이 밝혀지고 있다(Feldman & Eidelman, 2009).

④ 부모의 그릇된 양육태도

영유아의 생각이나 감정상태를 고려하지 않고 부모의 뜻대로만 하려는 양육태도는 건강한 심리·정서 발달을 저해하는 스트레스 요인으로 작용한다. 특히 칭찬에 인색하고 권위적이며 강압적인 부모의 양육태도는 영유아에게 공포와 불안감을 유발하고 부모에 대한 신뢰감을 형성하기 어렵게 만든다(손남숙·이숙희, 2008).

(2) 사회적 요인

영유아의 사회관계와 생활환경 등은 정신건강에 영향을 미치는 사회적 요인으로 작용한다. 영유아들은 가정을 벗어나 어린이집과 유치원 등 유아교육기관에서 생활하게 되면서 환경 변화에 적응하고 새로운 사회관계를 형성하게 된다. 아동이 또래나 교사와 긍정적으로 상호작용하며 사회적 지지를 얻을 경우 심리적 안녕감을 지니게 되지만, 사회적 적응에 어려움을 겪거나 스트레스를 받게 되면 정신건강에 부정적인 영향을 미치게 된다(김민정·엄정애, 2005).

현대사회의 생활환경도 영유아의 정신건강에 주요한 영향을 미친다. 최근 어린 시기부터 학업성취에 대한 압력이 높고, 자유롭게 신체를 움직이며 놀이할 수 있는 시간과 공간이 적어짐에 따라 아동 정신건강에 대한 우려가 높아지고 있다. 만 4~6세 유아를 대상으로 한 실태조사에 의하면, 약 18%의 유아들이 심리, 행동 발달상의 문제를 지니고 있으며, 이 가운데 10%는 전문적인 검사와 상담이 필요한 수준으로 나타났다(굿네이버스, 2016). 또한 컴퓨터와 인터넷, 휴대폰 등의 사용연령이 점차 낮아지면서 유아들의 장기간 미디어 노출로 인해 정신건강 문제가 발생하고 있다.

사이버 환경과 정신건강

컴퓨터, 인터넷, 스마트폰 등 전자매체를 활용한 사이버 환경은 양방향 상호작용을 통해 유아들의 참여와 호기심을 자극하고, 교육현장에서 다양한 형태로 적용된다(정희영 · 방승미, 2012). 그러나 인터넷 등의 지나친 사용은 유아들의 신체건강을 위협하고 정신적인 문제를 유발하는 원인이 될 수 있다. 도덕적 판단기준이나 자기조절력이 부족한 유아들의 경우 자칫 게임이나 인터넷 중독, 정보화 역기능 등 그릇된 사용행동을 나타낼 수 있다. 또한 정신적 · 신체적 의존성 증대, 개인의 조절 및 통제 능력 상실 등의 문제로 이어져 개인적 · 사회적 문제를 유발하는 요인이 될 수 있다(홍광표 · 조준오, 2015). 그러므로 유아의 정신건강을 지키고 올바른 미디어 사용 태도를 길러주는 교육과 안내가 필요하다.

표 7-2 스마트폰 과의존 진단(만 3~9세 유아동)

문항	내 용	전혀 그렇지 않다	그렇지 않다	그렇다	매우 그렇다
1	스마트폰 이용에 대한 부모의 지도를 잘 따른다.	①	②	③	④
2	정해진 이용 시간에 맞춰 스마트폰 이용을 잘 마무리한다.	①	②	③	④
3	이용 중인 스마트폰을 빼앗지 않아도 스스로 그만둔다.	①	②	③	④
4	항상 스마트폰을 가지고 놀고 싶어 한다.	①	②	③	④
5	다른 어떤 것보다 스마트폰을 갖고 노는 것을 좋아한다.	①	②	③	④
6	하루에도 수시로 스마트폰을 이용하려 한다.	①	②	③	④
7	스마트폰 이용 때문에 아이와 자주 싸운다.	①	②	③	④
8	스마트폰을 하느라 다른 놀이나 학습에 지장이 있다.	①	②	③	④
9	스마트폰 이용으로 인해 시력이나 자세가 안 좋아진다.	①	②	③	④

출처 : 한국지능정보사회진흥원 스마트쉼센터(https://www.iapc.or.kr/kor/index.do).

(3) 문화적 요인

사회문화의 급격한 변화는 불안, 우울, 고립감, 비현실감 등의 정신적인 충격과 정신장애를 불러일으킬 수 있다. 예를 들어, 전쟁이나 사고, 재난을 겪은 영유아들은 외상 후 스트레스 장애를 비롯하여 만성적인 정신장애를 나타낼 수 있다.

3. 영유아기 정신건강 문제

영유아기의 정신건강 문제는 성인기 문제와 달리 아동발달에 대한 이해를 토대로 접근하여야 한다. 영유아기 정신건강 문제는 정상 행동과 비교할 때 질이 아닌 양적으로 다른 경우가 많고, 발달 과정에서 일부 특정 증상을 보인다고 해서 정신장애가 있다고 단정하기는 어렵다(이정균·김용식, 2001). 또한 영유아가 성장해 나감에 따라 정신건강과 연관된 문제들이 상호 관련성을 지니고 누적되어 일어나므로 영유아기에 나타날 수 있는 정신건강 문제들을 전반적으로 살펴보기로 한다.

1) 영아기에 나타날 수 있는 문제

영아기는 인간 발달 과정의 가장 중요한 시기 중 하나로서, 출생 이후부터 만 2세까지의 시기를 말한다. 이 시기는 양육자와의 관계가 중요하며, 양육자와의 애착 형성 수준에 따라 심리·정서적 발달에 많은 영향을 받는다. 그러므로 부모 혹은 양육자는 영아의 상황에 대해 정확히 이해하고 적절한 반응과 대처를 해주어 영아의 정신건강 증진을 도와야 한다.

영아기의 정신건강과 관련된 문제에는 감각박탈, 반응성 애착장애, 분리불안장애, 자폐 스펙트럼 장애, 지적장애 등이 있다.

(1) 감각박탈

영아기는 두뇌구조와 기능이 급속히 성장하고, 감각기관을 통해 외부 환경의 정보를 지각함으로써 인지 발달의 기초를 형성해 간다(정옥분, 2012). 영아기에 적절한 신체·감각적, 정서적 자극이 제공되지 않고 감각박탈이 일어나면 출생 시 대뇌기능이 정상이었다고 해도 이후 지적장애를 나타낼 수 있다. 즉, 감각박탈이 일어났던 정도에 따라 정신기능 발달에 지연이 오게 된다. 이러한 감각박탈은 진단에 어려움이 있어 발견시기가 늦어질수록 치료가 불가능해진다. 감각박탈 영아는 말이나 걷기가 늦되는 발달 지연을 보일 수도 있다.

(2) 반응성 애착장애

반응성 애착장애는 애착이 형성되지 않거나 무분별한 애착행동을 나타내는 것을 말한다. 주로 영유아의 기본적인 욕구가 충족되지 않았거나 양육자가 자주 바뀌어 안정된 애착을 형성하지 못한 경우 발병한다. 애착 형성이 이루어지기 시작하는 9개월 이상부터 5세 이하 영유아에게 발생하며, 출생 시 정상이었으나 모성결핍으로 인해 후천적으로 자폐증과 유사한 상태를 나타낸다. 반응성 애착장애는 가족 등 주변의 다른 사람과 관계를 맺는 데 지속적인 두려움을 보이며, 사회적인 상황 전반에 걸쳐 발생한다. 반응성 애착장애아는 치료자와 상호작용을 할 수 있어 자폐아에 비해 사회적 상호작용이 좋으나 언어장애 유아보다는 공격성, 충동성, 반항성 등의 행동문제가 두드러진다.

표 7-3 애착 유형별 영아의 행동 특성

애착 유형	특 성
안정 애착	• 어머니를 안전기지로 삼아 주위를 탐색하기 위해 쉽게 떨어짐 • 분리 시 놀이가 둔화되고 어머니를 찾음 • 재결합 시 울며 안기려 하나 쉽게 달래짐

회피 애착	• 어머니와 떨어져 혼자 놀이하고, 어머니가 떠나도 울거나 찾지 않음 • 낯선 이에게도 어머니에게 하는 행동과 비슷하게 행동함 • 재결합 시 어머니를 무시하고 강하게 피함
저항 애착	• 어머니가 함께 있어도 불안해하며 주변을 탐색하지 않음 • 어머니가 떠나면 심한 격리불안을 보임 • 재결합 시 어머니에게 화를 내고 거부하면서도 곁에 머물러 있으려 함
혼란 애착	• 가장 불안정한 애착 유형으로 회피 애착과 저항 애착이 결합된 형태임 • 재결합 시 얼어붙은 표정을 짓거나 어머니에게 접근하다가 어머니가 다가가면 물러서는 반응을 보이기도 함

(3) 분리불안 장애

영아기의 중요 발달과업은 애착 형성이며, 이는 후기발달과 정신건강에 매우 중요하다. 분리불안 장애(separation anxiety disorder)는 애착이 형성된 대상과 분리되거나 분리가 예상될 때 일상생활이 어려울 정도로 심하고 지속적인 불안을 느끼는 것을 말한다. 분리불안 장애는 영유아의 의존적 성향, 부모의 과잉보호, 지나치게 밀착되거나 불안정한 가족관계 등으로 인해 나타날 수 있으며, 부모의 질병이나 출산, 가족갈등, 이사나 전학 등의 스트레스 발생으로 생기기도 한다. 주로 남아보다 여아에게서 더 많이 나타나며, 유아교육기관이나 학교에 가지 않으려고 하거나 두통, 복통 등의 신체증상을 호소하기도 한다.

(4) 자폐 스펙트럼 장애(자폐증)

흔히 자폐증이라고 불리는 자폐 스펙트럼 장애(autistic spectrum disorder)는 주로 3세 이전에 발병하며, 원인이 밝혀지지 않았으나 중추신경계 장애 등 생물학적 요인과 관련된다고 보고된다. 여아보다 남아에게 발생하는 경우가 많으며, 2011년 연구에 의하면 한국 7~12세 아동의 2.64%가 자폐 스펙트럼 장애를 지닌 것으로 조사되었다(연합뉴스, 2011).

자폐 스펙트럼 장애는 두 가지 핵심 증상을 나타낸다. 첫째, 사회적 상호작용의 결함으로서 눈 마주치기, 얼굴 표정, 몸짓 등이 매우 부적절하여 부모나 친구와 친밀한 관계를 형성하지 못한다. 둘째, 제한된 반복적인 행동패턴으로서 기이한 행동을 똑같이 반복하며 특정한 대상이나 일에 비정상적으로 고집하는 집착행동을 나타낸다. 자폐 스펙트럼 장애가 있는 아이는 지적장애와 연관되는 경우가 많지만, 그렇지 않은 아이들은 자신이 관심 있는 영역에서 놀라운 기억력이나 우수한 지적 능력을 나타내는 경우도 있다.

표 7-4 자폐 스펙트럼 장애의 진단기준(DSM-5)

아래 A, B, C, D 진단기준을 모두 충족하여야 한다.

A. 사회적 의사소통과 사회적 상호작용의 결여

(1) 사회적 의사소통과 사회적 상호교류의 결여
사회적 접근이 비정상이고 정상적인 대화 주고받기가 안 되는 것부터, 관심, 정서, 감정을 공유하지 못하는 것 혹은 사회적 상호작용을 시작하지 못하거나 사회적 상호작용에 반응하지 못하는 것까지 다양한 상황에서 상호성 결여가 나타날 수 있음

(2) 사회적 상호작용에 사용하는 비언어적 의사소통 행동의 결여
(a) 언어적 · 비언어적 의사소통을 거의 하지 못함
(b) 시선접촉과 신체언어가 비정상임
(c) 몸짓을 이해하고 사용하는 능력의 결여
(d) 표정과 비언어적 의사소통이 전혀 없음

(3) 발달 수준에 적절한 관계를 만들고 발전시키고 유지시키는 능력의 결여
(a) 다양한 사회적 맥락에 적절한 행동조절이 어려움
(b) 상상놀이를 함께하기 어려움
(c) 친구를 사귀기 어렵고 또래에 대한 관심이 없음

B. 제한적이고 반복적인 행동, 관심 혹은 활동방식(다음 중 최소 두 가지)

(1) 정형화되거나 반복적인 동작, 물체 사용 혹은 구어
정형화된 단순한 움직임 : 장난감을 한 줄로 늘어세우거나 물건을 뒤집어서 엎어놓거나, 반향언어를 사용하거나 괴상한 어구를 말함

(2) 언어적 혹은 비언어적 행동에 있어 반복적이고 고의적인 행동에 고착됨. 변화에 대한 강한 반항

(a) 조금만 변화가 있어도 심하게 불쾌해함
(b) 행동전환이 어렵고, 경직된 사고패턴이 있음
(c) 인사가 의례화되어 있음
(d) 매일 같은 길을 가고 같은 음식을 먹으려 함
(3) 비정상적으로 한곳에 집중된 혹은 집착적인 관심
(a) 특이한 물체에 대한 강력한 집착
(b) 특이한 물체에 대한 몰두
(4) 감각자극에 대해서 과도하거나 과소한 반응, 환경에서 제공되는 특정 감각 양식에 비정상적인 관심을 보임
(a) 고통, 온도에 대한 현저한 무감각
(b) 특정 소리나 무늬에 대한 부정적 반응
(c) 특정 물체를 만지고 냄새 맡는 데 집착
(d) 한 물체를 극단적으로 만지거나 냄새를 맡음. 빛 혹은 회전하는 물체에 매료

C. 장애는 초기 아동기에 발견되어야 함(단, 사회성의 요구가 환자의 제한된 능력을 넘어서는 지점까지는 드러나지 않을 수도 있음)

D. 장애는 매일매일 기능 수행을 총체적으로 제한하고 방해함

출처 : 미국 정신의학회(2013), 임 혁 · 채인숙(2015) 재인용.

(5) 지적장애

신체발육이나 운동기능을 제외한 정신기능에 주로 결함을 보인다. 운동기능도 다소 늦다. 발달장애 영아는 여러 기능 간 발달의 차이가 크게 나타나는 데 비해 지적장애의 경우에는 전반적으로 낮은 발달 정도를 보인다.

2) 유아기에 나타날 수 있는 문제

유아기는 여러 영역의 발달에서 기초가 되는 시점으로, 만 3세부터 학령기 이전의 시기를 말한다. 이 시기의 신체건강은 정신건강과 밀접히 연관되며, 유아의 심리·정서 상태는 주변의 환경으로부터 영향을 많이 받게 된다.

유아기의 정신건강과 관련된 문제에는 수면장애, 배설장애, 공격성, 선택적

함구증, 틱 장애, 주의력결핍·과잉행동장애 등이 있다.

(1) 수면장애

정신적으로 불안정한 유아는 깊게 잠들지 못하고 자주 깨거나 우는 등 수면장애를 보일 수 있다. 유아기의 수면장애는 악몽증, 야경증 등으로 나타난다. 악몽증은 무서운 꿈을 꾼 후 잠들지 못하는 것으로 3~6세 유아의 10~50% 정도에서 발생하고, 여아가 남아보다 2~4배 많이 나타낸다. 야경증은 잠을 자던 중 반복적으로 갑자기 깨어 소리를 지르거나 우는 장애를 말한다. 유아와 학령기 아동의 1~6% 정도에서 발병하며, 여아에게 흔히 나타난다.

(2) 배설장애

보통 4~5세가 되면 스스로 대소변을 가릴 수 있게 된다. 배설장애는 충분한 연령이 되었음에도 대소변을 가리지 못하거나 적절하지 못한 장소에 배설하는 것을 말한다. 배설의 문제는 유뇨증, 유분증이 대표적이다.

유뇨증(enuresis)은 만 5세 이후에 신체적으로 이상이 없음에도 불구하고 지속적으로 소변을 가리지 못하는 장애를 말하며, 5세 남아의 약 5%, 여아의 약 3% 정도에서 발생한다. 유뇨증의 원인은 명확하게 밝혀지지 않았지만, 방광기능의 장애, 중추신경계의 미성숙, 수면 이상, 부적절한 소변 가리기 훈련, 환경적 요인과 사회·심리적 스트레스, 기질 등이 원인으로 추정된다.

유분증(encopresis)은 만 4세 이상의 유아가 기질적인 문제가 없는 상태에서 대변을 가리지 못하고 적절하지 않은 곳에서 배설하는 장애를 가리킨다. 특히 5세 이후 유아의 1% 정도에서 나타나고 남아에게 많이 발생한다. 유분증의 원인으로 억압적이고 부적절한 배변훈련이나 동생의 출생 등 사회·심리적 스트레스 등이 지적된다. 유분증은 정서적인 문제와 반항적 도전장애, 주의력결핍, 과잉운동 증상 등과 동반되어 나타날 수 있다.

(3) 공격성

공격성이란 의도적으로 타인에게 해를 입히는 것으로, 영유아들은 자신의 욕구가 충족되지 않거나 분노를 느낄 때 공격성을 보이는 경우가 많다. 사람이나 동물에게 잔인한 행동을 하거나 폭언, 욕설, 장난감이나 물건을 파손하는 행동 등의 공격적인 행동이 나타난다. 영유아기 공격성은 발달 과정에서 나타날 수 있는 행동이지만, 지속되거나 악화될 경우 아동기 또는 청소년기 품행장애로 이어질 수 있으므로 주의해야 한다.

(4) 선택적 함구증

선택적 함구증은 친숙한 환경이나 가까운 사람과 있을 때는 말을 잘하다가도 특정한 상황에서는 전혀 말을 하지 않는 문제행동을 의미한다. 예를 들면, 낯선 장소, 낯선 사람 앞에서 침묵하거나 유치원 등 외부에서 말을 하지 않는 경우를 말한다. 말을 하지 않는 행동이 1개월 이상 지속되고 학습이나 의사소통을 방해한다면 선택적 함구증이라고 볼 수 있다. 선택적 함구증은 5세 미만의 유아에게서 발생할 확률이 높으며, 사회성 발달 및 학업수행에 부정적인 영향을 초래할 수 있다.

(5) 틱 장애

틱(tic)은 의지와 상관없이 갑자기 무의식적으로 빠르게 반복적인 근육의 움직임이나 소리를 내는 것을 말한다. 얼굴을 씰룩거리거나 눈을 깜박거리기, 킁킁거리기, 어깨를 움찔거리기, 목에서 흠 소리 내기 등 다양한 움직임과 소리를 내는 장애를 말한다. 틱 장애의 원인은 명확하지 않으나 스트레스나 긴장, 신경전달물질 이상 등의 생물학적 요인과 관련되어 발병한다고 여겨진다. 틱 행동이 장기화될 경우 적응문제나 우울증 등의 2차 장애를 보일 수 있으므로 조기에 치료하도록 한다.

(6) 주의력결핍·과잉행동장애(ADHD)

주의력결핍·과잉행동장애(Attention Deficit/ Hyperactivity Disorder)는 지속적인 주의산만, 충동성, 과잉 활동성을 보이는 아동기 정신장애이다. 학령기 아동에게 가장 일반적으로 나타나는 장애로 우리나라 학령기 아동의 약 6~8% 정도, 미국의 경우 8~9%가 ADHD 증상을 나타낸다고 보고된다(박현진 외, 2010). 남아에게 더 흔하게 발병하며, 대부분의 아동들이 초등학교 입학 후 적응에 어려움을 보이면서 진단과 치료를 받게 된다. ADHD 아동은 반복을 요하는 과제에 지속적인 어려움이 있고, 학업수행, 품행, 또래관계에서 부적응을 보인다. ADHD 증상은 이후 품행장애나 반항성장애로 발전할 가능성이 크므로 인지·정서·사회성 측면의 정상적 발달을 위한 조기 진단과 개입이 필요하다.

4. 영유아의 정신건강 증진

가족구조의 변화, 부모의 양육태도 변화, 과잉경쟁과 조기교육 등 현대사회의 환경 변화 속에서 정신건강에 문제를 지닌 영유아들의 발생에 대한 우려가 높아지고 있다. 생애 초기 정신건강의 수준은 아동의 성장과 발달에 지속적인 영향을 미치며, 영유아기에 경험한 스트레스는 다양한 정신건강 문제를 유발할 수 있다. 특히 영유아는 청소년이나 성인에 비해 스트레스 상황을 인식하고 대처하는 능력이 미숙하기 때문에 스트레스로 인한 정신건강 문제가 더욱 심각할 수 있다(Humphrey, 2004). 그러므로 영유아기에 발생할 수 있는 스트레스에 대해 살펴보고, 영유아의 정신건강 증진을 위한 성인의 역할을 알아보기로 한다.

1) 영유아기 스트레스

스트레스(stress)라는 단어의 어원은 라틴어의 'strictus' 또는 'stringere'에서 유래한 것으로 '팽팽하게 죄다'라는 뜻을 지닌다. 본래 물리적 압력을 설명하는 용어로 쓰이다가 현대에 들어 질병이나 정신질환의 원인이 되는 의학적 맥락에서 사용되고 있다(임 혁·채인숙, 2015). 정신건강 측면에서 볼 때 스트레스는 '외부적인 요구로부터 개인이 내면의 균형을 유지하기 위해 행하는 심리적·생리적 반응'과 연관된다(이시자, 2013). 영유아기의 스트레스 경험은 유아의 정신건강을 저해할 뿐 아니라 부적응과 문제행동을 유발할 수 있으므로 적절한 개입이 이루어져야 한다(김선희, 2004; 송정아·이양희, 2004; Humphrey, 2004).

(1) 스트레스의 원인

오늘날의 영유아들은 급속한 사회변화로 인해 과거에 비해 더 많은 스트레스를 경험하고 있다. 현대사회의 경쟁적인 분위기 속에서 부모의 스트레스가 자녀에게 이어지고, 유아기부터 경쟁에서 앞서기 위해 다양한 학업수행을 요구받고 있기 때문이다(최나야·서주현·김진경, 2010).

영유아기 스트레스를 발생시키는 원인은 부모의 이혼이나 사망, 이사와 전학, 동생의 출생, 부모로부터의 꾸중, 또래 갈등, 학대, 부모의 스트레스 전가 등 다양하다. 개인의 심리적 적응과 정신건강 측면에서 볼 때 중대한 생애 사건으로 인한 스트레스보다 매일의 생활에서 발생하는 일상적인 스트레스의 중요성이 더욱 크다고 할 수 있다. 부모의 잦은 꾸중이나 체벌, 또래의 놀림과 갈등 등 일상적인 스트레스가 지속적으로 반복되면 유아의 심리적 안정감이 손상되고 부정적인 정서 상태 및 문제행동이 유발될 수 있다(염현경, 1988). 더욱이 영유아는 스트레스를 인지하고 대처하는 능력이 미숙하므로 영유아의 일상생활에서 발생할 수 있는 스트레스 요인들을 파악하고 예방하려는 부모와 교사의 관심이 필요하다.

표 7-5 연령에 따른 스트레스 요인

연령	스트레스 요인
2세	규칙 지키기, 자기중심, 격리불안, 배변훈련, 잠자는 시간, 과로, 두려움 등
3세	소유욕, 질투, 격리불안, 가벼운 거짓말, 두려움, 언어, 배변, 식사 등
4세	친구와의 사귐, 권리주장, 성, 두려움 등
5세	유아교육기관, 걱정, 자위행위 등

출처 : 허혜경 · 김성희(2015).

(2) 스트레스에 영향을 미치는 요인

영유아의 스트레스는 다양한 요인들과 관련되는데, 크게 내적 요인과 외적 요인으로 구분할 수 있다.

① 내적 요인

영유아의 연령, 출생순위, 성별, 기질, 지능 등의 내적 요인은 영유아가 경험하는 스트레스 수준에 영향을 미칠 수 있다. 일반적으로 영유아의 연령이 어릴수록, 출생순위에서 첫째일수록 스트레스를 더 많이 받는 경향이 있고, 남아와 여아의 성별에 따른 스트레스 차이는 일관된 결과를 보이지 않는다. 스트레스에 대한 반응은 개인의 기질에 의해서도 영향을 받는데, 활동성이 높고 까다로운 영유아일수록 더 많은 스트레스를 받을 가능성이 높다. 또한 영유아의 정서지능이 높고 인기도가 높을수록 영유아가 경험하는 스트레스 수준이 낮게 나타난다.

② 외적 요인

영유아를 둘러싼 인적·물리적 환경 요인은 영유아의 스트레스에 영향을 미치는 외적 요인으로 작용한다. 특히 주 양육자인 어머니가 지닌 양육태도와 양육스트레스, 반응 등은 영유아의 스트레스에 직접적인 영향을 미친다. 어머니가 과보호 양육태도를 보일수록, 그리고 양육스트레스가 클수록 영유아가 경험하는 스트레스 수준이 높아지게 된다. 반면 부모–자녀 사이에 긍정적인 상호작용이 이루어질 경우 영유아의 원만한 스트레스 해결을 도울 수 있다.

영유아가 다니는 어린이집과 유치원 등 유아교육기관의 환경 또한 영유아의 스트레스 수준에 영향을 미치게 된다. 일반적으로 보육시간이 길수록, 학급에 원아 수가 많을수록, 교사–아동 상호작용이 적을수록, 방과 후 활동의 참여 수가 많을수록, 실외 활동이 짧을수록 유아교육기관에서 유아들이 경험하는 스트레스가 더 많은 것으로 나타난다(김정화·이재연, 2012; 박성혜·김광웅, 2003; 정효은·하영례, 2009). 어린 시기부터 유아교육기관에서 오랜 시간을 보내는 영유아들이 점차 증가하고 있는 현실을 고려할 때, 영유아들의 스트레스 발생을 줄여줄 수 있는 편안하고 질 높은 유아교육기관의 환경 제공이 더욱더 요구됨을 알 수 있다.

(3) 스트레스의 증상과 파악

스트레스를 받은 영유아들은 다양한 신체적·정서적 반응을 나타내게 되는데, 위축, 부정적인 얼굴 표정, 틱 행동, 섭식문제, 두통이나 통증, 짜증, 공격성, 퇴행 및 주의끌기, 무관심, 우울증 등의 증상을 보인다. 유아기 스트레스 증상은 정신건강에 부정적인 영향을 미치고 이후 부적응 행동으로 이어질 수 있으므로 유아의 행동과 심리상태를 주의 깊게 관찰하여 스트레스 정도를 파악해야 한다.

유아교육기관에서의 스트레스를 줄여주려면

- 유아의 자긍심을 높이고 유아와 개인적인 대화 시간을 갖도록 한다.
- 유아 간의 경쟁보다는 협동을 제안해야 한다.
- 유아의 욕구를 긍정적으로 발산할 수 있는 활동적인 놀이(예 실외놀이, 게임, 음률 등)를 할 수 있도록 기회를 주고, 분노나 스트레스 감정을 해소할 수 있는 놀잇감(예 찰흙, 미술, 물감 등)을 제공한다.
- 편안하게 휴식할 수 있는 시간을 제공하고, 차분한 교실 분위기를 조성한다.
- 유아들의 스트레스를 유발시키는 유아교육기관의 환경, 규칙 등을 개선한다.
- 부모의 압력이 스트레스 요인일 경우 부모상담을 통해 유아를 이해시킨다.

출처 : 이 영 외(2009).

표 7-6 **유아 스트레스 지수**

문항	관찰내용	문항점수			
1	딱히 몸에 이상이 없는 것 같은데도 머리가 아프다고 칭얼거린다.	0	1	2	3
2	배가 아프다고 울거나 설사를 자주 한다.	0	1	2	3
3	아이의 손과 발이 차거나 손바닥이 축축하며 땀을 점점 더 많이 흘린다.	0	1	2	3
4	떨리는 목소리를 내며, 얼굴 근육이 떨리고 이를 갈거나 악다문다.	0	1	2	3
5	입안이 아프다고 하거나 종기가 자주 나며 유행성 감기에 자주 걸린다.	0	1	2	3
6	심장이 불규칙하게 뛰며, 가슴이 두근거리거나 몹시 빨리 뛰기도 한다.	0	1	2	3
7	들떠 있거나 불안정하여 우울해하거나 의기소침해 있다.	0	1	2	3
8	화를 잘 내거나 반항적이며 그치게 하기가 어렵다.	0	1	2	3
9	한 번 울어대기 시작하면 그치게 하기가 어렵다.	0	1	2	3
10	음식을 너무 많이 먹고, 특히 단 것을 많이 먹는다.	0	1	2	3
11	무엇이든 잘 집중하지 못한다.	0	1	2	3
12	자기 뜻이 받아들여지지 않을 때마다 화를 내고 소리를 지른다.	0	1	2	3
13	몸 여기저기가 많이 아프다고 한다.	0	1	2	3
14	불안하고 안절부절못하며 들떠 있거나 걱정거리가 많은 것 같다.	0	1	2	3
15	힘이 없고 어떤 일을 시작하는 것을 어려워한다.	0	1	2	3
총점					
문항 체크	• 어쩌다 한 번씩 경험한다(한 달 1회 미만) ———— 0점 • 이따금 경험한다(한 달 1회 정도) ———— 1점 • 종종 경험한다(일주일 1회~한 달 1회) ———— 2점 • 자주 경험한다(일주일 1회 이상) ———— 3점				
해석	총점 • 0~5점 : 스트레스 상황을 아주 잘 극복하고 처리하는 유아다. • 6~15점 : 걱정할 정도는 아니지만 조금 신경을 쓰는 것이 좋다. • 16~20점 : 어느 정도는 스트레스 증세를 보이기 시작한다. 어떻게 스트레스를 받고 극복하는지 주의를 기울인다. • 21~30점 : 상당한 스트레스를 받고 있다. 스트레스 수치를 낮추기 위해 당장 조치를 취해야 한다. • 31점 이상 : 심각한 스트레스를 받고 있다. 유아가 스트레스를 이겨내는 법을 배울 때까지 유아에게 스트레스를 줄 수 있는 상황을 없애도록 한다.				

출처 : Hart(1997).

표 7-7 스트레스 자가 진단 체크리스트(성인용)

각 문장을 자세히 읽어보고 오늘을 포함해서 지난 한 주 동안 자신의 상태를 가장 잘 나타낸다고 생각되는 번호에 예, 아니요로 답해주시기 바랍니다.

영 역		문 항	예	아니요
신체상의 징조	1	숨이 막힌다.		
	2	목이나 입이 마른다.		
	3	불면증이 있다.		
	4	편두통이 있다.		
	5	눈이 쉽게 피로해진다.		
	6	목이나 어깨가 자주 결린다.		
	7	가슴이 답답해 토할 기분이다.		
	8	식욕이 떨어진다.		
	9	변비나 설사가 있다.		
	10	신체가 나른하고 쉽게 피로를 느낀다.		
행동상의 징조	1	반론이나 불평, 말대답이 많아진다.		
	2	일의 실수가 많아진다.		
	3	주량이 증가한다.		
	4	필요 이상으로 일에 몰두한다.		
	5	말수가 적어지고 생각에 깊이 잠긴다.		
	6	말수가 많고 말이 되지 않는 주장을 펼칠 때가 많다.		
	7	사소한 일에도 화를 잘 낸다.		
	8	화장이나 복장에 관심이 많아진다.		
	9	사무실(학교)에서 개인적인 전화를 하거나 화장실에 가는 횟수가 증가한다.		
	10	결근, 지각, 조퇴가 증가한다.		

심리 · 감정상의 징조	1	언제나 초조해하는 편이다.		
	2	쉽게 흥분하거나 화를 잘 낸다.		
	3	집중력이 저하되고 인내력이 없어진다.		
	4	건망증이 심하다.		
	5	우울하고 쉽게 침울해진다.		
	6	뭔가를 하는 것이 귀찮다.		
	7	매사에 의심이 많고 망설이는 편이다.		
	8	하는 일에 자신이 없고 쉽게 포기하곤 한다.		
	9	성급한 판단을 내리는 경우가 많다.		
	10	무언가 하지 않으면 진정할 수가 없다.		

※ 각 영역별로 항목 중 4개 이상이 해당된다면 스트레스 수준이 심각하므로 전문가의 상담이 필요합니다.(참고사항 : 1~3개 정상범위, 4~6개 비교적 심각한 편, 7~10개 매우 심각)

출처 : 임 혁 · 채인숙(2015).

재난 스트레스 다루기

코로나바이러스감염증-19 등 신종 감염병은 건강과 생명을 위협하고 사회적 불안과 혼란을 초래하는 감염병 재난이다. 감염병 재난이 장기화되면 스트레스 반응이 나타날 수 있으므로 영유아의 발달 특성을 고려하여 감염병 등으로 인한 재난 스트레스에 적절히 대응하도록 도와주어야 한다.

- 영유아는 반복적이고 일관된 일상생활을 선호하므로 재난에 따른 환경 변화로 인해 큰 스트레스를 받을 수 있다. 평소와 같이 생활할 수 있도록 기상, 식사, 놀이, 취침 시간대를 일정하게 유지해 준다.
- 언어 표현이 제한된 영유아들은 재난 상황을 경험한 후 스트레스로 인해 식습관 변화, 수면장애, 야뇨증, 분리불안, 퇴행, 짜증, 공격성 증가 등 행동 변화를 보일 수 있다. 재난, 죽음 등 영유아들이 충격을 받을 수 있는 미디어 이미지를 보여주지 않고, 급격한 행동 변화를 보일 경우 전문 상담을 받는다.
- 영유아는 부모의 반응을 통해 재난 상황을 이해하므로 부모가 불안해하는 것을 보면 겁을 내거나 불안해한다. "너 때문이야", "네가 잘못해서 그래"와 같이 죄책감을 줄 수 있는 비난이나 강압적인 표현을 하지 않도록 한다.
- 영유아는 부모가 걱정하는 것을 알고 스트레스를 일부러 숨기거나 말하지 않을 수 있다. 그림, 놀이, 춤 등 다양한 표현의 기회를 제공하여 영유아들이 자발적으로 마음을 표현할 수 있도록 한다.

출처 : 조숙인 외(2020).

2) 정신건강 증진을 위한 성인의 역할

영유아의 정신건강을 건강하게 유지하고 증진하기 위해서는 부모나 유아교육기관의 교사 등 성인의 역할이 매우 중요하다. 정신건강은 기본적으로 신체건강에 의해 영향을 받으므로 무엇보다 영유아가 건강한 신체를 유지할 수 있도록 양질의 양육과 보호를 제공해야 한다.

또한 정신건강은 영유아의 사회·정서 발달과 긴밀히 연관된다. 영유아기는 애착과 신뢰감 형성을 통해 정서적인 안정감을 느끼고 주도적으로 세상을 탐색하며 긍정적인 자아개념을 키워나가는 시기이다. 그러므로 부모나 교사는 영유아의 발달 과정과 특성을 잘 알고 이를 적절히 고려하여 상호작용할 수 있어야 한다. 특히 유아의 스트레스는 성인의 지지적인 상호작용을 통해 완화될 수 있으므로 유아 스스로 대처능력을 길러나갈 수 있도록 적합한 개입과 정서적 지원을 제공해야 한다. 영유아의 정신건강 증진을 위해 도움이 되는 몇 가지 지도원리에 대해 살펴본다.

(1) 일관성

유아와의 신뢰감 형성을 위해 가장 중요한 원리 중 하나는 행동의 지도나 언어적 상호작용에 있어 일관성을 갖는 것이다. 일관성을 가질 때 유아는 사건이나 행동에 대한 결과를 미리 예견할 수 있으며, 상황에서 요구되는 사회적 기대와 규칙을 깨닫고 배우게 된다. 성인의 기분이나 상황에 따라 일관성 없이 주어지는 행동지도는 유아에게 혼란과 좌절감을 주거나 바람직한 방식으로 자신의 욕구를 통제할 수 있는 행동조절 능력의 발달을 어렵게 한다. 부모나 교사는 유아와의 상호작용에서 일관된 모습을 보여주되, 유아가 반항하며 부정적인 정서 반응을 자주 보일 경우 신뢰감의 부족을 의미하므로 애정 어린 관심을 더욱 기울여 주도록 한다.

(2) 긍정적인 의사소통

성인과의 긍정적인 의사소통은 유아가 경험하는 스트레스 수준을 낮추고 긍정적인 자아존중감을 형성하도록 돕는다. 긍정적인 의사소통이란 유아의 말을 무조건 수용하고 칭찬해 주는 것이 아니라 유아의 경험이나 행동을 주의 깊게 관찰하고 이를 반영한 반응과 격려를 제공하는 것이다. 유아와의 긍정적인 의사소통을 돕는 전략을 소개하면 다음과 같다(홍순정·김희태, 2014). 첫째, 효과적인 경청을 한다. 성인이 자신의 말을 열심히 진지하게 들어줄 때 유아는 자신감을 갖는다. 둘째, 유아의 생각을 표현할 수 있는 기회를 제공한다. 셋째, 유아의 대화에 관심을 보인다. 성인의 관심과 재미있다는 반응은 유아의 긍정적인 자아개념을 발달시키는 피드백을 제공한다. 넷째, 흥미와 생각의 폭을 넓히는 개방적인 질문으로 유아의 창의적 생각을 유도한다.

(3) 감정이입과 수용적 태도

유아의 정서 상태에 공감하고 수용적 태도를 갖는 것은 유아의 심리적 안정감과 주도성 발달에 중요한 영향을 미친다. 성인이 보여주는 온정적이고 수용적인 태도는 유아의 긍정적 자아개념을 발달시키고 외부 세계를 능동적으로 탐색할 수 있는 주도적인 태도를 길러준다. 또한 감정이입은 유아의 입장에서 상황을 바라보며 유아가 느끼는 심리·정서 상태를 이해하도록 해준다. 이러한 감정이입을 통해 유아의 행동지도에서 수용적 태도와 일관성을 유지할 수 있고, 유아 스스로 자신의 정서를 인식하고 조절해 나갈 수 있는 정서능력의 발달을 돕게 된다.

(4) 합리성

스스로 해보려는 욕구가 높은 유아는 호기심에 비해 상황이나 행동을 통제할 수 있는 인지적 판단 능력과 대처기술이 미흡하다. 그러므로 필요한 제한과 탐색의 자유 사이에 합리적인 한계를 설정해 놓아야 한다. 합리성을 지니고 한계를 설정한다는 것은 유아의 발달단계와 개인차를 고려한 적절한 기대 수준을 지니고 있음을 의미한다. 유아의 발달 수준에 너무 높지도 낮지도 않은 합리적인 제한과 활동의 제공은 유아에게 정서적 안정감과 성취감을 제공하고 긍정적인 자아개념의 형성을 촉진할 수 있다.

(5) 또래관계 지원

또래관계는 조망수용 능력과 사회적 기술을 자연스럽게 익힐 수 있는 다양한 사회적 맥락을 제공한다. 유아는 또래와 상호작용하며 갈등을 해결해 나가는 과정에서 다른 사람의 생각, 감정, 의도와 동기 등에 대해 이해하게 되고, 나아가 또래집단의 피드백에 기초하여 스스로의 행위를 평가하고 적절히 수정해 나가게 된다. 또래와의 원만한 관계 형성은 사회성 발달과 정신건강에 긍정적인 영향을 주지만 또래관계에서 갈등을 겪거나 따돌림을 당할 경우 유아에게 심각한 수준의 스트레스와 정신적인 문제를 유발할 수 있다. 그러므로 유아가 또래관계를 원만히 형성하고 긍정적인 피드백을 얻을 수 있도록 적절한 사회적 기술을 알려주고, 또래와 함께 어울려 놀이할 수 있는 활동과 공간을 충분히 제공하여 사회적 상호작용의 경험을 확장해 주도록 한다.

표 7-8 유아의 건강한 자아상을 강화시키는 방법

제 안	설 명
긍정적 관계를 형성하기	유아에게 온전히 함께하는 시간을 만들고 싶다는 것을 알려준다. 유아의 행동을 판단하지 말고 귀 기울이며, 유아 스스로의 생각과 감정을 표현하도록 한다. 감정을 서로 공유하면 유아는 스스로를 가치 있게 느끼게 된다.
성공을 경험하게 하기	기대를 적절히 수정한다. 유아에게 현재 능력 이상의 것을 요구할 때는 도움을 제공한다. 그리고 유아의 행동이나 작업에서의 긍정적인 면을 강조하고, 구체적인 행동에 대해 언어적 지지로 강화해 줌으로써 동기를 향상시킨다. "잘했구나"라고 단순히 말하는 대신, 유아의 노력과 특정한 행동을 언급하며 칭찬해 준다. 유아의 기술이 향상되고 있음을 지적하면서 유아가 수행한 작품들을 전시한다.
선택하는 자유를 강화시키기	유아 스스로 선택하게 함으로써 책임감과 자신의 행동을 통제할 수 있다는 느낌을 갖도록 한다. 유아가 아직 혼자서 결정할 수 없다면 언제 그리고 어떤 순서로 과제를 할 것인지를 유아와 함께 선택한다.
유아의 감정을 인정하기	유아의 강렬한 감정을 받아들이고, 이를 조절할 수 있는 건설적인 방법들을 제시한다. 누군가 유아의 자존감을 상하게 해서 유아가 부정적 정서를 표현한다면 유아가 지지받고 있다는 느낌이 들도록 이를 공감해 주고 현실적인 설명을 곁들여 준다.

출처 : Berk(2017).

제8장

건강관리와 감염병

1. 건강검진
2. 예방접종
3. 유아교육기관에서의 건강관리
4. 영유아기 감염병과 대응

8장

건강관리와 감염병

영유아기 신체건강은 생애 발달과 성장의 기초를 형성하고 이후 건강한 삶을 유지하는 데 지속적인 영향을 미친다. 유아교육법 및 영유아보육법에 의하면, 유치원과 어린이집의 원장은 영유아와 교직원에 대해 정기적으로 건강진단을 실시하여 건강관리를 해야 한다. 영유아와 교직원을 대상으로 한 건강검진의 방법과 내용에 대해 살펴보기로 한다.

1. 건강검진

1) 영유아의 건강검진

유아교육법 및 영유아보육법에 의하면, 유치원과 어린이집의 원장은 매년 1회 이상 영유아의 건강검진을 실시해야 한다. 다만, 보호자가 별도로 건강검진을 실시하여 검사결과 통보서를 기관에 제출할 경우에는 건강검진을 생략할 수 있다. 보호자가 건강검진을 거부할 경우, 원장은 건강검진에 대한 안내를 3회 이상 고지해야 하고, 안내 후에도 거부할 경우에는 건강검진 실시 여부와 거부 사유를 생활기록부 등에 기록하여 관리하도록 한다(보건복지부, 2016).

(1) 건강검진의 시기

영유아 검강검진은 건강검진기본법 제11조(건강검진종합계획) 및 제12조(국가검진의 시행)에 따라 국민건강보험과 국가 및 지방자치단체에서 무상으로 실시한다. 영유아 건강검진은 생후 2주부터 71개월 사이 영유아를 대상으로 성장 시기별로 성장 및 발달검사, 구강검진 등을 총 8차(일반검진 8회, 구강검진 4회) 실시한다. 2021년 1월 1일 출생자부터 적용되는 영유아 초기 건강검진은 발달성 고관절 이형성증 등 생후 초기 발견 가능한 질환을 조기발견하여 정상적인 성장 및 발달을 지원하는 목적을 지닌다.

표 8-1 **영유아 건강검진 주기**

구 분	검진 주기	
	일 반	구 강
1차	생후 14~35일	–
2차	생후 4~6개월	–
3차	생후 9~12개월	–
4차	생후 18~24개월	생후 18~29개월
5차	생후 30~36개월	생후 30~41개월
6차	생후 42~48개월	생후 42~53개월
7차	생후 54~60개월	생후 54~65개월
8차	생후 66~71개월	–

(2) 건강검진의 항목

영유아 건강검진은 크게 일반검진과 구강검진으로 구분되어 실시되며, 다음의 6개 항목으로 구성된다(국민건강보험, 2021).

① 문진 및 진찰 : 문진표, 진찰, 청각 및 시각문진, 시력검사, 귓속말검사, 예방접종확인

② 신체계측 : 키, 몸무게(체질량지수), 머리둘레

③ 건강교육 : 안전사고 예방, 영양, 영아돌연사증후군 예방, 구강, 대소변 가리기, 전자미디어 노출, 정서 및 사회성, 개인위생, 취학 전 준비, 수면

④ 발달평가 : 한국 영유아 발달선별검사(K-DST)를 통한 평가 및 상담

⑤ 구강검진 : 구강문진표 및 진찰

⑥ 구강보건교육 : 매뉴얼을 이용한 보호자 및 유아 구강보건교육

표 8-2 영유아 건강검진 항목(2024)

검진 시기	검진 항목	검진 방법
1차 (14~35일)	문진 및 진찰	문진표, 진찰, 청각 및 시각문진, 고관절 진찰(발달성 고관절 이형성증), 외안부 시진
	신체계측	키, 몸무게, 머리둘레
	건강교육	안전사고 예방, 영양, 수면(영유아돌연사증후군 예방)
2차 (4~6개월)	문진 및 진찰	문진표, 진찰, 청각 및 시각문진, 외안부 시진
	신체계측	키, 몸무게, 머리둘레
	건강교육	안전사고 예방, 영양, 수면(영유아돌연사증후군 예방), 전자미디어 노출
3차 (9~12개월)	문진 및 진찰	문진표, 진찰, 청각 및 시각문진, 외안부 시진
	신체계측	키, 몸무게, 머리둘레
	발달평가 및 상담	검사도구에 의한 평가 및 상담
	건강교육	안전사고 예방, 영양, 구강, 정서 및 사회성
4차 (18~24개월)	문진 및 진찰	문진표, 진찰, 청각 및 시각문진, 외안부 시진
	신체계측	키, 몸무게, 머리둘레
	발달평가 및 상담	검사도구에 의한 평가 및 상담
	건강교육	안전사고 예방, 영양, 대소변 가리기, 전자미디어 노출, 개인위생, 정서 및 사회성
	구강검진	문진표, 진찰, 구강보건교육

5차 (30~36개월)	문진 및 진찰	문진표, 진찰, 청각 및 시각문진, 외안부 시진
	신체계측	키, 몸무게, 머리둘레, 체질량지수
	발달평가 및 상담	검사도구에 의한 평가 및 상담
	건강교육	영양, 정서 및 사회성, 취학 전 준비, 대소변 가리기
	구강검진	문진표, 진찰, 구강보건교육
6차 (42~48개월)	문진 및 진찰	문진표, 진찰, 청각 및 시각문진, 시력검사
	신체계측	키, 몸무게, 머리둘레, 체질량지수
	발달평가 및 상담	검사도구에 의한 평가 및 상담
	건강교육	안전사고 예방, 영양, 정서 및 사회성
	구강검진	문진표, 진찰, 구강보건교육
7차 (54~60개월)	문진 및 진찰	문진표, 진찰, 청각 및 시각문진, 시력검사
	신체계측	키, 몸무게, 머리둘레, 체질량지수
	발달평가 및 상담	검사도구에 의한 평가 및 상담
	건강교육	안전사고 예방, 영양, 전자미디어 노출
	구강검진	문진표, 진찰, 구강보건교육
8차 (66~71개월)	문진 및 진찰	문진표, 진찰, 청각 및 시각문진, 시력검사
	신체계측	키, 몸무게, 머리둘레, 체질량지수
	발달평가 및 상담	검사도구에 의한 평가 및 상담
	건강교육	안전사고 예방, 영양, 취학 전 준비

출처 : https://www.nhis.or.kr/nhis/healthin/wbhaca04800m01.do

(3) 건강검진의 방법

영유아 건강검진은 건강검진기본법 제14조에 따라 영유아 검진기관으로 지정된 의료기관(보건소, 의원, 병원 등)을 방문하여 검진을 받아야 한다. 표 8–1의 영유아 건강검진 주기에 맞춰서 해당 개월에 실시하면 된다. 유치원이나 어린이집에 입학하는 영유아는 건강검진 결과통보서를 제출해야 하며, 당해 연도 검진기간이 도래하지 않은 경우 입소한 후 검진기간이 되었을 때 검진결과를 제출하도록 한다.

영유아 건강검진 결과통보서 14~35일용

<table>
<tr><td>보호자 성명</td><td colspan="3"></td><td colspan="2">보호자 주민등록번호</td><td colspan="2"></td></tr>
<tr><td>수검자 성명</td><td colspan="3"></td><td colspan="2">수검자 생년월일</td><td colspan="2">남▫ 여▫</td></tr>
<tr><td rowspan="4">신체
계측</td><td></td><td colspan="2">키(cm)</td><td colspan="2">몸무게(kg)</td><td colspan="2">머리둘레(cm)</td></tr>
<tr><td>출생 시</td><td colspan="2">□□.□ cm</td><td colspan="2">□□.□ kg</td><td colspan="2">□□.□ cm</td></tr>
<tr><td>검진 시</td><td colspan="2">□□.□ cm</td><td colspan="2">□□.□ kg</td><td colspan="2">□□.□ cm</td></tr>
<tr><td colspan="7">* 영아기 초기에는 성장이 매우 빠르고 신체계측치의 변화가 많은 시기이므로 출생 시의 신체계측치를 고려하여 신체 성장에 대한 판정을 하게 됩니다.</td></tr>
<tr><td rowspan="6">신체
진찰
소견</td><td colspan="2">눈과 외안부 특이 소견</td><td>□있음 □없음
□협조 안 됨</td><td colspan="2">고환이 음낭에서 안 만져짐</td><td colspan="2">□있음 □없음
□협조 안 됨</td></tr>
<tr><td colspan="2">소이증, 외이도 폐쇄증</td><td>□있음 □없음
□협조 안 됨</td><td colspan="2">음낭 수종</td><td colspan="2">□있음 □없음
□협조 안 됨</td></tr>
<tr><td colspan="2">육안으로 보이는 구순 · 구개열</td><td>□있음 □없음
□협조 안 됨</td><td colspan="2">고관절 불안정</td><td colspan="2">□있음 □없음
□협조 안 됨</td></tr>
<tr><td colspan="2">흉쇄유돌근에 만져지는 종괴</td><td>□있음 □없음
□협조 안 됨</td><td colspan="2">사타구니 피부 주름 비대칭</td><td colspan="2">□있음 □없음
□협조 안 됨</td></tr>
<tr><td colspan="2">청진상 심잡음</td><td>□있음 □없음
□협조 안 됨</td><td colspan="2">고관절 외전 제한 소견</td><td colspan="2">□있음 □없음
□협조 안 됨</td></tr>
<tr><td colspan="7">기타 소견 :</td></tr>
<tr><td>시각 문진</td><td colspan="7">□양호 □정밀평가 필요 (관련 문진문항 : □ 1. □ 2)</td></tr>
<tr><td>청각 문진</td><td colspan="7">□양호 □정밀평가 필요 (관련 문진문항 : □ 1. □ 2. □ 3)</td></tr>
<tr><td>건강교육 실시</td><td colspan="7">□영양 교육(모유 수유) □안전사고 예방 교육 □수면 교육</td></tr>
<tr><td>종합판정</td><td colspan="7">□양호 □주의 □정밀평가 필요</td></tr>
<tr><td>소견 및 조치사항</td><td colspan="7"></td></tr>
<tr><td>요양기관 기호</td><td colspan="2"></td><td>검진기관명</td><td colspan="4"></td></tr>
<tr><td>검진일</td><td colspan="2"></td><td>면허번호</td><td colspan="2"></td><td>의사명</td><td>(서명)</td></tr>
</table>

* 이 건강검진은 영유아의 정상적인 성장과 발달을 확인하기 위한 검진으로 양호판정을 받은 경우라도 추후 성장발달 과정에서 이상 소견이 발견될 수 있습니다.
* 유병률이 낮은 특정 질환의 경우 검진을 통해 발견되지 않을 수도 있습니다.
* 검진결과가 '양호'로 판정되었더라도 지속적인 건강관리를 통해 현재의 건강을 계속 유지해 주시고, 판정결과가 '주의'나 '정밀평가 필요'인 경우는 의사와 상담하시기 바랍니다.
* 건강검진 결과통보서상 '정밀평가 필요' 판정을 받은 경우, 이 결과통보서를 요양급여의뢰서(진료의뢰서)로 갈음하여 상급종합병원에서 진료를 받을 수 있습니다.
* 다음 검진 시에 결과통보서를 지참하시면 검진결과 판정에 많은 도움이 됩니다.

그림 8-1 **영유아 건강검진 결과통보서 예시**

건강진단 결과, 치료를 요구하는 영유아에 대해서는 보호자와 협의하여 필요한 조치를 하도록 한다. 전염성 질환에 감염되었거나 감염될 우려가 있는 영유아는 기관으로부터 격리하여 치료하도록 해야 한다. 단, B형 바이러스의 경우 일상생활에서의 접촉을 통해 감염되지 않으므로 B형 바이러스 보균자로 판명된 영유아는 격리하지 않아도 된다(김숙이·손수민·고선옥·신리행, 2014).

2) 교직원의 건강검진

영유아들의 건강을 지원하기 위해서는 유아교육기관에서 영유아들과 함께 생활하는 교직원들의 건강관리가 매우 중요하다. 유치원과 어린이집의 원장은 영유아들의 건강검진과 더불어 교직원의 건강검진을 매년 1회 이상 정기적으로 실시하고 증빙자료를 기록하여 보관해 두어야 한다.

교직원을 신규 채용할 때는 채용신체검사서(공무원 채용신체검사서 준용 가능)를 구비하고, 그 외의 경우 국민건강보험법에 따라 일반 건강검진을 실시한다. 식품위생법 제40조 제1항 및 동법 시행규칙 제49조에 의해 영양사, 조리사, 조리원은 건강진단서를 첨부하여 제출하도록 한다. 건강진단 항목에는 장티푸스, 결핵, 전염성 피부질환 등 전염성 질환이 포함되어야 하고, 대체교사, 특별활동 강사, 실습생, 자원봉사자 등도 건강진단을 실시하도록 한다.

건강진단을 실시한 결과, 전염성 질환에 감염된 것으로 밝혀지거나 의심되는 교직원은 즉시 격리하고, 완치될 때까지 휴직하거나 면직 등의 조치를 취해야 한다.

2. 예방접종

예방접종은 영유아의 건강한 미래를 위해서 반드시 요구되는 의료서비스이다. 유치원과 어린이집의 원장은 매년 재원 영유아들의 예방접종 여부를 확인하되, 최초 보육을 실시하는 경우에는 입소 30일 이내에 확인하도록 한다. 예방접종을 받지 않은 영유아에게는 필요한 예방접종을 실시하도록 보호자에게 안내하고, 생활기록부에 예방접종 여부와 내역에 관한 사항을 기록하여 관리한다. 질병관리청의 예방접종도우미 사이트(nip.kcda.go.kr) 또는 스마트폰 앱을 이용하면 영유아의 예방접종 기록을 쉽게 확인하고 관리할 수 있다.

예방접종은 감염병 예방에 가장 효과적인 방법으로 예방접종을 실시하면 감염이 되더라도 심각한 합병증을 막을 수 있다. 영유아들은 질병이나 감염에 대한 저항능력이 약하고, 유아교육기관에서 단체생활을 하는 경우 감염에 대한 위험이 높아질 수 있다. 유아교육기관에서는 개별 영유아들의 예방접종 내역을 주의 깊게 관리하고, 필요한 예방접종이 누락된 경우 보호자에게 전달하여 반드시 접종하도록 지도해야 한다.

1) 예방접종의 실시

현재 우리나라의 표준 예방접종은 국가필수 예방접종과 기타 예방접종으로 구분된다. 국가필수 예방접종은 국가가 권장하는 예방접종으로서 무료 접종이 지원되며, 기타 예방접종은 이외 민간 의료기관에서 접종이 가능한 예방접종을 말한다.

표 8-3 표준 예방접종 일정표(2024)

대상 감염병	백신종류 및 방법	횟수	출생시	4주이내	1개월	2개월	4개월	6개월	12개월	15개월	18개월	19~23개월	24~35개월	4세	6세	11세	12세
B형간염	HepB	3	1차		2차			3차									
결핵	BCG (피내용)	1		1회													
디프테리아 파상풍 백일해	DTaP	5				1차	2차	3차		4차				5차			
	Tdap/Td	1														6차	
폴리오	IPV	4				1차	2차	3차						4차			
b형헤모필루스인플루엔자	Hib	4				1차	2차	3차	4차								
폐렴구균 감염증	PCV	4				1차	2차	3차	4차								
	PPCV	–											고위험군에 한하여 접종				
로타바이러스 감염증	RV1	2				1차	2차										
	RV5	3				1차	2차	3차									
홍역 유행성이하선염 풍진	MMR	2							1차					2차			
수두	VAR	1							1차								
A형간염	HepA	2							1~2차								
일본뇌염	IJEV (불활성화 백신)	5							1~2차				3차		4차		5차
	LJEV (약독화 생백신)	2							1차				2차				

<table>
<tr><td>사람
유두종
바이러스
감염증</td><td>HPV</td><td>2</td><td></td><td></td><td></td><td></td><td></td><td></td><td></td><td></td><td></td><td></td><td></td><td></td><td></td><td>1~2차</td></tr>
<tr><td>인플
루엔자</td><td>IIV</td><td>–</td><td></td><td></td><td></td><td></td><td></td><td colspan="9">매년 접종</td></tr>
</table>

2) 예방접종에서 유의할 점

(1) 접종 전 주의사항

- 영유아의 건강상태를 잘 알고 있는 사람이 동행한다.
- 영유아의 체온을 측정하여 열이 없는 것을 확인하고 방문한다.
- 보건수첩 등 예방접종 기록을 지참한다.
- 접종 전 미리 목욕을 하고 청결관리에 유의한다.
- 예방접종을 하지 않는 아이는 감염의 위험이 있으므로 함께 방문하지 않는다.

(2) 접종 후 주의사항

- 접종 후 20~30분간 접종기관에 머물며 영유아의 상태를 관찰한다.
- 귀가 후 적어도 3시간 이상 주의 깊게 관찰한다.
- 접종 당일과 다음 날은 과격한 운동을 하지 않도록 한다.
- 접종 당일은 목욕을 하지 않는 것이 좋다.
- 접종 부위는 청결하게 한다.
- 접종 후 최소 3일간은 특별한 관심을 가지고 관찰하며, 고열이나 경련이 있을 때에는 의사의 진찰을 받도록 한다.
- 영유아는 반드시 바로 눕혀서 재운다.

(3) 예방접종 후 간호

- 다음 예정된 예방접종일을 달력 등에 표시한다.
- 예방접종 후 발생할 수 있는 이상반응에 대해 알아둔다.
- 접종 부위에 발적, 통증, 부종이 생기면 찬 물수건을 대어준다.
- 의사는 진통이나 해열을 위해 영유아에게 진통제를 추천할 수 있다.
- 해열을 위해 미지근한 수건으로 몸을 닦아준다.
- 영유아가 다음날 잘 먹지 못한다면 수분을 충분히 섭취할 수 있도록 한다.

3. 유아교육기관에서의 건강관리

1) 건강 관찰과 기록

건강한 성장과 발달을 지원하기 위해서는 유아교육기관에서 생활하는 영유아들의 건강상태를 세심히 관찰하여 조기에 문제를 발견하고 대처해야 한다. 교사는 일일 건강 관찰을 통해 영유아들의 행동과 정서 상태를 살피고, 건강에 이상이 있을 경우 적절한 조치를 취해야 한다. 영유아에 대한 건강 관찰은 등원에서부터 실시하고, 가정에서 작성한 수첩(알림장) 등을 확인하여 매일의 건강을 파악하는 기초 자료로 활용하도록 한다. 영유아의 건강에 대한 기본 내용과 필요한 요구사항에 대한 정보는 부모면담이나 개인건강 조사서 등을 통해 사전에 파악하도록 한다.

영유아의 건강 이상을 알리는 징후

- 이유 없이 활동량이 적어지고 눈에 초점이 없다.
- 평소와 달리 활동에 무관심하거나 나른해하고 무력해 보인다.
- 피로한 기색이 보이고, 오래 앉아있지 못하고 기대거나 누우려 한다.
- 고통에 대한 불쾌감을 표시하고, 지나치게 땀을 흘린다.
- 얼굴이 창백하거나 몸이 차고, 입술이 마른다.
- 상기된 얼굴을 하면서도 생기가 없다.
- 눈에서 눈물이 나고 눈곱이 끼어 있거나 충혈되어 있다.
- 메스꺼워하고 먹거나 마시려 하지 않는다.
- 칭얼거리거나 울고 아프다며 통증을 호소한다.

2) 의료기관 연계

영유아가 평소와 다른 행동 및 정서 상태를 보이고 건강 문제가 발견되면 즉시 필요한 응급조치를 하도록 한다. 증세가 심한 경우에는 보호자에게 연락한 후 의료기관에 연계하도록 한다. 유아교육기관에서는 영유아의 건강증진을 도모하기 위해 지역사회 보건소 및 의료기관과 연계하여 기관별 건강주치의 제도를 운영할 수 있다. 지역 의료기관과의 연계 협력을 통해 질환 조기발견, 질병 예방교육, 예방접종, 정기 건강검진 등을 효과적으로 실시할 수 있다. 의료기관(주치의)에서는 질병예방을 위한 교직원 교육을 실시하고 의료법에 의한 건강진단을 실시한다.

3) 정기적인 신체계측

신체계측은 영유아의 전반적인 성장과 발달 상황을 평가하기 위해서 유용하게 사용되는 방법이다(곽노의·박대균·박현미, 2014). 정기적인 신체계측을 통해 주기적으로 영유아의 키, 체중, 머리둘레, 가슴둘레를 측정하여 건강기록 수첩에 표시한다. 신체의 발육은 개인차가 있으므로 연속된 자료를 종합적으로 비교해야 하며, 신체측정 결과는 영유아의 건강상태를 평가하는 기초 자료로 활용한다. 신체계측은 영아반의 경우 연간 4회(1월, 4월, 7월, 10월) 이루어지고, 유아반은 연간 2회(4월, 10월) 실시하도록 권장된다. 신체계측 기록은 누적하여 기록하고 영유아 개인파일에 보관하도록 한다.

4) 건강교육 및 안내

유아교육기관에서는 신규 입소하는 영유아들의 건강검진 실시 여부와 예방접종 내역을 확인하여 부모에게 안내해야 한다. 특히 매년 유행하는 독감 예방접종의 경우 영유아뿐만 아니라 교직원도 접종할 수 있도록 지도한다. 또한 일상생활에서 지속적인 건강관리가 이루어질 수 있도록 영유아 및 부모를 대상으로 건강교육과 지원 정보를 제공하도록 한다. 전 교직원 및 영유아를 대상으로 실시된 건강 및 안전, 아동학대 예방교육 등은 연간계획을 수립하여 운영한 후 내용을 기록하여 보관한다.

표 8-4 보육교직원 건강 및 안전교육 연안

월	교육내용	교육방법	대 상	비 고
3	신입교직원 건강 및 안전교육 올바른 투약방법	어린이집 자체교육	신입교직원	
	소방교육 심폐소생술 교육	외부교육	전 보육교직원	소방서/ 적십자사
4	아동학대 예방교육 아동학대 신고의무자 교육	온라인교육	전 보육교직원	수료증 제출
5	감염병 예방교육 감염병 관리수칙	외부교육 및 실습	전 보육교직원	보건소
6	식품알레르기 등 영양교육 개인정보보호	어린이집 자체교육 온라인교육	전 보육교직원	수료증
7	아프거나 다친 영유아에 대한 응급처치 구급함 사용법	어린이집 자체교육	전 보육교직원	

8	보육교직원 건강검진	외부기관방문	전 보육교직원	병원
9	아동이탈방지교육 (실종 및 유괴예방교육)	온라인교육	전 교사	수료증
10	비상시 대처절차 미세먼지 대응 및 실내공기질 관리	어린이집 자체교육	전 보육교직원	
11	올바른 스마트폰 사용	어린이집 자체교육	전 보육교직원	
12	장애인인식교육 긴급복지신고의무자교육	온라인교육	전 보육교직원	수료증
1	흡연예방교육	온라인교육	전 보육교직원	수료증

4. 영유아기 감염병과 대응

신체의 면역력이 충분히 발달하지 않은 영유아기는 감염병에 매우 취약한 시기이다. 유아교육기관에서 감염성 질환이 발생할 경우 그 전파력이 매우 크기 때문에 감염성 질환 관리가 매우 중요하다. 간혹 예방접종을 하였거나 병력이 있는 경우에도 발병하는 경우가 있으므로 감염병이 유행하는 시기에는 더욱 세심한 주의와 관리가 필요하다.

감염병 전파과정은 잠복기, 전구기, 발진기, 회복기의 과정을 거친다. 잠복기는 병원체가 신체 내로 들어와 초기증상을 나타내기 전 시기로 평균 7~10일의 기간을 가진다. 전구기는 일반적인 건강 이상의 초기증세를 보이는 시기로 감염성이 가장 높을 때이다. 발진기는 발열, 두통, 피로감 등 감염성 질환의 전형적인 증상이 나타나는 시기이다. 회복기는 증상이 사라지고 건강한 상태로 돌아오는 기간을 의미한다.

1) 감염병의 종류

다음에 제시된 감염병은 전염성이 강한 질환으로 보건복지부의 감염병 진단 기준에 따라 휴원을 요하는 질환이다(하정훈, 2016). 이 외 질환의 경우에는 의사의 진단에 의해 전염성이 있다고 판명되면 휴원을 권유한다.

(1) 홍역(Measles)

홍역은 홍역 바이러스에 의한 급성 발열성 발진성 질환이다. 6개월에서 1세 이하 영아는 모체로부터 받은 면역으로 인하여 거의 발병하지 않으나 1~10세 아동들에게 높은 발생률을 보인다. 공기로 매개되어 감염되거나 환자의 분비물 접촉을 통해 전파된다. 잠복기는 10~12일이다.

전염력이 강한 전구기는 3~5일간 지속되고 발열, 기침, 콧물, 결막염, 구강 내 병변 등이 나타난다. 발진기에는 홍반성 구진성 발진이 목 뒤, 귀 아래에서 시작하여 몸통, 팔다리 순서로 퍼지고 손바닥과 발바닥에도 발생하며 서로 융합된다. 발진은 3일 이상 지속되고 발진이 나타난 후 2~3일간 고열을 보인다. 회복기에는 발진이 발생했던 순서대로 사라지면서 색소 침착을 남기게 되고 나중에는 피부껍질이 벗겨지게 된다.

치료는 소양증을 감소시키고 안정시키며 충분한 수분공급과 기침, 고열에 대한 일반적인 대증요법을 실시한다. 합병증이 생겼을 때 항생제를 사용하나 예방적으로 미리 쓰지는 않는다. 합병증으로 중이염, 기관지염, 모세기관지염, 기관지폐렴, 크룹(croup) 등의 호흡기 합병증과 영아의 경우 설사 등이 있다. 가장 좋은 예방책은 예방접종을 하는 것이다.

(2) 수두(Chicken Pox, Varicella)

수두는 감염력이 매우 강하며, 수두-대상포진 바이러스에 의한 급성 바이러스성 발진성 감염병이다. 수포액의 직접접촉이나 공기를 통한 전파로 감염된다. 잠복기는 10~21일이다. 임신 초기 산모가 수두에 감염이 되면 태아는 선천성 수두 증후군에 걸릴 수 있다. 피부에 반흔, 사지위축, 작은 안구증, 시신경위축, 백내장, 실명, 정신지연, 태아 사망 등이 발생한다.

전구기는 발진이 발생하기 1~2일 전으로 권태감과 미열이 나타난다. 전구기 증상이 없는 경우도 있다. 발진기의 발진은 주로 몸통, 두피, 얼굴에 발생한다. 24시간 내에 반점, 구진, 수포, 농포, 가피의 순으로 빠르게 진행되고 동시에 여러 모양의 발진이 관찰되며 수포는 매우 가렵다. 회복기에는 모든 병변에 가피가 형성되며 회복된다. 합병증으로는 발진 부위 세균감염, 폐렴, 뇌염, 라이 증후군 등이 있다.

치료는 가려움이 심할 때 진정제를 사용할 수 있고 2차 감염이 있을 때 항생제를 쓴다. 안정과 수액요법이 필요하며 가려움증을 감소시키기 위해 병원에서 처방한 연고를 바르기도 한다. 예방접종을 받는 것이 좋다.

(3) 수족구병(Hand-Foot-and-Mouth Disease)

수족구병은 콕사키바이러스 A16 또는 엔테로바이러스 71에 의해 발병하는 질환으로 주로 소아에게 유행하는 급성 바이러스성 질환이다. 여름과 가을에 흔히 발생하며 입안의 물집과 궤양, 손과 발의 수포성 발진을 특징으로 하는 질환이다. 콧물과 가래, 침, 수포 분비물, 감염환자의 대변 접촉을 통해 전파된다. 잠복기는 3~7일이며, 어린 영아에게 전염력이 높기 때문에 집단감염 방지를 위하여 수포 발생 후 6일간 또는 딱지가 앉을 때까지 격리 조치가 필요하다.

주요 증상은 발열, 인후통, 식욕부진이 나타난다. 열이 나기 시작한 1~2일 후 통증성 피부병변이 혀, 잇몸, 뺨의 안쪽에 발생하며, 작고 붉은 반점으로 시작하여 물집이 되고 종종 궤양으로 발전하기도 한다. 가려움이 없는 피부발진이 주로 손바닥과 발바닥에 나타나며 엉덩이와 외음부에도 나타날 수 있다. 대개 증상이 경미하며 의학적 치료 없이 7~10일 안에 회복되나 드물게는 발열,

두통, 경추경직, 요통을 동반한 바이러스 뇌막염이나 뇌증, 소아마비와 유사한 마비 등의 합병증을 일으킬 수 있다. 수족구병 예방을 위해서는 환자 접촉, 기저귀 교환, 분변으로 오염된 물건의 세척 이후 비누를 사용하여 손을 깨끗이 씻도록 한다.

(4) 유행성 이하선염(Mumps)

유행성 이하선염 바이러스 감염에 의해서 나타나는 이하선 부종이 특징적인 급성 발열성 질환이다. 비말 등의 공기매개 감염, 환자의 타액과 직접접촉으로 전파된다. 겨울과 봄에 잘 발생하고, 잠복기는 14~18일이다. 1세 미만 영아의 감염은 드물고, 3~5세부터 감염되기 시작하여 6~10세가 많고 15세까지 계속 발생되며 성인도 종종 걸린다.

전구기는 1~2일로 발열, 두통, 근육통, 구토 등이 나타난다. 이하선을 침범하는 경우가 대부분이고 악하선도 흔히 침범하나 10~15%의 경우 한쪽만 침범한다. 대체로 1~3일째 가장 심한 증상을 나타내다가 3~7일이 지나면 점차 호전된다. 합병증으로 바이러스성 수막염, 고환염, 부고환염, 난소염, 췌장염, 청력장애 등이 있다. 치료는 증상에 따라 대증요법을 취하고, 아프면 진통제를 처방한다. 환자 분비물, 침 등으로 오염된 물건은 소독하고 환기를 해준다.

(5) 풍진(Rubella)

풍진 바이러스 감염에 의한 급성 발열성 질환이다. 비말 등의 공기매개 감염, 환자의 비인두 분비물과 직접접촉, 또는 수직감염으로 전파된다. 잠복기는 12~23일로 평균 14일이다. 전염 기간은 발진이 나오기 일주일 전부터 발진 후 4일간이다. 선천성 풍진에 걸린 영아는 출생 이후 수개월까지 바이러스 배출 기간이 다양하다.

전구기에는 무증상일 수 있고, 경한 발열 및 비인두염의 증세가 있으며 귀

뒤, 목 뒤, 후두부의 임파절이 붓고 만지면 아프다. 임파절이 커진 후 발진기가 시작되는데, 발진은 처음 얼굴에 나타나고 2~3시간 내에 머리, 팔, 몸통 등 전신에 급속히 퍼지며 일부는 발에도 나타난다. 첫째 날은 홍역과 비슷하고 둘째 날은 성홍열과 비슷하나 셋째 날에 없어지는 것이 특징이다.

임신 첫 3개월 동안, 특히 임신 첫 달에 풍진에 감염되면 선천성 기형, 즉 백내장, 심장질환, 청력손상, 지능발달 지연을 동반한 소두증이 발생하는 선천성 풍진증후군을 나타낸다. 풍진은 특별한 치료가 필요하지 않으나 선천성 풍진은 대증요법과 교정치료를 한다. 예방은 혼합백신을 접종한다.

(6) 백일해(Pertussis)

백일해균 감염에 의한 급성 호흡기 질환으로 3~6월 사이 많이 발생한다. 잠복기는 일반적으로 7~10일이다. 직접접촉 전염과 비말 전파로 감염되며, 환자의 배설물로 오염된 물건에 접촉하여 간접적으로 전염되기도 한다. 초기에 전염성이 강하며 발작성 기침이 나는 이후로는 전염성이 적어진다.

임상증상은 2주 이상 기침이 지속되고 발작성 기침, 기침 후 구토를 보이며, 카타르기, 경련기, 회복기의 3기로 나눈다. 카타르기는 감기처럼 시작되어 콧물이 나오고 입맛이 없고 미열이 있다. 차츰 기침이 심해지면서 경련성이 되며 이때 결막은 충혈된다. 이 시기는 약 2주일간 계속된다. 경련기는 발병한 지 2주일부터 기침이 심해지면서 경련성 해소발작이 생긴다. 발작 동안 청색증을 보일 수 있고, 발작 후 구토가 동반되기도 한다. 기침은 짧고 호기성 기침을 1~20회 연발한다. 회복기에는 기침발작이 잦아들고 횟수도 줄어든다.

합병증으로 기관지 폐렴, 기관지 확장 등의 호흡기 합병증과 설사, 구토, 설하궤양, 직장탈항, 탈장 등의 소화기 합병증, 비출혈, 객혈, 결막하출혈, 뇌출혈 등의 출혈, 경련 등이 생길 수 있다. 치료는 대증요법을 실시하며 안정이 필요하고 진정제를 사용하기도 한다.

(7) 유행성 결막염

유행성 각결막염의 병원체는 아데노바이러스에 의해 생기며 대개 양안 충혈, 동통, 눈물, 눈부심, 귓바퀴 앞 림프절 종창, 결막하출혈이 나타난다. 3~4주 지속되어 발병 2주 정도까지 전염력이 있다. 치료는 전문의 치료를 받고 필요시 염증을 억제하기 위한 안약이나 세균감염을 예방하기 위한 항균제 안약을 점안할 수 있다.

급성 출혈성 결막염의 병원체는 엔테로바이러스 또는 콕사키바이러스이며 일명 아폴로눈병으로 알려져 있다. 주요 증상으로 갑작스러운 양안 충혈, 동통, 이물감, 소양감, 눈부심, 눈물, 안검부종, 결막부종, 귓바퀴 앞 림프절 종창이 있을 수 있다. 전염력은 증상 발생 후 적어도 4일간 유지된다. 치료는 유행성 각결막염과 같다. 유행성 결막염의 예방수칙을 살펴보면 다음과 같다.

개인의 경우

- 비누를 사용하여 흐르는 물에 손을 자주 씻는다.
- 수건이나 개인 소지품(예 컵 등)을 다른 사람과 함께 사용하지 않는다.
- 눈병 유행 시 사람들이 많이 모이는 밀집된 장소를 피한다.
- 눈에 부종, 충혈, 이물감 등이 있을 경우에는 손으로 비비거나 만지지 말고 안과 전문의의 진료를 받는다.

환자의 경우

- 증상 완화 및 세균에 의한 2차 감염 또는 기타 합병증 예방을 위하여 안과 치료를 받는다.
- 수건이나 소지품은 다른 사람과 같이 사용하지 않는다.
- 개인용품은 끓는 물에 소독하거나 500ppm 농도의 락스(차아염소산나트륨 등)에 10분간 소독한 후 사용한다.
- 눈은 가급적 만지지 않도록 하며, 만지기 전후 반드시 흐르는 물에 손을 깨끗이 씻도록 한다.
- 전염 기간(약 2주간) 동안 휴원하여 격리하고 사람들이 많이 모이는 장소를 피한다.

(8) 성홍열(Scarlet Fever)

베타용혈성 연쇄구균의 발열성 외독소에 의한 급성 발열성 질환이다. 비말 감염이나 보균자의 분비물과 직접접촉으로 전파되며, 잠복기는 1~3일 정도이다.

발열, 인후통, 구토 증상이 생긴 후 12~48시간 안에 발진이 발생하는데, 몸통 상부에서 시작하여 팔다리로 퍼져나가는 선홍색의 작은 구진이다. 압력을 가할 경우 퇴색하는 것이 특징적이고 발진 후에 겨드랑이, 손끝, 엉덩이 등에서 피부 박리가 일어난다. 얼굴에서 몸통에 이어 손, 발로 진행된다. 합병증으로 중이염, 경부 임파선염, 부비동염, 기관지 폐렴, 사구체 신염, 류머티스 열 등이 있다.

성홍열은 조기에 발견하여 초기에 그리고 충분한 기간 동안 항생제로 치료하여 합병증을 방지하는 것이 중요하다. 치료 시작 후 24시간 동안 아동을 격리하고, 오염된 물건은 소독하고 수분을 섭취시킨다. 인후통에는 따뜻한 식염수로 입안을 헹구도록 한다.

(9) 농가진(Impetigo)

주로 여름철 영유아의 피부에 자주 발생하는 얕은 화농성 감염을 말하며, 물집 농가진(포도알균 농가진)과 비수포 농가진(접촉전염 농가진)의 두 가지 형태로 나타난다. 피부 상처가 있는 부위를 통해 세균이 침입하여 발생한다.

물집 농가진은 신생아에게서 주로 발생하며 무력증, 발열, 설사 등을 동반하기도 한다. 처음에는 작은 물집으로 시작되어 큰 물집으로 빠르게 번져가며, 쉽게 터지나 두꺼운 딱지를 형성하지는 않는다. 비수포 농가진은 전체 농가진의 70%를 차지한다. 처음에는 작은 반점 또는 잔물집으로 시작되어 고름집 또는 물집으로 변하고, 터지면 맑은 분비물이 나오는데 마르면 황갈색 딱지를 형성한다.

농가진이 발생한 경우 전염성이 매우 강하므로 반드시 격리 조치하고 영유아의 옷이나 수건 등을 분리 소독한다. 항생제를 복용한 지 24시간이 지나고 새로운 병변이 더 이상 생기지 않는다면 전염성이 없어졌다고 볼 수 있다.

(10) 요충증(Enterobiasis, Pinworm Infection)

아동기에 매우 흔한 기생충 감염으로 요충은 흰색의 실같이 작고 가는 기생충이다. 밤사이 항문 주변이나 회음부 주변에 알을 낳기 때문에 심하게 가려워하고, 손으로 항문 주위를 긁은 후 음식물과 함께 입으로 들어가 장에 기생하는 악순환이 반복된다.

아동의 손이 닿는 침구, 변기시트, 음식 등에 쉽게 오염되고, 집단생활을 하는 경우 급속히 감염이 확산될 수 있으므로 적극적인 예방과 관리가 요구된다. 아동이 사용한 침구, 수건, 잠옷 등은 삶아서 세탁하고, 손 씻기를 바르게 실천하도록 안내한다.

(11) 일본뇌염(Japanese Encephalitis)

일본뇌염 바이러스를 가지고 있는 일본뇌염 매개모기(작은빨간집모기)에 물렸을 경우 급성으로 신경계 증상을 일으키는 감염병이다. 뇌염이 발생하면 사망률이 높고, 회복되더라도 신경계 합병증 발생 비율이 높은 질병이다. 일본뇌염 매개모기에 물린 사람의 95%는 무증상이며 일부 열을 동반하기도 한다. 극히 드물게 뇌염으로 진행되는데, 초기에는 고열, 두통, 구토, 복통, 지각이상이 나타나며, 급성기에는 의식장애, 경련, 혼수, 사망에 이를 수 있다. 회복기에는 언어장애, 판단능력 저하, 사지운동 저하 등 후유증이 발생할 수 있다.

일본뇌염은 대인 간에는 전파되지 않고 일본뇌염 바이러스를 가진 모기에 물렸을 때 전파된다. 그러므로 일본뇌염 경보가 발생하면 모기가 왕성하게 활동하는 새벽과 저녁에는 야외 활동을 자제하는 것이 좋다. 모든 일본뇌염 매개모기가 바이러스를 가지고 있지는 않지만 일본뇌염 바이러스를 가진 모기에 물렸을 경우 뇌염 등의 합병증으로 진행될 수 있어 각별한 주의가 요구된다.

(12) 머릿니

이는 몸 길이가 6mm 정도의 작은 곤충으로 사람의 머리에 기생하며 생활한다. 주로 사람이 많이 모이는 곳에서 집단적으로 발생한다. 대체적으로 위생관리가 불량한 경우 발생하지만 최근에는 위생과 관련 없이 감염되기도 한다. 사람의 신체에 직접 접하는 물건을 공동으로 사용할 경우 쉽게 전파되며, 심한 가려움으로 피부에 상처를 내고 수면을 방해하기 때문에 서둘러 치료를 받아야 한다.

아동이 머리를 자주 긁거나 가려움을 호소하면 두피상태를 관찰하여 피부가 물려서 발갛게 되었거나 긁어서 상처가 있는지 확인한다. 밝은 햇빛에서 머릿니, 서캐(머릿니의 알)가 있는지 육안으로 관찰한다. 남자아이의 경우 흔하게 관찰되므로 학급에 머릿니를 가진 유아가 발견될 경우 전체 유아를 관찰해야 한다. 서캐는 머릿니 전용 샴푸로 제거되지 않기 때문에 참빗으로 빗기며 제거해주어야 한다. 가족 간 감염 가능성이 높으므로 침구와 옷을 삶도록 안내하고 가정의 협조를 구해야 한다.

(13) 가을철 열성 감염병(쯔쯔가무시증, 렙토스피라증, 신증후군 출혈열)

호흡기, 피부의 상처로 감염되므로 풀밭에 눕거나 맨발로 걷지 않도록 한다. 야외 활동 시에는 진드기에 물리지 않도록 긴팔 옷을 입고 귀가 후에는 몸에 묻은 먼지를 털고 목욕을 한다. 야외 활동 이후 발열과 감기 증상을 보이면 즉시 전문의 진료를 받고 몸에 벌레에 물린 자국이 있는지 관찰한다.

표 8-5 가을철 열성 감염병의 종류

구 분	쯔쯔가무시증	렙토스피라증	신증후군 출혈열 (유행성 출혈열)
정 의	Orientia tsutsugamushi 감염에 의한 급성 발열성 질환	병원성 Leptospira 감염에 의한 급성 발열성 질환	한탄 바이러스와 서울 바이러스 등에 의한 급성 발열성 질환
감염원	털진드기과 진드기 유충	감염된 동물의 소변으로 오염된 물, 흙	설치류(등줄쥐, 집쥐)
잠복기	8~11일	5~7일	7~21일
임상 증상	가피 형성, 고열, 오한, 심한 두통, 발진, 구토, 복통 등	가벼운 감기 증상부터 치명적인 웨일씨병(Weil's disease)까지 다양	발열기, 저혈압기, 핍뇨기, 이뇨기, 회복기의 5단계
전파 경로	감염된 진드기 유충에 물려서 감염	감염된 동물의 소변에 오염된 물, 토양, 음식물에 노출 시 상처 난 피부를 통해 감염	설치류의 타액, 소변, 분변이 공기 중 건조되어 사람의 호흡기를 통해 감염

(14) 코로나바이러스감염증-19(COVID-19)

코로나바이러스감염증-19는 신종 감염병으로 코로나바이러스 감염에 의한 호흡기 증후군을 말한다. 대개 감염자의 호흡기 침방울(비말)이나 감염자와 밀접접촉(주로 2m 이내)한 경우 전파되며, 밀폐된 공간 등 특정 환경에서는 공기전파나 표면접촉을 통해서도 제한적으로 감염될 수 있다. 잠복기는 1~14일 정도이며 평균 5~7일로 본다.

주요 증상은 발열(37.5도 이상), 기침, 호흡곤란, 오한, 근육통, 두통, 인후통, 후각·미각 소실 등이며, 피로, 식욕감소, 가래, 소화기증상(오심, 구토, 설사 등), 혼돈, 어지러움, 콧물이나 코막힘, 객혈, 흉통, 결막염, 피부 증상 등이 다양하게 나타나기도 한다.

치료는 수액을 보충하거나 해열제 처방 등 대증치료가 이루어지며, 감염이 의심되거나 증상이 나타나면 격리 후 진단검사 및 의료처치를 받도록 한다(보건복지부, 2021).

2) 감염병 관리

어린이집 건강관리 매뉴얼(보건복지부, 2011)에서 제시한 관리지침을 중심으로 영유아의 감염병이 의심되는 경우 유아교육기관에서의 대응 방안에 대해 살펴본다.

(1) 감염병이 의심되는 영유아의 일반적 지침

- 아픈 영유아가 발생하면 즉시 다른 영유아들과 격리한다.
- 증상을 관찰하고 기록한다(평소와 다른 행동, 기침, 발열, 식욕저하, 충혈, 설사, 구토, 발진 등).
- 병원 진료가 필요할 경우 보호자에게 연락하여 치료를 받도록 한다.
- 아픈 영유아가 사용한 장난감을 구별하여 소독한다.
- 증상이 유사한 경우에도 의사의 진단이 있기 전까지 아픈 영유아들을 같은 장소에 있게 하지 않는다.
- 보호자가 올 때까지 영유아와 교사의 손을 잘 씻도록 한다.
- 법정 감염병일 경우 전문의의 지시를 따르고 보건소나 협력병원의 자문을 구하여 조치한다.

(2) 격리가 필요한 경우와 격리 기간

- 발열과 함께 구역질, 구토 등이 있을 때
- 열과 함께 몸에 발진이 돋았을 때
- 설사, 구토, 황달이 관찰될 때

표 8-6 격리가 필요한 기간

질병	격리 기간
설 사	설사가 멎은 후 24시간
머릿니	첫 치료 시작 후 24시간
A형간염	황달 시작 시점에서 7일간
농가진	항생제 사용 시작 시점에서 24시간
독 감	증상 시작 후 5일간
홍 역	발진 발생 후 5일간
뇌막염	의사에 의해 괜찮다는 판정을 받을 때까지
유행성 이하선염	볼이 붓기 시작한 시점에서 9일간
백일해	항생제 사용 시작 시점에서 5일간, 항생제 사용하지 않은 상황이면 3주간
폐 렴	의사에 의해 괜찮다는 판정을 받을 때까지
풍 진	발진 발생 후 7일간
옴	치료 시작 시점에서 24시간
성홍열	항생제 치료 시작 시점에서 24시간
이 질	대변 검사에서 2회 연속 음성인 경우
결 핵	결핵 전문 소아청소년과 상담
구 토	구토가 멎을 때까지
수 두	발진 발생 후 5일, 더 이상 생기지 않고 딱지가 다 생길 때까지

* 위 기간은 일반적인 기준으로 의사의 진단에 따라 격리를 실시함
출처 : 보건복지부(2011).

3) 감염병이 의심되는 교사의 격리 지침

- 영유아와 동일한 격리 지침을 적용한다.
- 감염병이 의심되는 교사는 진단 전이라도 영유아를 보육해서는 안 된다.
- 기본적으로 손을 자주 씻고, 감염이 의심이 될 경우 영유아와의 접촉을 줄여야 한다.
- 감염관리에 대한 내용을 문서화하고 근무 전 사전교육을 제공한다.
- 임신 중인 교사, 특히 임신 초기인 경우 더욱 감염에 주의한다.

제9장

질병 간호와 응급처치

1. 영유아의 질병과 간호

2. 응급처치

9장

질병 간호와 응급처치

1. 영유아의 질병과 간호

영유아기는 면역력이 부족하여 질병이 발생하기 쉬운 시기이다. 특히 영아기는 급속한 신체 성장이 이루어지고 성인에게 의존하여 요구와 필요성이 충족되므로 부모나 교사의 세심한 돌봄과 지원이 필요하다. 교사는 영유아기 자주 발생하는 건강 문제의 원인과 증상에 대해 기본적인 지식을 알고 적절하게 대응할 수 있는 역량을 갖추어야 한다. 영유아기 발생하기 쉬운 건강 문제를 살펴보고 적합한 대응을 위한 간호 방법을 알아본다(김영혜 외, 2009; 하정훈, 2016).

1) 기저귀 발진

기저귀 발진은 기저귀를 차는 영아에게 발생한다. 영아의 엉덩이와 회음부 주위의 피부가 짓무르고 대소변 분비물로 인해 피부가 손상되어 붉은 염증 반응이 나타난다. 기저귀 발진을 예방하려면 영아의 피부를 깨끗이 씻어주고 기저귀를 자주 교체해 준다. 엉덩이를 충분히 말린 뒤 보습용 로션이나 파우더를 발라준다.

2) 발 열

발열은 영유아에게 매우 흔하게 발생한다. 발열은 하나의 증상이지 질병 자체가 아니므로 열이 나는 원인을 파악하는 것이 중요하다. 무조건 해열제를 사용하여 열을 내리게 하면 질병의 원인을 찾기 어려울 수 있으므로 열이 난다고 임의로 해열제를 투약하지 않는다.

영유아가 열이 나서 체온이 38℃ 이상이면 우선 겉옷을 벗기고 방 안 온도를 낮춘다. 미지근한 물에 적신 수건으로 목 뒤, 팔, 겨드랑이 사이, 무릎 뒤, 다리, 몸통 등을 닦아준다. 고열을 급히 낮추려면 큰 수건에 미지근한 물을 적셔 머리, 가슴, 배, 겨드랑이, 사타구니까지 온몸을 닦아준다. 물이나 주스를 조금씩 자주 마시게 하고 쉬게 한다.

표 9-1 체온계 종류 및 사용법

종 류	피부적외선체온계	귀적외선체온계	전자체온계
외 형	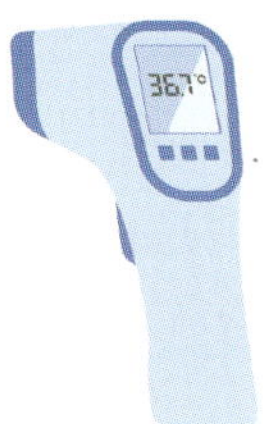	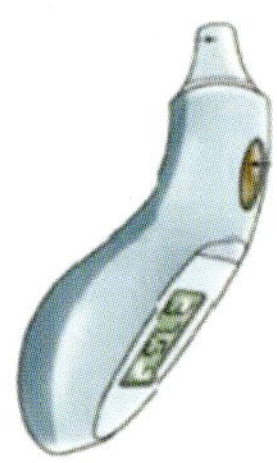	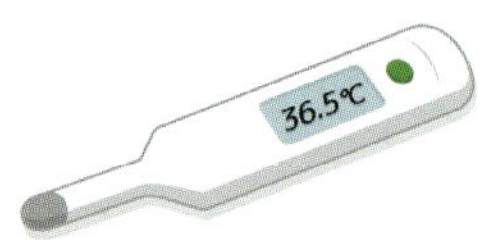
측정 부위	이마, 관자놀이 등	귀(고막)	겨드랑이, 구강 등
기술적 특성	– 비접촉식 – 적외선 센서	– 접촉식 – 적외선 센서	– 접촉식 – 반도체 센서
사용법	– 측정 부위로부터 적정 거리(약 3~5cm)를 두고 측정한다. – 측정 부위에 땀이나 수분을 닦고, 머리카락이 가리지 않도록 한다.	– 귀를 약간 잡아당겨 귓구멍을 편 후 측정기와 고막이 일직선으로 마주 볼 수 있도록 한다. – 측정 전 면봉 등으로 귀속을 청결히 한다.	– (입 안) 혀 밑에 측정 부분을 넣은 후 입을 다물고 측정한다. – (겨드랑이) 측정 전 겨드랑이 땀을 닦은 후 겨드랑이의 움푹 파인 곳에 측정 부분을 넣고 팔로 누르며 측정한다.

출처 : 식품의약품안전평가원(2020).

3) 열성경련

열성경련은 9개월에서 5세 사이 유아에게 열과 함께 경련이 발생하는 것을 말한다. 열성경련의 정확한 원인은 밝혀지지 않았지만, 부모나 형제가 열성경련의 병력이 있으면 약 3~4배 높게 나타난다. 열성경련의 70% 정도는 바이러스성 상기도 감염으로 편도염, 인후염, 중이염 등이 원인이 될 수 있다.

경련은 열성 질환 초기의 열이 갑자기 오르는 시기에 자주 발생한다. 대개 전신형 발작으로 의식이 없어지면서 전신이 뻣뻣해지고 떨게 된다. 발작은 수 분 이내 멈추게 되며 15분을 넘는 경우가 드물다. 아이가 경련을 할 때는 억지로 팔다리를 펴주거나 물을 먹이려고 하지 않는다. 경련이 멈추지 않고 지속되면 즉시 응급실을 방문하도록 한다.

4) 기 침

기침은 폐로 흡입된 이물질이나 기관지의 가래를 배출하기 위한 것이다. 기침을 약으로 억제하면 신체의 이물질을 밖으로 내보내지 못해 호흡기 질환에 걸릴 수 있으므로 가능한 한 기침을 하게 한다.

영유아가 기침을 하면 그 원인을 찾고 평소보다 물을 많이 마시게 한다. 기침이 심하고 가래가 생길 때에는 등을 두드려 가래를 배출시켜 준다. 실내의 공기가 건조하지 않도록 습도를 높여주고, 편안한 환경을 마련해 준다. 기침을 할 때 소매나 옷으로 입을 가리고 하도록 안내하고, 기침 후 손을 깨끗이 씻도록 지도한다.

5) 구 토

구토는 먹은 음식물을 게워내는 것을 말한다. 위 속의 내용물이 역류하여 입으로 쏟아져 나오는 현상으로 영유아기 가장 흔한 증상 중의 하나이다. 응급상황으로는 독극물에 중독되었을 때 복통과 구토증이 유발되고, 식중독이 원인이 되어 일어나기도 한다.

영유아가 구토를 하면 옷을 느슨하게 해주고 옆으로 눕혀서 구토물이 기도에 들어가지 않도록 한다. 손가락에 손수건을 말아 입안의 구토물을 닦아주거나 입을 헹구게 하여 불쾌감을 덜 느끼도록 해준다. 구토의 증상과 구토물, 토하는 횟수 등을 관찰하여 의사에게 전달한다. 구토를 할 경우 음식을 임의로 주지 않도록 하며, 영유아가 갈증을 느끼면 거즈를 물에 적셔 입술을 축여준다. 탈수가 되지 않도록 유의하고 함부로 금식을 시켜서는 안 된다. 응급상황 시 보호자에게 연락하여 전문의의 진료를 받도록 안내한다.

6) 설 사

설사란 물 같은 변을 하루에 3~4회 이상 보는 것을 의미한다. 설사는 병이 아니라 병의 증상의 일부이고, 몸 안에 들어온 나쁜 독소를 배출하려 하거나 장 기능에 이상이 있을 때 나타난다. 영유아는 예민하기 때문에 신체의 상태나 심리적인 이유로 인해 쉽게 영향을 받으며 설사를 하게 된다.

설사를 할 때는 지사제를 함부로 투약하지 않고 그 원인을 찾도록 한다. 한두 번 설사한 후 식욕을 되찾고 잘 놀면 이온음료나 보리차를 주며 관찰한다. 소화가 어렵거나 기름진 음식은 먹게 하지 않는다. 설사의 횟수가 잦고 발열, 구토, 복통 등의 증상이 함께 나타나면 부모에게 연락하거나 병원으로 데리고 간다.

7) 복 통

영유아들의 가장 흔한 건강 문제 중의 하나가 복통이다. 배가 아픈 것은 병이 아니라 하나의 증상으로, 영유아가 복통을 호소하면 정확한 원인을 파악해야 한다. 복통은 음식이나 변비, 정서적 긴장, 수술을 요하는 장내 질환 등 여러 요인에 의해 발생하지만, 소화불량이나 정신적 요인에 따른 복통이 가장 흔하다. 정신적 요인이나 변비로 인한 복통의 경우 안정을 취하면 통증이 사라진다.

복통이 발생하면 원인을 찾을 때까지 아무것도 먹이지 않으며, 배 근육의 긴장을 완화시키기 위해 옷을 느슨하게 해준다. 극심한 복통이 아니면 배를 가볍게 시계 방향으로 문질러 주거나 따뜻하게 해준다. 부드럽게 배를 만져보며 아픈 부위를 확인하고, 안정을 취한 후에도 복통이 가라앉지 않으면 병원으로 데리고 간다.

8) 변 비

영유아의 변비는 대부분 부적절한 식이에서 발생한다. 복통을 호소하면 대부분 변의를 느낀 경우로, 대변을 볼 수 있도록 도와준다. 변비는 대변의 횟수가 드물고, 변이 딱딱하고 건조하며 대변을 볼 때 힘들어하는 경우를 말한다. 배변 시 통증을 느끼고 혈액이 섞인 변을 보면 심각한 변비라고 할 수 있다.

영아의 경우 수분량을 늘려서 수유하고, 식단에서 곡류, 채소, 과일의 섭취를 늘리도록 한다. 운동 부족이나 항문열상, 만성질환으로 인해 변비가 발생할 수도 있으므로 3일 이상 배변하지 않거나 변을 볼 때 힘들어한다면 전문의의 진료에 따라 대변완화제를 사용할 수 있다. 보호자에 의한 관장의 경우 장천공의 위험이 크므로 반드시 의사의 지시를 따른다.

9) 감 기

대표적인 호흡기 질환인 감기는 바이러스로 인해 코와 인두(목구멍) 근처에 염증이 생기는 병이다. 감기는 영유아기에 흔히 발생하는 건강 문제로 신체 저항력이 약하거나 호흡기 알레르기가 있는 경우, 영양 공급이 부족할 때 발병한다. 6개월 미만의 영아는 가벼운 증상을 보여도 반드시 진찰을 받도록 한다. 중이염, 축농증, 폐렴 등의 합병증을 유발할 수 있으므로 감기를 소홀히 여기지 않도록 한다.

감기에 걸리면 휴식을 취하고 물을 많이 마시도록 한다. 감기가 심할 경우 실내 온도와 습도를 조절해 주고 자주 환기를 해주며 몸을 따뜻하고 편안하게 해준다. 기침을 많이 하면 머리 부분을 높여서 눕히고 호흡이 쉽도록 도와준다. 따뜻한 물이나 보리차 등 음료를 제공해 준다.

10) 인두염(편도선염)

인두염 또는 편도선염은 4~7세경 아동에게 흔히 발병하며, 바이러스나 감염으로 인해 발열과 인후통 등의 증상이 나타난다. 합병증으로 중이염, 사구체신염, 경부 임파선염, 인두후부 농양 등이 있다.

인후통 때문에 음식물을 삼키기 어려우므로 억지로 음식을 먹이지 않는다. 차가운 물이나 아이스크림 등을 먹이면 통증이 완화된다. 항생제 치료를 받도록 하며 임의로 치료를 중단하지 않는다.

11) 기관지염

기관지의 염증이나 감염으로 인해 발병하며, 먼지, 가스, 연기 등의 원인으로 상기도 감염이 발생한다. 오한, 미열, 콧물, 인후통, 근육통의 증상이 나타난다.

기관지염으로 진단받은 아동은 치료를 하면서 안정을 취하게 하고 호흡곤란이 생기지 않도록 습도를 높여준다. 영양이 풍부하고 소화되기 쉬운 음식을 제공하고, 기관지를 확장시키기 위해 심호흡을 유도한다.

12) 폐 렴

폐렴은 하부기도의 감염 중 가장 위험한 질병이다. 세균, 바이러스, 곰팡이 등에 의해 발병하며 기도에 꽃가루나 가루약 등의 이물질이 들어간 경우에도 발생한다. 초기증세는 감기와 유사하며 콧물, 발열, 구토, 설사, 식욕부진 등의 증상이 나타난다. 심해지면 마른기침을 하게 되고 호흡곤란이 나타난다.

원인균에 따른 항생제 치료가 필수적이며 반드시 의사의 진찰을 받도록 한다. 비교적 쉽게 완치되지만 합병증이나 2차 감염을 방지하기 위해 조기에 발견하여 격리, 치료하도록 한다.

13) 천 식

천식은 어느 연령에서나 유발될 수 있지만 약 80% 이상이 6세 이전 처음 발병하고 30% 정도는 1세 이전에 발병한다. 천식은 만성 염증성 질환으로 알레르기 유발에 의한 기관지 폐쇄가 특징적으로 나타난다. 천식은 유전적 요인의 영향을 받지만 담배연기, 곰팡이나 애완동물의 털, 진드기, 꽃가루, 아황산가스, 오존 등의 환경적 요인에 의해 발병하기도 한다. 천식은 기침과 호흡곤란의 증상을 수반하며, 심할 경우 사망하기도 한다. 호흡곤란이 경미할 때는 숨쉬기가 답답하거나 숨이 차는 느낌이 있다. 기침은 3주 이상 만성적으로 지속되며 연속되는 발작적 기침을 한다. 기침은 밤에 더욱 심해지며 인후두부의 가려움증이 동반될 수 있다.

천식 증상을 완화하는 흡입용 약물을 투여할 경우 적절한 사용법을 익혀둔다. 심각한 호흡곤란 증상이 나타나면 즉시 119에 신고하여 도움을 청하도록 한다.

14) 중이염

중이염은 바이러스성 상기도 감염의 일부로 중이의 감염으로 발생한다. 6개월에서 2세 사이 영유아에게 자주 발병한다. 열이 갑자기 나면서 귀가 아프고 감기와 동반하여 발생하기도 한다. 급성 중이염의 경우 감염으로 발생하며 간접흡연, 알레르기 비염, 비후된 편도선에 의한 이관의 폐쇄와도 관련성이 있다. 수유 시 우유가 역류하면서 중이염이 발생하기도 하므로 똑바로 눕혀 수유를 하지 않도록 한다.

15) 아토피성 피부염

아토피성 피부염은 대개 영아기에 시작되는 알레르기 질환으로 소양증을 동반하는 습진성 피부병변이 나타난다. 아토피성 피부염을 일으키는 음식으로 메밀가루, 새우, 계란, 콩, 땅콩, 밤, 밀가루, 생우유, 두유 등이 보고되는데, 성장기 아동에게 필요한 영양 공급원이므로 대체식품을 제공해 주도록 한다. 2~6개월경 영아의 경우 홍반성 습진성 피부염이 특징적이며, 점차 목, 손목, 복부, 사지의 관절 부위로 퍼지고 2~3세경 자연 소실된다. 2~3세 무렵에는 팔꿈치, 무릎 뒤, 목의 굴곡 부위와 손목, 발목, 발에 증상이 발생하여 90% 정도가 5세 이후 자연 소실된다. 12세에는 얼굴, 목, 손, 발, 팔꿈치, 무릎 뒤 굴곡 부위에서 증상이 발생하여 성인 초기 자연 소실되거나 지속된다.

아토피성 피부염에 대한 일반적인 관리는 소양증을 감소시키는 것이다. 건조한 피부, 조이는 의복, 집먼지 진드기, 화학 섬유와 털로 된 제품, 더위, 발한, 알레르기 음식 등 소양증을 악화시킬 수 있는 요인을 피하고 피부를 건조하지 않게 보습해 준다. 피부를 보습하기 위해서는 미지근한 물에서 10~20분 정도 목욕을 하고 곧바로 보습제나 치료연고를 바르도록 한다. 부드러운 면제품의 옷을 입도록 하고 의사의 처방에 따라 적절한 약물 요법을 실시한다. 기온과 습도가 너무 높거나 낮은 환경은 피하며, 급격한 온도변화를 제한하고 실내 습도를 50% 이하로 유지한다. 침구류는 반드시 55℃ 이상의 뜨거운 물로 세탁하며 카펫이나 소파 등을 자주 청소한다. 애완동물은 키우지 않는 것이 좋다.

16) 구내염

구강의 염증상태를 구내염이라고 한다. 감염질환이나 전신질환의 증상일 수 있으며 음식물이나 음료, 외부 자극에 따른 손상, 구강 내 상처로 인해 감염되기도 한다. 피곤하거나 수면 부족, 빈혈일 경우 자주 발병한다.

구내염이 발생하면 구강위생에 유의하며 약물 치료를 병행한다. 입안의 고통을 경감시킬 수 있도록 빨대로 음료를 제공하는 것도 좋다.

17) 아기 흔들림 증후군

아기를 심하게 흔들어 생기는 질병으로 뇌출혈이나 늑골 골절 등을 유발하는 것을 말한다. 2세 이하의 영아가 울거나 보챌 경우 달래려고 심하게 흔들면 머리 안의 뇌가 이리저리 흔들리면서 뇌출혈을 일으키고 사망하기도 한다. 아기 흔들림 증후군으로 진단되면 30%가 사망하고 생존할 경우에도 60%는 실명하거나 사지마비, 지적장애, 성장장애, 뇌전증 등 영구적인 후유증을 지니게 된다.

아기 흔들림 증후군을 예방하기 위해서는 아기가 울거나 보챌 때 흔들면서 달래지 않도록 한다. 특히 아기의 머리가 앞뒤, 위아래로 움직이면 매우 위험하므로 주의해야 한다.

2. 응급처치

1) 응급처치의 개념과 목적

응급처치는 갑자기 발생한 외상이나 질환에 대해서 주로 발생한 장소, 또는 이송된 의료기관에서 최소한의 치료를 행하는 것을 의미한다(간호학대사전, 1996). 즉, 갑작스럽게 발생한 생명을 위협하는 외상이나 질환에 대해서 전문 의료인이나 응급구조 대원이 도착하기 전까지 행해지는 최소한의 조치를 일컫는다.

응급처치는 위급한 상황에서 생명을 구하고 통증을 경감하며 회복 시간을 단축시키려는 목적을 지닌다. 경우에 따라서는 119에 즉시 신고하거나 전문의가 있는 병원으로 가는 것이 최선의 응급처치 방안이 되기도 한다. 유치원과 어린이집의 원장은 영유아에게 질병·사고 또는 재해 등으로 인하여 위급상태가 발생한 경우 즉시 응급의료기관에 이송해야 한다.

2) 응급상황을 위한 준비

- 모든 교직원은 기도 확보와 심폐소생술 등의 응급처치법과 상해예방, 감염성 질병예방에 관해 훈련받는다.
- 비상시 대처절차는 벽면의 잘 보이는 곳에 게시해 둔다.
- 영유아 비상연락망과 응급 시 대처방안에 대한 목록이 비치되어야 한다.
- 입소 시 응급처치에 필요한 부모동의서를 작성한다.
- 사고가 발생할 경우 사고보고서를 작성한다.
- 응급처치를 위한 구급상자를 갖추고 세심히 관리한다.

구급상자는 찾기 쉽고 영유아의 손이 닿지 않는 일정한 장소에 비치해 두어야 한다. 구급상자 안에는 구급약품 외에도 비상시 대처절차와 응급 전화번호, 투약설명서 등이 구비되어야 한다. 각종 의약품은 사용기한을 확인하고, 개봉일을 기록해 둔다. 이 외에도 체온계와 소독된 면봉, 메모지와 볼펜 등을 구비해 둔다.

보육교직원 업무분장 및 비상시 대처방안 (예시)

담 당	일반 업무 내용	환경정리 구역	비상시 업무 내용
원장			
교사 공통			

* 어린이집에서 필요한 경우, 비상시 업무 내용란에 재난대비, 안전사고, 아동학대 관련 내용을 구분하여 포함 가능

■ 비상시 대피요령

- 침착하게 대처한다.
- 총지휘자에게 보고한다.
- 119 등 필요한 기관에 도움을 요청한다.
- 비상대피로를 확보한다.
- 교직원은 비상시 역할 분담에 따라 행동한다.
- 원아를 신속하게 인솔해서 안전지역으로 대피한다.
- 남은 원아가 있는지 반드시 확인한다.
- 필요한 응급조치를 취한다.
- 보호자에게 연락한다.
- 영유아들을 안정시킨다.

그림 9-1 **비상시 대처방안 예시**

출처 : 한국보육진흥원(2019).

부모동의 및 조사서 (예시)

ㅇㅇ어린이집에서는 영유아보육법 및 시행규칙, 사업지침 등에 따라 아래의 내용에 대하여 보호자의 동의를 받아 진행 여부를 결정하고자 합니다. 구체적인 내용을 확인하시고 해당 내용에 동의 여부를 빠짐없이 체크해 주시기 바랍니다.

〈영유아 기본 정보〉

성명	(남/여)		반이름	
주소			생년월일	
보호자	성명	영유아와의 관계		연락처

1. 응급처치 및 귀가동의

구분	처리내용
응급처치	– 응급상황 발생 시 위의 보호자에게 연락하여 주십시오. – 필요시 119구조대에 연락하여 □ 기관지정 의료기관(　　)이나 □ 보호자지정 의료기관(　　)으로 수송해 주십시오.
귀가동의	– 위 영유아의 귀가 시 위의 보호자에게 인도하여 주십시오. – 정해진 보호자 외 다른 사람에게 인계할 경우 사전에 반드시 연락을 취하겠습니다. ※ 우리 어린이집에서는 영유아를 성인 보호자 없이 혼자 귀가시키지 않습니다. 특히, 영유아가 13세 미만(초등학생) 형제 · 자매와만 등 · 하원하지 않도록 유념해 주시기 바랍니다. – 등 · 하원방법 : □ 보호자 동행　□ 차량(어린이집) – 차량이용 시 등 · 하원 시간 : 등원(　시　분), 하원(　시　분) (필요시 기재) – 부모 외 인계보호자 :　　(필요시 기재)

그림 9-2 부모동의서 예시

출처 : 한국보육진흥원(2019).

3) 응급상황 시 행동지침

응급상황이 발생할 경우 교사는 영유아들이 두려움과 불안을 느끼지 않도록 침착하게 행동하며 아이들을 혼자 두지 않도록 한다. 기관에서의 안전사고도 있지만 견학 등 야외 활동을 할 때 응급상황이 발생할 수 있다. 영유아의 사고나 질병 시 응급상황이라고 판단되면 즉시 119에 전화하여 도움을 요청하도록 한다. 다음은 응급상황 시 전화지침 단계이다.

① 마음을 진정하고 응급상황이라고 말한다. 간단한 사고 경위를 설명하고 시간과 장소를 정확히 알린다.

② 예시 : 여기는 (　　)동 (　　)유치원(어린이집)입니다. 영유아가 넘어져 머리를 부딪쳤고 피를 흘리고 있습니다. 전화번호는 (　　　　)입니다.

③ 다친 영유아의 이름, 성별, 나이를 말하고 증세를 설명한다.

④ 현재까지의 응급처치 상황을 알린다.

⑤ 전화를 먼저 끊지 말고, 지시에 따르며 전문요원이 오기를 기다린다.

응급처치의 일반적 원칙

- 다른 사고의 위험이 있을 경우 안전한 곳으로 이동한다.
- 위험한 물질은 제거한다.
- 호흡정지, 심한 출혈, 쇼크, 중독 순으로 가장 긴급한 영유아부터 처치한다.
- 기도를 유지한다.
- 지혈시킨다.
- 쇼크를 예방하는 처치를 한다.
- 상처는 감염되지 않도록 처치한다.
- 심리적으로 안정되도록 침착하게 대응한다.
- 복통이나 복부의 상처나 골절 의심, 출혈 시 아동을 금식시킨다.
- 영유아의 상태와 처치 등 모든 내용을 기록하고 관찰한다.

4) 심폐소생술과 기도폐쇄 응급처치

(1) 심폐소생술

심폐소생술(cardiopulmonary resuscitation)이란 갑작스러운 심장마비나 사고로 인해 폐와 심장의 활동이 멈추었을 때 심장 마사지를 통해 혈액을 순환시켜 인체조직으로 산소를 공급함으로써 뇌손상을 막고 생명을 살리는 즉각적이고도 임시적인 처치이다. 심장과 호흡이 멈춘 후 최소 4~6분 이내에 심폐소생술을 실시하면 뇌손상을 감소시키고 생존 가능성을 높일 수 있다. 영유아의 심장정지는 심장이 아닌 호흡의 문제로 인해 뇌나 심장으로 충분한 산소가 전달되지 못하는 경우가 대부분이므로 초기에 심폐소생술을 시행하는 것이 중요하다.

심폐소생술을 시행할 경우 심장정지 환자의 생존율이 약 4배까지 높아진다. 인공호흡을 포함한 표준 심폐소생술과 가슴압박소생술 간의 생존율 차이는 거의 없는 것으로 보고되므로, 인공호흡 시행이 가능하지 않다면 가슴압박소생술만 시행하도록 한다(질병관리청, 2020).

표 9-2 미국심장협회(AHA) 가이드라인

개별 요소	성인 및 청소년	소아(小兒) (1세에서 사춘기 전까지)	유아(乳兒) (연령 1세 미만, 신생아 제외)
주변 안전성	구조자와 환자 모두에게 주변 환경이 안전한지 확인		
심정지 상태 인지	반응 여부 확인 무호흡 또는 심정지호흡(비정상 호흡) 10초 이내에 맥박이 명확히 확인 안 됨 (호흡 및 맥박 확인은 10초 이내 동시에 실시 가능)		
응급의료체계 가동	• 구조자가 혼자이고 휴대폰이 없는 경우 환자를 그대로 둔 상태에서 먼저 응급의료체계를 가동시키고 심폐소생술 실시 전 자동제세동기 확보	① 심정지 발생을 목격한 경우 : 왼쪽에 제시된 성인 및 청소년용 단계를 따름 ② 심정지 발생을 목격하지 못한 경우 : 2분간 심폐소생술 실시 환자를 그대로 둔 상태에서 응급의료체계를 가동시키고 자동제세동기 확보	

	• 또는 다른 누군가를 대신 보낸 다음 즉시 심폐소생술을 시작하고 자동제세동기가 사용 가능하면 즉시 사용	소아 또는 유아에게로 돌아와 심폐소생술을 재개하고 자동제세동기를 사용 가능하면 즉시 사용	
전문 기도기가 없는 경우 압박 대 인공 호흡 비율	1~2인 구조자 30 : 2	1인 구조자 30 : 2 2인 이상 구조자 15 : 2	
전문 기도기가 있는 경우 압박 대 인공 호흡 비율	분당 100~120회의 속도로 연속 압박 실시 6초마다 인공호흡 1회 실시(분당 10회 인공호흡)		
압박 속도	100~120회/분		
압박 깊이	최소 2인치(5cm)*	흉부 전후방 직경의 최소 1/3 약 2인치(5cm)	흉부 전후방 직경의 최소 1/3 약 1.5인치(4cm)
손의 위치	흉골 하반부에 양손을 올림	흉골 하반부에 양손 또는 한 손(아주 체구가 작은 소아에 대한 옵션)을 올림	• 1인 구조자 유아의 유두선(nipple line) 바로 아래 가슴 중앙에 두 손가락을 올림 • 2인 이상 구조자 유아의 유두선(nipple line) 바로 아래 가슴 중앙에서 양손을 감싸고 두 엄지손가락을 올림
가슴반동	매 압박 후 완전한 가슴반동을 유도하고 매 압박 후 흉부에 기대지 않도록 유의		
중단 최소화	가슴압박 중단 시간을 10초 미만으로 제한		

*압박 깊이가 2.4인치(6cm)를 초과하면 안 됨

2016년부터는 응급의료체계 가동 시 '자동제세동기'라는 용어 대신 '자동심장충격기'라는 용어로 변경되어 사용된다. 심폐소생술은 연령과 신체 조건을 고려하여 다르게 시행해야 한다. 일반적으로 1세 미만의 영아, 1~8세의 소아, 8세 이상의 청소년 및 성인으로 분류하여, 영아 심폐소생술, 소아 심폐소생술, 성인 심폐소생술로 구분하여 실시한다.

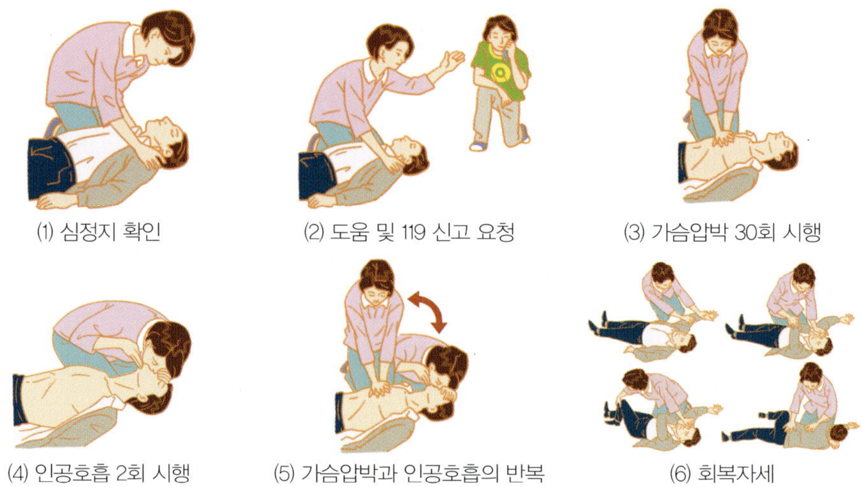

그림 9-3 심폐소생술 방법

출처 : 대한심폐소생협회(2016).

① 가슴압박(30회)

단단한 바닥에 바르게 눕히고 바로 옆에서 무릎을 꿇는 자세를 취한다. 가슴이 보이도록 옷을 벗기고 심폐소생술 시행자의 손목 끝부분을 환자의 양측 젖꼭지를 연결한 선과 흉골이 만나는 가슴 중앙에 위치한 다음, 다른 한 손을 포개어 깍지를 끼고 팔이 바닥과 수직을 이루도록 하여 분당 100~120회의 속도로 약 5~6cm 깊이로 가슴압박을 시행한다. 양손은 가슴에서 떨어지지 않도록 하며, 30회 압박을 시행하고 압박된 가슴은 완전히 이완되도록 한다.

8세 이하 소아의 경우 체격조건에 따라 한 손 또는 두 손으로 시행한다. 1세 미만의 영아의 경우 양측 젖꼭지를 연결한 선과 흉골이 만나는 가슴 중앙의 하부를 두 손가락으로 가슴 두께의 1/3(약 4cm) 정도로 압박한다.

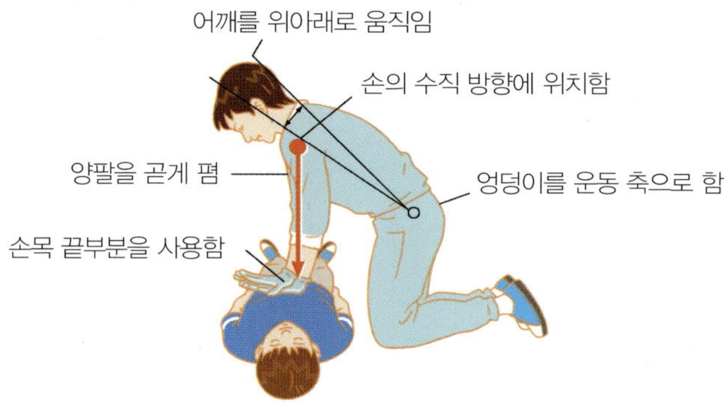

그림 9-4 **가슴압박(청소년 및 성인)**

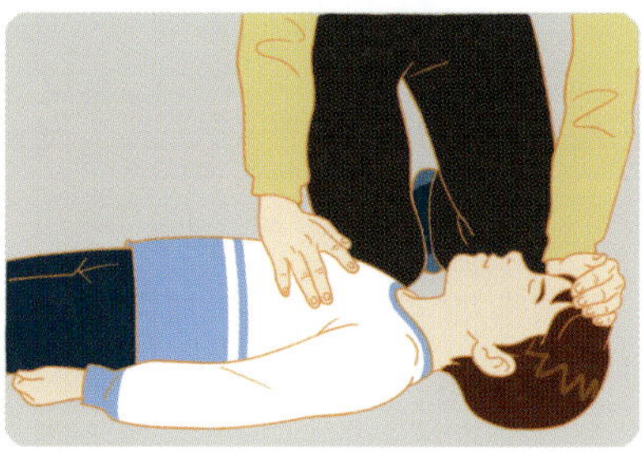

그림 9-5 **가슴압박(소아)**

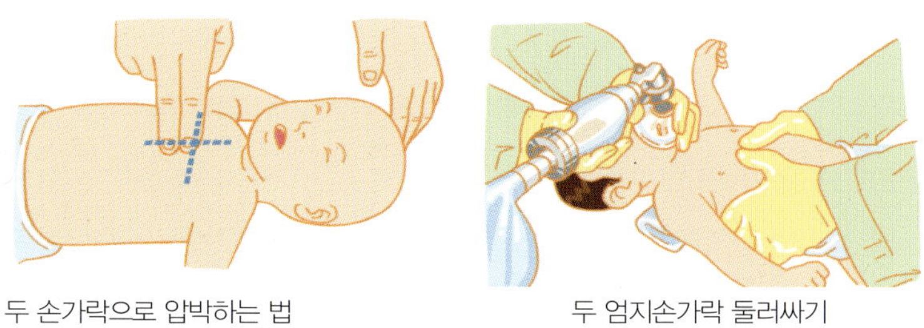

그림 9-6 **가슴압박(영아)**

② 인공호흡(2회)

머리를 젖히고 턱을 들어 올리는 방법으로 기도를 개방해 준다. 처치자의 한 손은 대상자의 이마에 두고 다른 한 손의 엄지와 검지를 이용해서 대상자의 코를 막고 1초간 가슴이 충분히 올라올 정도로 숨을 불어넣는다. 1회 호흡을 불어넣고 코를 잡은 손을 놓으며 가슴을 응시하고 다시 코를 잡고 두 번째 호흡을 불어넣는다. 영아의 경우 얼굴이 작으므로 입과 코를 처치자의 입으로 한꺼번에 덮은 후 호흡을 불어넣는다.

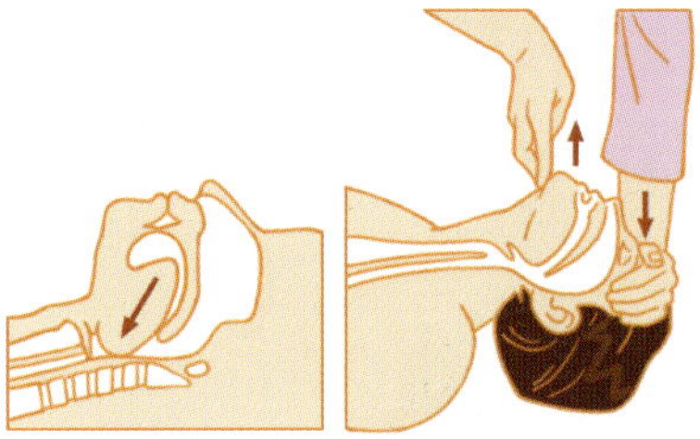

머리 젖히고–턱 들기 방법

입–입 인공호흡

그림 9–7 인공호흡

출처 : 대한심폐소생협회(2011).

③ 가슴압박과 인공호흡의 반복(30 : 2)

가슴압박과 인공호흡을 30:2의 비율로 반복해서 실시한다. 119구조대원이 현장에 도착해서 환자를 인계받거나 환자가 의식을 찾을 때까지 지속한다.

(2) 기도폐쇄 응급처치

코와 입에서 폐로 공기가 전달되는 길을 기도라고 한다. 의식이 없는 영유아의 기도폐쇄는 혀에 의한 원인이 가장 흔하다. 소아나 노인은 풍선, 작은 물체와 사탕, 땅콩, 젤리, 포도, 방울토마토 등 표면이 매끄러운 음식으로 기도폐쇄가 발생하기도 한다.

이물질에 의한 기도폐쇄는 경미한 부분 기도폐쇄와 완전 기도폐쇄로 구분된다. 의식이 있고 기침을 한다면 경미한 부분 기도폐쇄라고 볼 수 있다. 갑자기 눈을 크게 뜨고 눈동자를 돌리거나 호흡곤란으로 청색증이 유발되며 목을 움켜쥐는 동작을 할 경우 완전 기도폐쇄라고 여겨질 수 있다. 기도의 완전폐쇄는 수 분 내에 사망할 수 있는 응급상황이다. 이물질에 의한 기도폐쇄가 의심될 경우 즉시 119에 신고하여 구조를 요청한다. 부분 기도폐쇄의 경우 이물질을 배출하도록 기침을 하게 한다. 기침이 약해지거나 청색증이 나타나고 의식을 잃을 경우 완전 기도폐쇄로 진행되는 것이므로 곧바로 응급처치를 실시해야 한다.

기도가 폐쇄된 1세 이상의 영유아와 성인에게는 하임리히법(복부 밀쳐 올리기)으로 처치한다. 하임리히법은 대상의 등 뒤에서 주먹 쥔 손을 다른 손으로 감싸쥐고 배꼽과 명치 중간에서 안쪽에서 위로 강하게 밀쳐 올리는 것이다. 이물이 제거될 때까지 반복해서 실시한다. 이물이 제거되지 않고 대상자가 의식을 잃으면 즉시 심폐소생술을 시행해야 한다. 기도폐쇄 시 하임리히법의 응급처치를 시행했다면 이물질의 제거 여부와 상관없이 전문의의 진찰이 필요하다.

1세 미만의 영아의 경우 하임리히법 대신 등 두드리기와 가슴압박을 시행한다. 영아의 머리를 아래쪽으로 향해 엎드려 누이고, 한 손으로 영아의 턱을 지지하면서 다른 손으로 견갑골 사이를 손목 끝부분을 이용하여 4~5회 연속하여 두드린다. 영아를 다시 앞으로 돌려 가슴을 두 손가락으로 4~5회 압박한다. 이 과정을 반복하여 입으로 이물이 나오면 조심스럽게 제거한다.

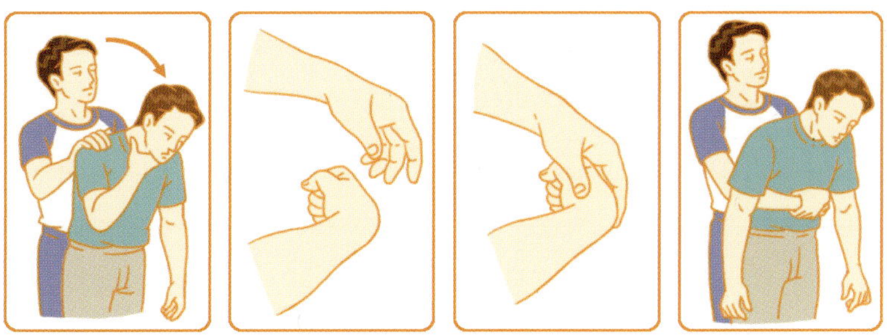

그림 9-8 성인 하임리히법 순서

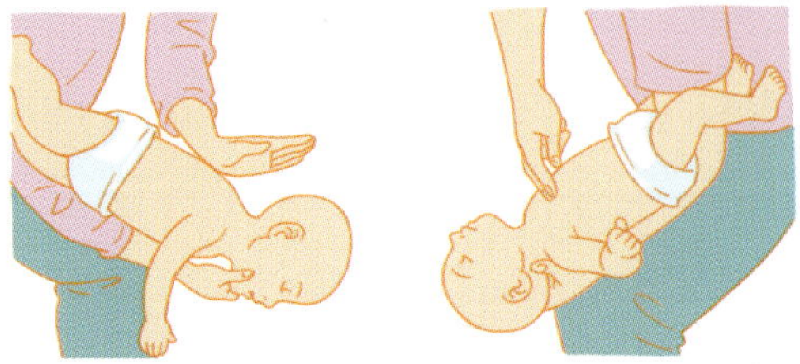

그림 9-9 1세 미만 등 두드리기와 가슴압박

5) 상황에 따른 응급처치

유아교육기관의 응급상황은 매우 다양하게 발생할 수 있다. 응급상황이 발생한 장소에서 신속하고 올바르게 대처하려면 사전에 응급처치에 대한 지식을 충분히 갖추고 있어야 한다. 또한 방법을 이해하는 것만으로는 충분하지 않으며 실제 적용할 수 있을 때까지 반복 교육이나 훈련을 지속해야 한다. 응급처치가 필요한 상황들은 다음과 같다.

(1) 열성경련

5세 이하 영유아에게서 고열과 함께 경련이 일어난다. 경련의 원인은 정확히 알 수 없으며, 급성 호흡정지로 인한 발작이나 영유아가 심하게 울다가 파랗게 변하면서 경련을 일으킬 수 있다. 열성경련은 1~2분 내 멈추고 경련을 멈추면 대부분 이상은 없다. 열성경련의 경우 열이 떨어지면 경련이 멈추므로 미지근한 물로 온몸을 닦아주고 주위를 시원하게 해준다. 경련이 일어나면 주변 물건으로 인해 영유아가 다치지 않도록 위험한 물건을 치우고 조인 옷을 느슨하게 해준다. 질식예방을 위해 머리를 포함해 몸을 옆으로 돌려주기도 한다. 경련 후 숨을 쉬지 않거나 입술이 새파래질 경우 즉시 심폐소생술을 실시하고 119에 연락한다.

(2) 피부 상처

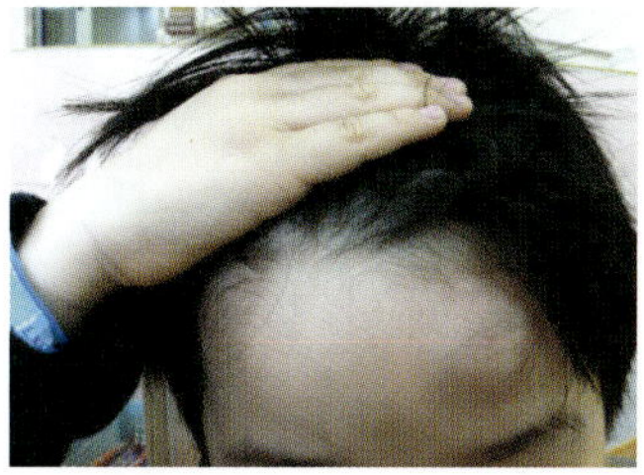

피부에 멍이 들었을 때는 5~10분 동안 냉찜질을 해주고 15~20분 정도 멈추었다가 다시 냉찜질을 하는 과정을 3~5회 반복해 준다. 팔이나 다리에 멍이 들었을 때는 심장보다 높게 들어주고, 하루가 지나면 따뜻한 찜질을 해준다. 심하게 멍이 들었거나 점점 붓고 통증이 지속된다면 병원진료가 필요하다. 멍이 들 때 특히 눈 주위가 시퍼렇게 보인다면 안구 내 출혈이 있는지 의심해 보아야 한다.

피부가 찢어져 피가 나는 경우 상처 부위가 작다면 흐르는 물에 상처를 씻고 1회용 반창고나 거즈를 대어준다. 공기가 잘 통할 수 있도록 반창고나 거즈를 너무 단단히 붙이지 않도록 한다. 상처가 크고 깊거나 피가 많이 날 경우 출혈이 멈출 때까지 거즈로 상처를 누르며 출혈이 있는 부위를 심장보다 높게 해준다. 상처가 깊고 벌어진 경우에는 소독약이나 연고를 함부로 바르지 않고 즉시 병원진료를 받도록 한다. 출혈이 멈추지 않으면 천을 덧대어 누르고 119에 도움을 요청한다. 성형외과 처치를 원하는 부모가 많으므로 얼굴 주위에 상처가 나면 보호자에게 연락하도록 한다.

피부 표면이 긁힌 찰과상은 바닥이나 벽면에 긁힌 경우가 많으므로 상처 부위를 깨끗한 물이나 식염수로 씻어서 소독하고 스펀지형 습윤밴드나 드레싱밴드를 붙여준다. 찰과상의 범위가 너무 넓거나 얼굴의 상처, 심하게 흙이 묻은 경우에는 감염을 방지하기 위해 병원진료를 받도록 한다.

찔린 상처는 겉보기에는 상처가 크지 않아도 나뭇가지, 못, 유리, 칼 등에 찔린 경우가 많으므로 감염의 위험이 높다. 상처에 찔린 물건이 박혀 있다면 빼려 하지 말고 병원에서 제거하도록 한다. 상처에서 피가 날 경우 부위를 압박하여 지혈해 준다. 피가 멈추면 상처를 소독하고 항생제 연고를 바른 후 붕대로 감싸준다.

(3) 코피

영유아가 코피를 흘리면 피가 목으로 넘어가지 않도록 의자에 앉히고 머리를 약간 숙여 입으로 호흡하도록 알려준다. 코의 중격(코의 말랑말랑한 부분과 딱딱한 부분 사이) 부위를 엄지와 집게손가락으로 10분 동안 압박한다. 윗입술 안쪽과 윗잇몸 사이를 거즈로 눌러주거나 눈과 눈 사이를 냉찜질한다. 지혈을 할 때 휴지를 코 안에 깊이 넣지 않도록 주의한다. 코피는 한 번 나면 자주 흘리게 된다. 주위 환경이 너무 건조하지 않은지 살피고, 코를 후비거나 코를 세게 푸는 행동을 하지 않도록 한다.

(4) 귀 출혈

귀에서 출혈이 있거나 액체가 흘러나올 경우에는 귀를 기울이고 소독 거즈로 살짝 덮은 후 테이프를 붙인다. 귀를 마개로 막거나 혈액이 흐르는 것을 방해하지 않도록 유의한다.

(5) 이를 다쳤을 때

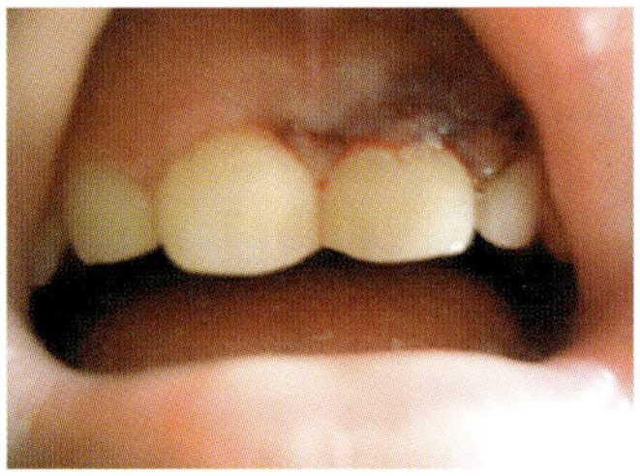

이 주위 잇몸에서 피가 나거나 이를 부딪쳤을 때는 조심스럽게 부위를 관찰하고 잇몸을 직접 눌러 압박하여 지혈한다. 이가 빠지거나 부러진 경우에는 거즈로 압박하여 지혈한다. 영구치 치아가 빠졌을 경우에는 치아 표면을 문지르지 않고 이물질을 털어내는 정도로 살짝 씻은 후 물이나 우유, 식염수에 담근 채 치과로 가지고 간다.

(6) 눈을 다쳤을 때

눈에 이물질이 들어간 경우 20분 이상 흐르는 물이나 생리식염수로 눈을 씻어내도록 한다. 영유아의 경우 이물질이 들어간 눈을 식염수로 씻어내기 어려우므로 모래나 작은 티가 들어갔다면 눈물을 흘려서 이물질을 제거하도록 해준다. 양손으로 눈을 비비지 않도록 아이의 손을 부드럽게 잡고 이물질의 상태를 관찰한다. 손상된 눈을 손으로 만지거나 비비지 않도록 하며, 시력의 이상 여부를 확인하기 위해 안과 진료를 받는다. 눈에 박히거나 달라붙은 물체는 억지로 제거하지 않도록 하고 눈의 핏줄이 터졌거나 날카로운 물체에 눈이 찔린 경우 즉시 진료를 받도록 한다.

(7) 머리를 다쳤을 때

머리나 목을 다친 경우 30초 이상 의식을 잃으면 영유아를 옮기거나 움직이지 않고 즉시 119에 신고하여 도움을 요청한다. 머리를 다친 후 48시간 이내에 아래와 같은 증상이 있을 경우 의사의 즉각적인 진료가 필요하다.

- 계속 졸려 하거나 말과 행동이 이상하고 의식을 잃을 때
- 2시간 이상 메스꺼움을 느끼고 구토를 하며, 몇 시간 내에 뿜어내는 토사성 구토를 할 때
- 경련이나 발작을 할 때
- 귀나 코에서 맑은 액체(뇌척수액)나 피가 나올 때
- 사물이 이중으로 보이거나 두 눈동자가 동시에 움직여지지 않을 때
- 자꾸 주저앉으려 하고 한쪽으로 쏠려서 걸을 때

머리를 다쳐서 울고 있거나 쓰러진 경우에는 2차 손상의 가능성을 방지하기 위해 일으켜 세우거나 흔들어 깨우지 않고 양쪽 어깨를 가볍게 두드려 의식을 확인하도록 한다. 머리에 멍이 들면 냉찜질을 실시하여 통증과 부종을 방지하고, 출혈이 발생했다면 거즈 등으로 두피를 직접 압박하여 지혈하도록 한다.

두피는 혈행이 풍부하여 작은 상처에도 피가 많이 나게 되므로 영유아가 당황하여 쇼크를 일으키지 않도록 심리적인 안정을 지원해 준다.

(8) 벌레, 동물 등에 쏘이거나 물린 경우

벌이나 지네 등 곤충에 물렸을 때는 상처 부위를 바늘이나 칼로 긁어주거나 카드 등으로 밀어서 침을 제거한다. 손톱이나 핀셋으로 침을 제거하려고 시도할 경우 독을 터트릴 염려가 있기 때문에 사용하지 않도록 한다. 통증이 가라앉을 때까지 상처 부위를 얼음이나 찬물로 냉찜질을 해주어 부종을 막아준다. 여러 군데 물린 경우 상처를 냉찜질하고 호흡상태를 관찰한다. 가려움증, 호흡곤란, 두드러기, 구토, 식은땀이 발생하거나 물린 부위가 심하게 부어오르는 경우 즉시 병원진료가 필요하다. 진드기에 물린 경우 감염을 유발할 수 있으므로 진드기를 제거하고 피부 발진이나 열이 있지 않은지 관찰하며 전문의의 진단을 받는다.

동물이나 사람에게 물렸을 때는 상처가 깊지 않으면 비누와 미지근한 물로 깨끗이 씻어낸다. 출혈이 있다면 거즈를 대고 직접 압박하여 지혈한다. 손발을 물렸을 경우는 심장보다 높게 해주어 지혈을 돕는다. 개에 물린 상처는 광견병 예방접종 여부를 확인하고, 확인되지 않는다면 병원진료 시 의사에게 알린다. 현장에서 즉시 개와 격리하고, 물린 상처를 지켜보며 호흡이나 맥박 등을 관찰한다.

뱀에 물린 경우는 아동을 진정시켜 독이 몸으로 급속히 퍼지는 것을 막고 물린 부위를 심장보다 아래로 위치하게 한다. 뱀의 형태나 종류를 잘 기억해 두고, 물린 부위에서 10~15cm 정도 심장과 가까운 부위를 손수건이나 천 등으로 새끼손가락이 들어갈 정도로 묶는다. 절대 얼음찜질은 하지 않으며 119의 도움을 받는다. 피부를 절개하여 입으로 독을 빨아내는 처치는 위험하므로 하지 않도록 한다.

(9) 화상

화상은 뜨거운 물질 또는 마찰 등으로 인해 신체조직이 손상된 상태를 말한다. 화재, 뜨거운 증기, 기름, 물, 주방기구, 화학약품, 전기 등이 원인이다. 화상의 정도는 상처의 깊이와 정도에 따라 1도, 2도, 3도로 구분한다. 1도 화상은 피부 표면이 수포 없이 붉게 변한 상태이고, 2도 화상은 피부 표피층이 손상되고 내피층까지 손상을 입어 수포가 생긴 상태이다. 3도 화상은 모든 피부층과 피하지방, 근육층까지 손상된 상태로 피부가 회백색이나 검은색을 띠는 상태이다.

화상을 입은 영유아에게는 다음과 같이 처치한다.

- 열탕화상의 경우 덴 부위를 흐르는 찬물에 10~15분 정도 식혀준다. 옷을 입고 있는 경우 무리하게 옷을 벗기지 말고 옷을 입은 채 그대로 식힌다.
- 지속적으로 상처 부위의 열기를 식히도록 처치해 준다.
- 화상의 정도가 심하면 냉찜질을 해주며 병원으로 이동하고, 수건 등을 대어 줄 경우 피부가 쓸리지 않도록 주의한다.
- 연고를 바르면 쓰린 통증이 완화되지만 열기가 내부로 침투될 수 있으므로 연고 투여는 가장 마지막에 처치한다.
- 화상 전용 거즈는 소독된 바셀린과 소독약이 들어 있어 진찰에 방해가 될 수 있다. 병원진료가 필요하다면 소독된 거즈를 넓게 대고 가볍게 감아주도록 한다.
- 영유아의 체온 유지를 위해 담요나 겉옷을 덮어준다.
- 화학약품으로 인한 화상의 경우 고무장갑으로 손을 보호한 후 처치한다. 흐르는 물로 화상 부위를 씻어 화학약품을 닦아낸다. 이후 처치는 열탕화상의 응급처치와 동일하다. 약품으로 인한 화상을 씻어낸 물은 화상을 입을 수 있으므로 주의해서 흘려보내도록 한다.

- 전기로 인한 화상일 경우 감전물체의 전원을 차단하거나 장화, 고무장갑, 막대기 등의 절연체를 이용하여 감전물체를 분리시킨다. 화상을 입은 부위를 찾아 처치를 실시하고 즉시 병원진료를 받는다.

(10) 코나 귀에 이물질이 들어갔을 때

코에 이물질이 들어간 경우 반대쪽 콧구멍에 휴지 등을 넣어 재채기를 유도하거나 반대쪽 코를 막고 가볍게 코를 풀게 한다. 이물질이 나오지 않으면 즉시 이비인후과의 진료를 받는다. 핀셋 등으로 이물질을 꺼내려 할 경우 더 밀어넣을 수 있으므로 유의한다.

귀에 벌레가 들어간 경우에는 주위를 어둡게 하고 전등불을 귀에 비추어 본다. 나오지 않을 경우 생리식염수, 의료용 알코올, 오일, 올리브유 등을 몇 방울 떨어뜨려 벌레를 죽인 후 이비인후과를 방문하여 제거한다.

(11) 중독

중독에는 저독성 물질 섭취(예 흙, 풀, 크레용 등), 위험물 중독(예 강산, 강알칼리 등), 흡입에 의한 중독(예 일산화탄소 등), 피부를 통한 중독 등이 있다. 중독은 독성 물질을 삼키거나 흡입, 피부나 눈을 통한 침투, 주사 주입 등으로 신체에 일시적이거나 영구적인 손상이 야기되는 것을 말한다.

독성 물질을 삼켰을 때 무조건 토하게 하는 것은 좋지 않으며, 노출된 시간과 양을 확인하여 무엇을 언제 얼마만큼 먹었는지를 정확히 파악해야 한다. 황산, 염산 등의 강한 산과 양잿물, 암모니아 같은 강알칼리 물질을 삼킨 경우 토사물로 인해 화상을 입을 수 있으므로 토하게 하면 안 된다. 산성 물질을 삼켰으면 우유나 달걀흰자를 먹게 하고 알칼리 물질의 경우 식초를 묽게 해서 마시게 한다. 휘발유나 벤젠은 토하면서 폐를 자극할 수 있으므로 주의하고, 즉시 병원으로 가서 위세척을 하도록 한다.

중독의 증상은 구토, 호흡곤란, 메스꺼움, 발한, 복통, 의식장애, 경련 등이 나타날 수 있다. 독극물에 의한 중독인지 아닌지는 판단하기 어렵고 원인물질에 따라 응급처치법이 다르므로 즉시 119에 신고하도록 한다.

중독에 대한 일반적 처치는 다음과 같이 한다.

- 처치자의 안전을 확보하며 중독자를 관찰하여 중독물질의 단서를 찾도록 한다.
- 의식을 확인하고 기도를 유지한다.
- 의식이 없거나 경련이 있을 경우 구토를 시키지 않는다.
- 피부에 화학물질이 노출되었을 경우는 흐르는 물에 깨끗이 씻어야 한다.
- 중독 가능성이 있는 약물 등은 수거 후 밀봉하여 병원에 제출한다.
- 유독가스 등에 노출될 경우 젖은 수건이나 옷으로 입과 코를 막고 낮은 자세로 대피하여 신선한 공기를 마시게 한다.
- 목이 따끔거리거나 호흡곤란이 있을 경우 즉시 병원으로 가야 한다.

(12) 골절, 탈구, 염좌

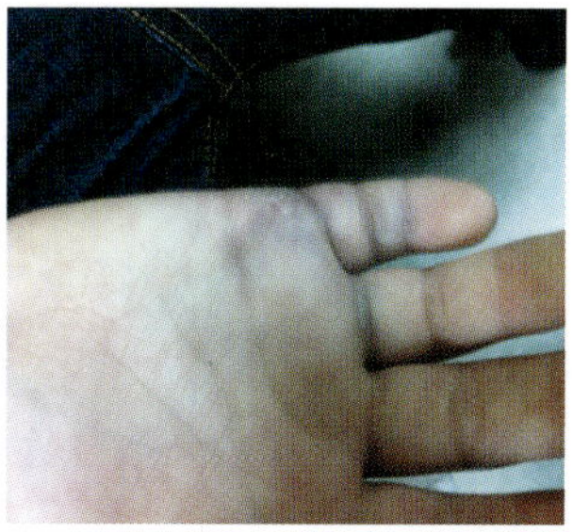

골절은 외부의 힘에 의해 뼈가 부러지거나 파괴된 상태를 말한다. 뼈가 피부를 통과해서 골절될 경우 개방성 골절이라고 하며 감염과 출혈의 위험성이 크다. 골절 부위의 옷을 조심스럽게 벗겨내고 냉찜질을 해준다. 피부가 너무 차가워지지 않도록 주의하고 피부나 조직이 늘어지지 않도록 가능하면 압박붕대로 감아준다. 발, 발목, 손, 팔꿈치의 경우 심장보다 약간 높게 올려주어서 골절 부위의 출혈과 부종을 방지한다. 골절 부위를 움직이면 심하게 부을 수 있으므로 움직이지 않도록 부목으로 고정해 준다.

탈구는 관절에서 뼈가 이탈하여 분리된 상태로 주변의 신경이나 조직을 손상시킬 수 있으며 심한 통증을 유발한다. 의료인이 아닌 사람이 탈구를 바로잡으려고 해서는 안 된다. 부상당한 부위에 얼음찜질을 해주어 통증을 가라앉히고 부종을 방지한 후 병원진료를 받는다.

염좌(삐는 경우)는 인대 등 관절 주위 조직에 강한 힘이 가해져 발생한다. 손상과 동시에 아프고 붓기 시작하여 통증이 깊어진다. 상처 부위에 냉찜질을 해주고 가능하면 걷지 않도록 한다. 손목 염좌는 팔걸이를 해주고 발목의 경우 쿠션을 놓아주어 상처 부위를 높게 해준다.

목과 허리 등 척추에 손상을 입은 경우, 뼈가 보이거나 피부가 찢어진 경우, 손상 부위 아랫부분인 팔다리가 차가워지거나 새파래진 경우 신경계나 척수 손상 등 위급상황이므로 움직이거나 옮기지 않고 119에 즉시 연락한다. 골절 부위를 움직이면 심하게 부을 수 있으므로 움직이지 않도록 부목으로 고정해 준다.

- 다친 부위가 보이도록 한다.
- 부목을 대기 전 손발에 감각이 있고 움직일 수 있는지 확인한다.
- 뼈가 밖으로 나와 있을 경우 제자리로 밀어서 넣지 않는다.
- 구비된 부목이 없다면 방석이나 포장지 등 적절한 물건을 활용하여 손상 부위의 위아래 관절을 함께 고정해 준다.

(13) 목에 가시가 걸렸을 때

목에 가시가 걸린 경우 말하거나 손으로 목을 가리키며 불편해한다. 식사 중이었으면 멈추고 입안을 헹구어 내도록 한다. 성인의 경우 밥의 양을 많이 해서 한 번에 삼키도록 하기도 하는데, 영유아에게는 위험하므로 실시하지 않는다. 가시가 보이면 이비인후과를 방문하여 가시를 제거한다. 가시가 보이지 않을 경우에도 전문의의 진료가 필요하다.

(14) 혀를 깨물었을 때

혀를 깨문 상태에 따라 처치가 달라지지만 피가 나면 삼키지 말고 뱉도록 한다. 영유아가 자신의 피를 보고 놀라서 울지 않도록 달래준다. 경미한 출혈일 경우 얼음조각을 입에 물고 있으면 통증이 완화되는데 어린 영아의 경우 위험할 수 있으므로 얼음처치를 실시하지 않는다. 입안은 혈행이 풍부하여 상처가 쉽게 회복되므로, 깨끗한 물로 헹구어 감염을 방지한다. 혀가 잘릴 정도로 큰 상처는 병원진료를 받는다.

(15) 가슴 타박상

가슴이나 배 등을 부딪혔다면 부위를 가볍게 만져보며 통증 유무를 확인하고 상처나 출혈이 있는지 살펴본다. 모서리나 단단한 물건과 부딪혔다면 내상을 염두에 두고 관찰하여야 한다. 출혈이 있다면 지혈 후 소독 거즈를 대어주고 호흡곤란이나 안색이 창백해질 경우 고개를 옆으로 돌려 편안하게 눕혀준다. 출혈 시 즉시 병원진료가 요구되며, 만일의 상황에 대비하여 음식을 먹이지 않는다.

(16) 쇼크

쇼크는 외상에 따른 출혈이나 탈수, 심각한 구토, 화상, 흉부외상, 알레르기 반응 등으로 인해 주요 장기기능이 저하된 상태로, 혈액이 세포에 잘 전달되지 않아 발생한다. 쇼크의 증상으로 창백하고 찬 피부, 빠른 호흡과 약하고 빠른 맥박, 갈증, 메스꺼움과 구토, 의식 소멸 등이 나타난다.

쇼크의 응급처치는 다음과 같다.

- 즉시 119에 신고하여 전문의의 치료를 받는다.
- 기도를 개방하여 아동을 관찰하고 적절히 호흡하는지 살펴본다.

- 출혈이 있을 경우 출혈 부위를 직접 압박하여 지혈한다.
- 척추손상의 위험이 없다면 다리를 20~30cm 정도 높게 올려준다.
- 담요를 덮어 저체온에 빠지는 것을 예방한다.
- 위 운동이 저하되어 구토할 수 있으므로 음식을 주지 않고 토할 경우에 고개를 옆으로 돌려준다.

(17) 일사병

햇빛에 장시간 노출되면 뇌의 체온조절 중추가 제대로 기능하지 못하여 혈류량이 늘어나고 발한, 두통, 구토, 현기증, 빈맥이나 실신을 하게 된다. 신속히 시원한 곳으로 옮겨서 눕히고 의복을 느슨하게 해준다. 물이나 식염수를 마시게 하고 찬 물수건으로 열을 식혀준다. 몸을 너무 차게 해서는 안 되고 시원한 온도에서 휴식을 하게 하면 점차 회복된다.

제10장

영유아 건강교육을 위한 교수-학습 방법

1. 영유아 건강교육의 목표
2. 영유아 건강교육의 내용
3. 영유아 건강교육의 지도방법
4. 영유아 건강교육을 위한 교사의 역할
5. 영유아 건강교육을 위한 가정과 지역사회 연계

10장

영유아 건강교육을 위한 교수-학습 방법

영유아기의 건강은 일생 동안의 건전한 성장과 발달을 위한 기초를 형성하고 이후의 발달을 위한 방향을 제시해 준다는 점에서 중요한 의의를 지닌다. 영유아기의 건강을 이야기할 때는 단순히 신체적인 성장과 성숙만을 의미하는 것이 아니라 정신적 건강의 유지와 안전에 대한 올바른 인식과 대처능력까지 포함하는 것이다. 영유아의 건강교육을 성공적으로 수행하기 위해 교사는 건강교육의 목표를 설정하고 내용을 선정한 후 교수–학습 및 평가의 과정을 거치게 된다. 이러한 과정에서 교사는 영유아들의 흥미와 관심을 유발할 수 있는 다양한 교수–학습 방법을 활용하게 된다.

이러한 관점에서 이 장에서는 영유아 건강교육을 위한 목표와 내용을 소개하고, 이러한 교육내용을 교실에서 실현하기 위한 방법과 다양한 접근법에 대해서 살펴보고자 한다.

1. 영유아 건강교육의 목표

건강한 삶에 대한 관심이 점점 증가하면서 건강의 의미도 신체적·정신적·사회적 웰빙(안녕)의 상태를 유지하는 예방적 의미로 변화되었다. 예방적 관점에서 건강이란 질병이 생긴 이후에 그것을 치료하려고 노력하기보다 사전에 각 개인이 자신의 건강과 관련된 여러 요소를 스스로 살펴보고 조절하며, 건강에 필요한 지식, 기술 및 태도를 학습하고 실천하는 것이라 할 수 있다.

미국 건강교육표준기구(Joint committee on National Health Education Standards), 건강교육증진협의회(Association for the Advancement of Health Education), 미국 학교건강협의회(American School Health Association), 공공건강협회(American Public Health Association) 등에서는 건강교육을 매우 중요시하였으며 유아건강교육의 주요 목적을 '유아들이 기본적 건강 관련 정보와 서비스를 찾아내고, 이를 해석·이해하며 실제 삶에서 건강을 증진하기 위해 이러한 정보들을 활용할 수 있는 능력을 길러주는 것'으로 규정하고 있다(정미라 외, 1999). 또한 미국의 유아교육협회인 NAEYC(1998)에서는 유아건강교육의 목표를 '건강한 생활습관을 형성하기 위해서는 유아기에 개인의 건강과 관련된 경험과 학습을 통해 건강에 관한 기본적 정보를 이해하고 이를 실천할 수 있는 능력을 기른다'로 제시하고 있다.

2019 개정 누리과정에서도 유아기 건강교육의 중요성을 강조하며, 건강하고 안전한 생활습관 형성을 통해 심신의 조화로운 발달을 도모하는 것을 목적으로 하고 있다. 신체적인 건강을 위해 청결, 영양, 질병예방, 휴식 등에 대해 다루고 있으며, 정신건강을 도모하기 위한 생활습관 형성, 주변에서 발생하기 쉬운 위험을 예방하고 대처하는 지식, 기술, 태도를 기르는 데 중점을 두도록 되어 있다. 또한 2024 개정 표준보육과정에서도 영아들의 건강교육을 위해 신체운동·건강 영역의 '건강하게 생활하기'에서 영아기 신체의 청결과 위생, 수면과

휴식, 건강한 일상생활을 위한 습관을 기르도록 하여 발달을 촉진시키며 심신의 건강을 중요시하고 있다.

2. 영유아 건강교육의 내용

영유아 건강교육의 내용은 기본적으로 2024 개정 표준보육과정과 2019 개정 누리과정의 내용에 근거하여 선정한 후 영유아들에게 지도하게 된다. 교육과정에서 영유아 건강교육의 내용 선정을 하기 위해서는 건강교육의 핵심적인 부분이 포함되어야 한다.

영유아 건강교육에 포함되어야 할 내용으로는 개인적 건강, 정신건강, 영양, 질병예방, 안전, 지역사회·소비자 건강, 환경 관련 건강 등을 들 수 있다. 이러한 내용을 구체적으로 살펴보면 다음과 같다.

① 개인적 건강

개인적 건강을 유지하기 위해서 영유아는 먼저 자신의 신체를 인식하고 스스로의 행동이 자신의 건강과 발달을 유지하는 데 직접적인 영향을 준다는 것을 알아야 한다. 자신의 신체를 긍정적으로 인식하고 건강한 생활습관을 형성하는 것은 기본적인 건강 유지를 위해 필수적으로 요구되는 부분이다. 2024 개정 표준보육과정과 2019 개정 누리과정에서도 영유아가 자신의 건강에 대한 중요성을 인식하고 건강한 생활습관을 형성하는 것을 강조하고 있다.

② 정신건강

정신건강은 개인의 건강유지와 삶의 질을 향상시키는 데 반드시 필요하며 영유아 건강교육에서 신체적 건강과 함께 강조해야 할 내용이다. 정신건강의 교육목적은 영유아가 긍정적 자아개념을 형성하여 자신의 모습을 제대로 받아들이고 표현할 수 있는 능력을 기르고자 하는 것이다. 부모나 교사는 영유아가 가지고 있는 감정을 자유롭게 표현할 수 있는 분위기를 조성하고 상황에 따라 감정을 조절하는 방법을 지도해야 한다. 스트레스는 정신건강을 위협하는 요소이므로 영유아가 받을 수 있는 스트레스를 감소시키고 적절하게 해소할 수 있는 방법을 찾도록 도와주어야 한다. 2019 개정 누리과정에서는 신체활동에 참여하는 것을 통해 긴장감을 해소하고 즐겁게 생활하도록 제시하고 있다. 신체활동은 영유아들이 정신적 긴장과 갈등을 해소하는 좋은 방법 가운데 하나이다.

③ 영양

영유아기는 신진대사가 활발히 일어나고 기초적인 성장에 필요한 에너지가 많이 필요하므로 충분한 영양섭취가 요구되는 시기이다. 또한 바른 식습관을 형성하여 이후의 식생활에 좋은 영향을 미치도록 지도하여야 한다. 영유아기는 식품에 대한 선호도가 뚜렷하게 나타나기 때문에 균형 잡힌 영양섭취를 위해 골고루 먹고 적절한 음식을 선택하도록 기본적인 영양 지식과 태도를 배워야 한다. 따라서 매일의 식사나 간식 시간을 통해 영유아에게 영양교육을 실시하고 식품에 관한 이야기 나누기, 요리나 탐구활동 등을 통해 음식과 건강, 영양의 관계를 이해할 수 있는 기회를 제공한다.

④ 질병예방

질병을 예방하기 위해서는 평소에 건강한 생활습관을 형성하는 것이 중요하다. 영유아가 흔히 걸리는 질병은 청결과 위생을 철저하게 함으로써 충분히 예방할 수 있다. 예를 들어, 놀잇감이나 놀이기구를 주기적으로 소독하기나 손 씻기 등은 청결하고 건강한 환경을 제공하기 위해 반드시 필요한 부분이다. 2024 개정 표준보육과정과 2019 개정 누리과정에도 영유아가 질병에 걸리지 않도록 주의하고 감염성 질환을 예방하는 방법을 알고 실천하는 등의 내용이 포함되어 있다.

⑤ 안전

안전교육은 영유아가 부상을 당하거나 크게 다치는 일을 줄이기 위해 실시하는 교육이다. 영유아와 관련한 대부분의 사고는 우발적으로 일어나는 경우가 많으므로 사전에 사고가 나지 않도록 대책을 마련하여 예방하는 것이 중요하다. 이를 위해서는 안전한 환경 조성과 위험한 행동을 알려주는 교육이 필요하다. 영유아 대상의 안전교육에는 교통안전, 운동안전, 놀이안전, 화재 및 화상 안전, 약물안전, 환경·공해 안전, 신변안전 등 여러 영역이 있으며, 안전한 생활을 실천하는 데 필요한 지식, 기술, 태도를 습득하여야 한다.

⑥ 지역사회·소비자 건강

지역사회 및 소비자로서의 건강은 유아들이 지역사회가 지닌 다양한 건강 지원 시스템을 이해하는 것을 의미한다. 나아가서 유아가 지역사회의 건강 관련 정보나 광고 및 건강 관련 지원센터의 역할을 올바르게 인식하고 자신의 건강 증진을 위해 이러한 정보들을 적절하게 활용할 수 있는 능력을 기르는 데 목적을 두어야 한다.

⑦ 환경 관련 건강

환경과 관련된 건강에서는 개인의 행동이 우리가 살아가고 있는 환경에 영향을 미치며, 건강한 사회를 구성하는 환경의 중요성을 인식하는 것을 말한다. 이를 위해 깨끗한 환경보호, 재활용품 모으고 활용하기, 식물 기르기, 동물 보호하기 등의 내용을 건강교육에 포함시킬 수 있다. 2019 개정 누리과정에도 유아가 환경의 중요성을 인식하고 환경보호를 실천할 수 있는 내용이 포함되어 있다.

3. 영유아 건강교육의 지도방법

건강교육은 건강 관련 개념을 직접적으로 가르치기보다 일상생활의 다양한 경험이나 활동을 통해 건강을 유지하고, 건강한 생활습관 형성에 필요한 지식, 기술, 태도를 자연스럽게 형성하도록 하는 것이 바람직하다.

1) 일과 운영에 따른 건강교육

영유아는 일상생활 가운데 지속적으로 건강 관련 경험을 하면서 바른 건강 습관을 형성하게 된다. 따라서 등원부터 하원에 이르기까지 유아교육기관의 일과를 운영하면서 자연스럽게 건강교육을 실시하는 것이 바람직하다. 일과 운영 가운데 이루어지는 모든 활동, 즉 등·하원, 급·간식, 낮잠, 정리 및 전이 활동, 실내외 놀이 등에서 건강교육과 통합된 활동을 제공하며, 일과 가운데 일관성 있게 반복적으로 실시하는 것이 중요하다.

(1) 등원 및 하원

등원 및 하원 시 가장 주의해서 살펴보아야 할 부분은 영유아의 건강상태를 확인하는 것이다. 영유아는 특별한 증상(예 발열, 기침, 콧물 등)이 없는 경우 어디가 얼마나 아픈지 말로 표현하는 능력이 부족하다. 따라서 등원 시간에 영유아의 상태를 관찰하여 건강의 이상 유무를 파악해야 한다. 투약이 필요한 영유아의 경우 시간에 맞춰 투약하고 중간 귀가 여부를 확인해야 한다. 하원 시에는 그날의 일과를 중심으로 낮잠, 배변, 급식에 관해 간단히 기록한 내용을 부모에게 전달한다.

(2) 급·간식 지도

영유아가 유아교육기관에서 지내는 시간이 길어짐에 따라 건강한 성장과 발달을 위한 급·간식의 제공이 기관의 중요한 역할이 되어가고 있다. 급·간식 지도에서는 균형 잡힌 영양과 위생적 환경의 구비가 요구되며, 올바른 식사 예절과 습관이 형성되도록 한다. 교사는 영유아 식습관 지도를 위한 모델의 역할을 제공하고, 음식의 소중함을 알고 편식하지 않으며 알맞은 양을 바른 자세로 먹도록 지도한다.

(3) 낮잠과 휴식

영유아는 놀이에 열중하여 에너지를 모두 소비하는 경향이 있으므로 건강한 신체리듬을 유지하기 위해 하루 일과 가운데 휴식과 낮잠 시간을 확보하는 것이 필요하다. 동적인 활동 이후에는 정적인 활동을 계획하여 영유아가 지나치게 지치지 않도록 배려한다. 휴식과 낮잠 시간은 하루 일과 중 일정한 시간에 배치하되 일과 특성과 날씨, 영유아 개인차 등을 고려하여 실시한다.

(4) 정리정돈 및 전이 활동

정리정돈과 전이 활동은 하나의 활동이 끝난 후 다음 활동으로 이어지는 과정에서 일어나는 활동이다(교육과학기술부, 2009). 자유놀이 또는 바깥놀이 시간이 끝난 후에 가지고 놀던 장난감이나 자료를 제자리에 정리하면서 자신의 주변을 깨끗이 하는 생활습관을 형성하게 된다.

(5) 배변 지도

배변 지도는 하루 일과 중 수시로 일어나게 되며 배변훈련 정도에 따라 영유아들이 편안하게 화장실에 가고 싶은 욕구를 표현할 수 있는 분위기를 조성해준다. 변기 사용, 배변 후 물 내리기, 휴지 사용, 배변 후 손 씻기 등에 대해 가르쳐주고, 화장실의 청결한 사용과 배변 시 의복을 더럽히지 않는 방법 등에 대해 알도록 지도한다.

2) 통합적 접근에 의한 건강교육

(1) 이야기 나누기

이야기 나누기는 교사와 유아가 함께 모여 하루 일과를 계획하고 평가하며 경험과 생각 나누기, 규칙 만들기, 설명하기와 시연하기 등 다양한 주제에 대해 자유롭게 의견을 제시하고 토의하는 시간을 의미한다.

이야기 나누기는 건강과 관련한 주제에 대해 서로의 경험을 말해보며, 건강을 유지하고 증진시킬 수 있는 방법에 대해 알아보는 기회를 제공한다. 또한 건강에 대한 자신의 생각을 자유롭게 표현하면서 건강과 관련한 올바른 사고와 태도를 가질 수 있다.

이야기 나누기에서 주의할 점은 교사가 건강에 관한 개념을 유아에게 주입하지 않아야 한다는 것이다. 유아들은 주의집중 시간이 짧으므로 10분에서 30분 이내로 이야기 나누기를 진행하고, 요구나 흥미 정도에 따라 융통성 있게 운영하도록 한다. 유아들은 자신이 알고 있는 것이나 경험한 것에 대해서 이야기하기를 좋아하므로 건강과 관련한 생활경험으로부터 이야기 나누기를 전개하도록 한다. 유아의 사고가 확산될 수 있는 질문을 하고, 유아가 충분히 생각할 수 있는 기회를 주도록 한다.

(2) 문학(그림책) 활용

그림책은 유아가 가장 좋아하는 교육자료이며 건강교육을 위한 다양한 내용이 포함되어 있다. 그림책을 활용하여 건강교육을 계획하고 실행하는 것은 유아의 흥미를 높일 수 있는 효과적인 방법이라 볼 수 있다.

그림책을 활용한 건강교육은 먼저 건강과 관련된 그림책을 선정하여 읽어주면서 건강 관련 지식과 정보를 제공한다. 이후 다양한 유형의 활동과 연계하여 통합적으로 접근해 볼 수 있다. 예를 들면, 로렌 차일드의 책 『난 토마토 절대 안 먹어』를 유아들에게 읽어주면서 여러 가지 음식의 특징과 장점들을 이해하고 음식을 골고루 먹는 생활습관을 지도할 수 있다. 이후 토마토의 특징과 영양에 대해 알아보는 과학활동, '멋쟁이 토마토' 노래와 율동하기와 같은 음률활동, 음식점 놀이를 통한 역할놀이, 싫어하는 음식에 재미있는 이름 붙이기와 같은 언어활동, 좋아하는 음식 그래프 만들기와 같은 수학활동 등 다양한 영역과의 통합적인 접근을 실시할 수 있다.

또한 그림동화, 융판동화, 앞치마 동화, 자석동화, 막대동화, 슬라이드 동화 등 다양한 동화자료를 활용하여 이야기를 들려주면, 건강의 개념이나 지식에 대한 유아들의 이해를 쉽게 이끌 수 있다.

(3) 역할놀이

놀이는 유아의 삶에 있어 중요한 부분을 차지한다. 특히 역할놀이는 유아가 관심 있는 주제를 중심으로 가상적 상황에서 역할을 맡아서 놀이한다는 점에서 상상력과 창의적 사고 등 유아의 사고능력을 개발하는 데 기여할 수 있다. 건강교육은 구체적이고 실제적인 상황에서 이루어질 때 더 효과적이므로 건강과 관련된 주제를 중심으로 역할놀이를 하게 되면 건강교육의 내용을 보다 쉽게 이해하고 받아들일 수 있게 된다. 예를 들어, 병원놀이, 음식점놀이, 소방서놀이 등을 통해 건강의 중요성을 이해하고 건강에 대해 직접적으로 체험하고 느끼게 될 수 있다.

(4) 게임

게임은 건강에 대한 지식과 개념을 학습하고, 사회적 기술과 정보를 습득할 수 있는 유용한 교수-학습 방법이다(김숙령, 2002). 유아는 게임을 하는 동안

정해진 규칙을 지키고 또래와 상호작용을 하면서 적절하게 반응하는 방법을 익히게 된다. 이러한 경험을 통해 규칙을 지키는 것이 중요하다는 것을 이해하게 되고 자발적이고 능동적으로 게임을 진행하면서 인지적 발달을 이루게 된다. 게임은 상호 협력적인 활동이므로 타인에 대한 이해와 협력을 배울 수 있고, 새로운 게임 규칙을 만들어 내면서 창의성이 개발되기도 한다.

건강교육에서 게임을 활용할 때 교사는 유아의 흥미와 요구를 고려하여 게임의 주제와 유형을 선택하도록 한다. 또한 가급적 교사의 개입을 줄이고 유아들이 자발적으로 게임을 이끌어 가는 가운데 활발한 상호작용이 일어나도록 지도한다.

(5) 음률활동

음률활동을 이용한 건강교육은 노래와 움직임을 좋아하는 유아들에게 효과적인 교육의 수단이 된다. 유아는 말로 자신의 생각을 표현하기에 앞서 허밍하기, 손뼉치기, 몸 움직이기 등 음악적 방법을 사용하여 표현하는 능력을 나타낸다. 노래 부르기와 신체표현 등 다양한 음률활동은 추상적인 개념을 쉽게 전달하고 기억할 수 있도록 돕는 유용한 매체가 될 수 있다. 건강에 대한 지식과 기술을 익히는 음률활동에 참여하면서 건강한 생활습관을 자연스럽게 익히도록 할 수 있다.

3) 현장학습을 통한 건강교육

현장견학을 통한 학습은 영유아들이 감각적 체험을 통해 건강개념을 구체적으로 이해하고, 건강증진에 대한 동기를 부여하는 데 도움이 될 수 있다. 현장학습이 효율적으로 이루어지기 위해서는 사전에 현장학습을 위한 목표를 설정하고 일정, 견학지 사전답사, 자원봉사자 협조, 견학과정 계획 등 전반적 과정에 대한 세밀한 준비가 선행되어야 한다. 또한 현장학습을 가기 전 영유아들과 활동의 목적과 내용에 대해 이야기하고, 현장학습에서 돌아온 후 경험을 회상해 보며 학습한 내용을 확장시켜 볼 수 있다. 예를 들어, 병원이나 보건소 등 의료기관을 방문하여 질병예방 및 건강한 생활습관을 유지하는 방법에 대해 안내받은 후 이와 연관된 역할놀이나 탐구활동을 진행할 수 있다.

4. 영유아 건강교육을 위한 교사의 역할

영유아 건강교육에서 교사의 역할은 매우 중요하다. 교사는 영유아의 건강관리를 위한 기본적인 지식과 정보를 갖추고 영유아의 개별적인 건강 관련 특성과 유의점을 미리 알고 있어야 한다. 또한 하루 일과 중에 세밀히 관찰하여 영유아의 건강에 이상이 없는지 수시로 살펴보아야 한다. 가정과 연계하여 영유아의 건강과 관련한 정보를 상호 소통하고 유아교육기관에서의 건강교육이 가정에서도 연결될 수 있도록 하여야 한다. 교사는 영유아들에게 건강한 생활습관을 제시할 수 있는 역할 모델이 되어주고, 건강교육 프로그램을 구성하여 제공해야 한다. 이 외에도 영유아의 건강에 기여할 수 있는 지역연계 네트워크를 구축하여 질병예방과 건강관리에 대한 체계적 대처방안을 마련하여야 한다.

영유아 건강관리를 위한 교사의 역할을 구체적으로 살펴보면 다음과 같다(이은주, 2010).

1) 건강관리자의 역할

교사는 영유아의 건강관리를 위한 기본적인 자료를 작성하고 구비하여야 한다. 예를 들면, 등원 시 영유아의 건강상태를 관찰하여 간단히 기록하거나 발달 및 건강관리 내용을 건강기록부로 작성해 놓아야 한다. 영유아의 전반적 건강관리를 위해 부모나 동료교사 혹은 보건교사, 의사, 간호사와 정보를 교환하고, 유아교육기관 내에 구급상비약을 비치해 두어 필요할 때 쉽게 사용할 수 있도록 하여야 한다.

2) 환경제공자 및 위생관리자 역할

교사는 영유아의 건강을 위해 쾌적하고 위생적인 환경을 구성하여 제공해야 한다. 영유아가 주로 활동하는 교실과 보육실은 청결하게 관리하고, 주기적인 환기와 소독을 통해 위생관리에 주의를 기울이도록 한다. 유아교육기관에서 장시간 생활하는 영유아들을 위해서 조용히 쉴 수 있는 장소를 마련하고, 일과 운영에서 휴식과 낮잠을 제공하도록 한다.

3) 식생활 관리자 역할

교사는 식생활 관리자로서의 역할을 담당해야 한다. 영유아가 유아교육기관에서 급식과 간식을 통해 균형 있는 영양과 올바른 식사습관을 형성하고 건강을 증진할 수 있도록 지도한다. 식사 전 손을 씻고, 식사 시간 동안 편식을 하지 않도록 하며, 알레르기가 있는 영유아의 경우 그 음식에 대체되는 음식을 제공해 주도록 한다. 식사 시 영유아의 태도를 관찰하면서 바른 식사 예절을 지도한다.

4) 감염병 예방 관리자 역할

유아교육기관은 영유아가 감염병에 노출되지 않도록 미리 예방하는 시스템을 갖추고 지역사회 기관과 연계하여 협조망을 구축하도록 한다. 이를 위해서는 교사가 영유아들에게 자주 발생하는 감염병의 종류와 증상을 알고 적절히 대처할 수 있는 지식을 가지고 있어야 한다. 부모에게는 감염병 예방에 대한 부모교육을 실시하고 예방접종을 안내하도록 한다. 감염병이 의심되는 영유아의 경우 즉시 부모에게 알리고, 적절한 조치를 취할 수 있도록 동의서를 미리 구비해 둔다.

5) 건강교육자 역할

교사는 건강교육의 실시를 통해 영유아가 건강에 대한 바른 인식을 갖추고 이를 실행하도록 하는 건강교육자 역할을 수행해야 한다. 건강교육을 계획할 때 다양한 생활주제와 연계하거나 하루 일과 가운데 자연스럽게 건강교육을 실시할 수 있다. 이때 영유아의 발달 특성, 흥미, 관심을 고려하여 건강교육을 수립하고 실행하여야 한다.

5. 영유아 건강교육을 위한 가정과 지역사회 연계

영유아기는 건강에 대한 기본적 가치관과 태도 및 습관을 형성하는 시기이다. 이 시기에 형성된 건강한 생활습관은 생애 건강의 기초가 되기 때문에 영유아기부터 건강한 생활을 유지할 수 있는 교육을 제공하는 것이 바람직하다. 특히 과거의 건강개념이 질병에 대해 치료하는 것 중심이었다면 최근에는 질병을 사전에 예방하여 건강한 상태를 지속적으로 유지하는 예방적 의미를 더 강조하고 있다. 따라서 예방적 차원에서 영유아기의 건강을 실현하기 위해서는 유아교육기관에서 가정 및 지역사회와 상호 협력하여 건강교육을 실시할 필요가 있다.

1) 가정과의 연계

영유아가 건강하고 안전한 생활을 영위하기 위해서는 가정과의 연계를 통한 건강교육의 제공이 매우 중요하다. 영유아기 사고 발생의 61%가 가정에서 일어난다는 통계 결과만 보더라도 영유아의 건강을 위한 가정의 역할이 얼마나 중요한지 알 수 있다. 영유아는 스스로의 건강과 안전을 지키기 위한 자조능력 및 상황 판단력이 미흡하므로 영유아의 건강과 안전을 위한 양육자의 지도가 필요하다. 가정에서는 기본적인 건강과 안전에 대한 지침을 알고, 영유아 스스로 건강과 안전을 지킬 수 있는 능력을 기르도록 건강지도를 제공하여야 한다.

유치원과 어린이집에서는 영유아를 위한 건강교육을 제공하는 것뿐 아니라 건강에 대한 지식과 정보를 가정과 공유하여 연계해야 한다. 부모교육을 통해 건강과 관련된 정보를 부모와 공유하여 가정과 연계한 건강교육이 이루어질 수 있도록 안내한다.

■ 입소 시

유아교육기관에 처음 입학할 때, 부모는 영유아의 수면습관, 식습관, 질병, 알레르기, 아토피, 특별하게 돌봄이 필요한 부분 등과 같은 건강 관련 정보를 기록한 개인별 건강기록부를 작성한다. 기관에서는 가정으로부터 공유된 영유아의 건강 정보를 세심히 기록하고 보관하여 건강관리 및 교육에 활용하도록 한다.

■ 등·하원 시

등·하원 시 영유아의 건강상태에 대해 정보를 교환하여 가정이나 유아교육기관에서 적합한 돌봄을 받을 수 있도록 한다. 직접적으로 대면해서 정보를 교환하기 어려울 경우 알림장이나 가정통신문을 활용하여 영유아의 상태에 대해 의사소통하도록 한다. 특히 영아인 경우에는 수유, 이유, 낮잠, 대소변, 활동 등 하루 일과에 대해 양육자에게 상세한 정보를 제공할 필요가 있다.

■ 다양한 가정 연계 활동

건강한 영유아의 성장과 발달을 지원하기 위해서는 다양한 가정 연계 활동이 이루어져야 한다. 예를 들면, 알림장, 소식지, 가정통신문, 이메일 발송, 홈페이지 활용 정보 제공, 학부모회의, 견학, 발표회, 보조교사로 돕기 등을 통해 건강교육에 부모가 참여할 수 있도록 한다.

이 외에도 유아교육기관의 식품 구매나 주방 위생관리, 놀이공간 청소나 장난감 세척, 영유아 생일 축하 행사 등에 부모들이 참여할 수 있는 기회를 제공할 수 있다. 가정에서 영유아가 좋아하는 음식을 소개하거나 특별한 요리법을 설명하는 등 가정에서 이루어지는 건강지도 방안을 유아교육기관에서 소개할 수도 있다.

2) 지역사회와의 연계

현대사회는 급격한 산업화의 결과로 생활수준은 높아지고 있으나 가족형태와 생활양식이 다양해지고 사회 곳곳에 영유아의 건강을 위협하는 유해환경이 많아지게 되었다. 따라서 영유아기 건강증진을 위해서는 가정이나 유아교육기관의 역할뿐 아니라 지역사회나 주민들의 적극적인 협조가 필요하다.

유아교육기관에서는 지역사회와 연계하여 영유아의 건강을 위한 사회적·물리적·심리적 환경을 조성하고 지지기반을 구축할 필요가 있다. 근접한 지역사회 의료기관의 종류와 특징을 알고 영유아 개인이 필요한 의료형태에 따라 연계된 기관에 서비스를 의뢰하도록 한다.

또한 병원, 보건소, 센터, 클리닉 등에 근무하는 의사, 간호사, 체육 강사, 영양사 등의 지역사회 인사를 초청하여 영유아, 교직원, 부모를 대상으로 전문적 건강교육을 실시할 수도 있다. 유아교육기관에서 연계할 수 있는 영유아 건강 관련 지역사회 유관기관들을 살펴보면, 병원이나 보건소 이외에도 육아종합지원센터나 어린이급식지원센터, 질병관리본부의 질병예방센터 등이 있다.

육아종합지원센터는 영유아보육 전반에 관한 정보 제공 및 상담을 통해 보육에 대한 편의를 도모하고 어린이집과의 연계체제를 통해 운영효율성을 제고하는 데 기여하고 있다. 영유아 건강을 위해 육아상식, 건강발달, 영유아 발달 체크, 식단과 조리법, 영양정보, 나들이 정보 등을 수시로 제공해 준다.

어린이급식관리지원센터는 영유아의 건강증진을 위해 균형 잡힌 영양을 갖춘 식사와 간식 식단을 보급하고 안전한 급식을 위한 위생관리도 도와주고 있다. 영유아 대상 영양교육, 부모 대상 영양정보 제공, 교사교육, 위생안전, 식단제공 등을 주요 사업으로 하고 있다. 이 외에도 질병관리본부의 질병예방센터에서는 예방접종을 위한 다양한 정보를 제공해 주고 있다.

유아교육기관이 지역사회와 연계하여 영유아의 건강관리를 위해 할 수 있는 활동 내용으로는 성장·발달에 관한 검진 실시와 성장촉진 지원, 예방접종, 안전사고의 예방, 영유아 학대 예방 및 관리, 영유아 건강관리, 양육기술 향상 및 양육지원, 정신건강 검진 및 상담, 비만, 영양균형, 구강질병 예방 및 관리, 장애아 지원 및 관리 등이 있다. 또한 유아교육기관에서는 수시로 기관 주변에 있는 지역사회 환경을 살펴보아 영유아들의 성장과 발달에 지장을 줄 수 있는 위험한 요소가 있는지 점검할 필요가 있다. 예를 들면, 불량식품을 판매하거나 사행성 오락기구를 운영하는 경우 학부모회나 운영위원회를 통해 시정을 요구할 수 있다.

제11장

영유아 건강교육을 위한 환경구성

1. 유아교육기관에서의 환경구성
2. 가정에서의 환경구성
3. 건강교육을 위한 교수매체

11장

영유아 건강교육을 위한 환경구성

유아교육기관에서는 영유아가 건강한 생활습관을 길러 스스로 실천할 수 있도록 건강교육을 위한 환경을 조성하는 것이 필요하다. 교사와 부모는 영유아의 건강교육을 위해 기관과 가정에서 바람직한 환경을 제공하도록 지원해야 한다. 건강교육을 위한 환경은 유아교육기관과 가정환경 모두를 포함하는 것이다. 물리적 환경에서는 영유아들이 쾌적하게 학습할 수 있는 여건을 마련해 주고 정서적으로 지지적인 환경을 제공해 줄 필요가 있다. 또한 다양한 교수-학습 매체를 제공함으로써 영유아의 건강교육에 대한 흥미와 관심을 유발하여 효율적인 학습을 도와야 한다. 따라서 이 장에서는 영유아의 건강교육을 위한 환경구성으로서 가정과 기관의 물리적 환경, 그리고 교수-학습 매체를 중심으로 살펴보고자 한다.

1. 유아교육기관에서의 환경구성

1) 환경구성을 위한 교사 역할

교사는 매일 영유아들과 가까이에서 친밀하게 접촉하고 일상생활을 관찰할 수 있기 때문에 건강교육을 위한 환경구성에서도 매우 중요한 역할을 담당한다. 교사는 영유아의 발달을 이해하고 적절하게 상호작용하는 능력을 갖추어야 할 뿐 아니라 안전하고 건강한 환경을 제공하는 것도 필요하다. 건강교육을 실시할 때 교사가 건강하고 안전한 환경을 위해 준비할 내용은 다음과 같다(김은심 외, 2016).

첫째, 다양한 활동과 경험을 통해 건강교육을 실행하도록 한다.

둘째, 실내외 환경을 영유아들에게 안전하고 건강하게 관리한다.

셋째, 영유아의 건강상태를 정확히 평가하고 결과를 기록 및 보관한다.

넷째, 영유아의 질병징후를 파악하여 건강상 문제를 확인하도록 한다.

다섯째, 건강에 문제가 있는 경우 부모에게 연락하거나 원장에게 도움을 요청하고 조속히 대처하도록 한다.

여섯째, 영유아의 건강을 위해 교사의 건강에 대한 관심과 유지가 중요하다.

2) 물리적 환경

유아교육기관에서는 영유아들이 건강하게 지낼 수 있는 환경을 제공하는 것이 필요하다. 이러한 환경에는 안전한 시설설비, 놀잇감과 자료, 그리고 영유아 수에 적합한 공간밀도와 쾌적한 환경이 포함된다. 이 외에도 온도와 습도, 실내외 공기, 청결 등과 같은 위생적 환경도 영유아의 건강에 영향을 미치므로 고려하여야 한다.

(1) 적절한 공간 확보

영유아의 건전한 성장과 발달을 위해서, 그리고 건강상의 측면에서 영유아 수를 고려한 충분한 공간을 확보하는 것이 중요하다. 공간이 좁을 경우 영유아가 정서적으로 안정되지 못하여 서로 갈등을 불러일으킬 수 있다. 또한 질병의 전염 위험성이 높아지기 때문에 넓게 열린 공간과 원활한 환기가 가능한 공간을 제공하는 것이 필요하다.

영유아가 실내에서 놀이할 때 실내 공간의 구성이 지나치게 세분화되고 복잡하다면 경쟁적이고 공격적인 행동이 증가하는 경우가 나타나게 된다. 따라서 실내 공간의 흥미영역 배치에서 활동적인 영역과 정적인 영역을 균형 있게 배치하고, 영유아가 개인적인 시간을 가질 수 있는 사적 공간을 제공할 필요가 있다. 실외환경에 있어서도 가능한 한 매일 실외에서 놀이할 수 있는 공간을 확보하는 것이 필요하다. 바깥놀이 공간은 열린 공간으로서 전염의 확산을 감소시키고 건강을 증진시키는 다양한 활동을 할 수 있는 장소이다.

(2) 온도와 습도, 채광

건강한 유아교육기관의 환경 조성을 위해서는 적절한 온도와 습도 및 채광이 유지되어야 한다. 영유아들이 생활하는 실내의 온도는 여름에는 20~25℃, 겨울에는 18~20℃가 적절하다. 여름에는 벽걸이 선풍기나 에어컨을 사용하여 온도를 조절하고, 겨울에는 난방을 하며 가습기를 틀거나 공기분무기를 이용하여 습도를 조절하도록 한다. 가습기와 에어컨을 사용하는 경우 정기적으로 관리하고 청결을 유지하는 것이 중요하다. 영유아들이 놀이할 때 밝은 공간에서 활동하도록 실내 채광을 적절하게 유지하고, 낮잠을 잘 경우 커튼이나 블라인드를 활용하여 채광의 강도를 조절하도록 한다.

(3) 공기

유아교육기관의 실내공기를 깨끗하게 유지하는 것이 필요하다. 수시로 창문을 열어 자연환기를 해주고, 공기청정기를 통한 인공적 환기를 하는 것도 필요하다. 환기 횟수는 오전과 오후에 하루 두 번 이상 30분씩 실시하도록 하고 일조량이 많은 낮 시간대를 이용하여 환기해 주는 것이 좋다(김은심 외, 2016; 환경부, 2011). 자연환기는 실내의 오염된 공기가 밖으로 나가고 신선한 공기를 실내로 들어오도록 하는 것이므로 미세먼지 농도가 높은 날의 경우에는 하지 않는 것이 바람직하다. 이 외에도 밀폐된 실내 공간에서 방향제나 화학세제 등과 같은 인공적인 제품을 사용할 경우 호흡기 질환이나 알레르기 등을 유발할 수 있으므로 자제하고, 반드시 환기시키도록 한다. 어린이집 실내공기질 관리법(연면적 430㎡ 이상인 국·공립, 법인, 직장, 민간 어린이집 해당)을 준수하여 총 부유세균, 미세먼지, 이산화탄소, 일산화탄소, 이산화질소, 포름알데히드, 휘발성 유기화합물, 오존, 라돈, 석면 등 10개 항목의 기준을 이행하여야 한다.

(4) 청결

청결유지를 위해 정기적인 소독과 세척 및 청소가 필요하다. 실내 시설 및 설비, 놀잇감의 안전위생 점검표를 비치하고, 규칙적으로 청결상태를 점검하여 그 결과를 기록하여야 한다. 올바른 손 씻기 법을 안내하는 포스터 부착과 손 소독기 배치도 필요하다. 교실 구석에 먼지가 없도록 청결히 관리하고, 식수 및 물컵이 청결히 관리되도록 한다. 또한 물에 희석된 소독제를 사용하여 놀잇감을 자주 소독하도록 한다. 특히 영아들이 입에 넣기 쉬운 놀잇감은 매일 세척해야 한다.

(5) 소음

영유아가 실내외 놀이나 활동을 실시할 때 소음으로 인해 방해를 받지 않도록 하여야 한다. 영유아와 규칙을 정해서 다른 사람들의 활동을 방해할 정도로 커다란 소리로 말하지 않도록 지도한다. 유아교육기관이 도로변에 위치해서 외부 소음이 심할 경우 소음방지를 위한 방음장치를 설치하도록 한다.

2. 가정에서의 환경구성

유아교육기관에서 건강한 환경을 구성하는 것뿐 아니라 가정에서도 영유아의 건강한 생활을 위한 환경을 지원하는 것이 필요하다. 이에 대해 살펴보면 다음과 같다.

첫째, 공간 구성과 물건 배치에 영유아가 직접 참여할 수 있는 기회를 제공하도록 한다. 직접 참여할 경우 자신의 공간과 물건에 대해 애착과 관심을 가지게 되고 스스로 정리하는 습관을 형성하도록 동기부여할 수 있다. 또한 자신의 가방, 옷, 놀잇감 등을 스스로 정리할 수 있도록 사진이나 물건 이름을 함께 부착해 주는 것이 바람직하다. 물건들이 정해진 위치에 놓일 수 있도록 지도하고, 필요할 때 스스로 찾아내어 사용하도록 격려한다.

둘째, 영유아와 함께 규칙적인 하루 일과를 구성해 보도록 한다. 하루 일과는 활동 시간과 휴식 시간이 균형 있게 배치되도록 계획하는 것이 필요하다. 규칙적인 생활은 영유아의 건강한 삶을 위해서 중요한 부분이므로 계획을 세운 후 지속적으로 균형 잡힌 하루 일과를 실천하도록 한다.

셋째, 가족구성원들의 손 씻기, 물건 정리정돈하기, 적절한 수면 취하기 등과 같은 다양한 생활습관을 기록하고 평가하는 것이 필요하다. 영유아들의 기본 생활습관은 부모의 생활습관을 따라 하는 경우가 많다. 가족구성원의 생활습관을 평가함으로써 각자의 생활습관을 점검하고, 개선할 점들을 고쳐나갈 수 있도록 지도한다.

3. 건강교육을 위한 교수매체

교수매체란 효율적으로 수업을 이끌어 가기 위해 사용하는 기자재로서 수업 설계 체제 내에서 학습목표를 효율적으로 달성하기 위해 사용되는 교수적 자극의 총체를 의미한다(Gagne & Briggs, 1979). 광의의 개념으로 볼 때 교수매체는 모든 종류의 학습자료를 포함하는 일체의 교육환경이라 할 수 있다. 영유아 건강교육을 위한 교수매체에는 칠판, 모형, 실물, 융판, 차트, 게시판, 사진, 녹음테이프, 영화, 필름스트립, TV, OHP, 슬라이드, 컴퓨터 등이 있다.

교수매체의 교육적 기능은 학습자에게 학습내용을 전달해 주는 기능과 학습자의 사고기능을 촉진시키는 역할로 구분된다. 초기에는 교사가 학습자에게 일방적으로 전달(transmission)하는 의사소통 모형으로 인식되었으나, 컴퓨터가 도입되면서 교사와 학습자 간의 양방향적인 교류(transaction)를 매우 중요하게 고려하게 되었다. 최근 인터넷이 급속도로 발달해 감에 따라 의사소통은 교사와 학습자 다수 간 상호 연결성에 기반한 전환(transformation)의 형태로까지 발달하게 되었다.

영유아의 경우 언어능력과 이해능력이 제한적이기 때문에 설명식 교수는 한계가 있으며 구체적 사물을 사용하여 능동적인 경험을 중심으로 한 교육방법이 효과적인 것으로 나타난다. 브루너(Bruner)는 영유아들의 사고 발달이 동작적 표상, 영상적 표상, 상징적 표상 단계로 진행한다고 하였으며, 학습에 있어 이러한 표상능력 발달을 고려하도록 하였다. 따라서 영유아를 위한 건강교육을 위해서는 다양한 구체물을 포함하는 교수매체를 활용하는 것이 필요하다.

1) 교수-학습 매체의 종류

(1) 그림/ 사진 자료

그림이나 사진은 효과적인 교수-학습 매체이면서 쉽게 구할 수 있는 자료이므로 영유아 건강교육에 많이 활용되고 있다. 기존에 개발된 자료를 사용할 수도 있지만 필요에 따라 교사가 직접 제작해서 사용할 수 있다.

그림이나 사진의 가장 큰 장점은 학습에 대한 동기를 유발하고 빠른 시간 내 학습내용에 대한 이해도를 높여줄 수 있다는 점이다. 이야기를 간결하고 재미있게 표현한 만화는 전달하고자 하는 메시지를 명확하게 전달해 주어 영유아 교육에서 자주 사용된다. 최근에는 첨단 디지털 기계의 발달로 인해 디지털카메라나 캠코더를 사용하여 건강교육 관련 사진과 자료를 촬영하고 이를 컴퓨터로 편집하거나 재생할 수 있다.

(2) 실물자료/ 실제 상황

영유아기 발달 특성을 고려할 때 건강교육을 위한 매체로서 실물이나 실제 상황이 효과적 매체가 될 수 있다. 실물과 실제 상황은 영유아들이 직접 체험하는 것이 가능하기 때문에 건강교육에 대한 흥미를 부여하기가 쉽다. 또한 교수-학습 과정에서 실제 삶과 연결하여 건강교육을 지도하는 데 도움을 줄 수 있다.

실물자료는 직접적이고 구체적인 학습경험을 가능하게 하고 감각체험을 통해 실제적인 개념 형성을 돕는 장점을 가진다. 그러나 교사가 학습자료를 구하는 데 어려움을 겪을 수 있고, 비용 측면에서 제약이 있을 수 있으며, 보관이 용이하지 않은 제한점을 지닌다.

건강교육에서 활용되는 실물자료는 생활 주변에서 많이 구할 수 있다. 예를 들면, 여러 가지 과일을 만져보고, 맛보고 체험함으로써 몸에 좋은 음식과 좋지 않은 음식에 대해 알아볼 수 있다. 또한 치과에서 하는 일을 관찰하고 건강한 치아를 유지하기 위해 정기적 치과진료를 받도록 지도할 수 있다.

(3) 입체자료/ 모형

모형은 실험, 전시, 교육 등의 목적을 위해 실물과 유사한 모양을 만들어 놓은 것을 의미한다. 실물을 구하기 어려울 때 모형을 활용하면 교육내용을 전달하는 데 유용하게 사용할 수 있다.

모형을 사용할 때 장점은 실물이나 실제 상황과 유사한 교육효과를 얻을 수 있다는 점이다. 특히 모형을 직접 조작해 보거나 반복적으로 관찰이 가능한 경우 실물보다 더 높은 효과를 가져올 수도 있다.

(4) 융판자료

융판(cotton flannel board)은 건강 관련 동화나 기타 자료들을 시각적으로 간단하게 묘사하여 영유아의 관심과 흥미를 불러일으킬 수 있는 효과적인 교수매체이다. 융판자료는 집단활동 시 학습내용을 제시하기 위해 교수자료로 활용할 수 있으며 영유아 스스로가 융판에 자료를 붙여보면서 활용하는 데 매우 효과적이다. 또한 자유선택활동 시간에 각 흥미영역별로 활용하거나 전시를 위한 자료로도 사용이 가능하다(김은심 외, 2016).

융판자료는 제작과 활용이 용이하고 한 번 제작한 후 보관해 두면 오래 사용할 수 있으므로 경제적이다. 다양한 색채와 형태로 제작할 수 있어 흥미를 유발하기 쉽고, 자료 크기를 다르게 하여 여러 활동에 활용할 수 있다는 특징을 가지고 있다. 학습자료를 제시할 때 반응에 따라 자료 순서를 바꾸거나 속도를 조절할 수 있고, 영유아가 직접 융판에 자료를 붙이거나 떼면서 적극적으로 참여할 수 있는 점 등의 장점을 지닌다.

(5) 컴퓨터/ 전자매체

최근 유아교육 및 보육에서 컴퓨터를 포함한 다양한 전자매체가 교수–학습 과정에 활용되고 있다. 전자매체는 교수–학습 과정을 과학화하고 학습활동을 다양화하여 유아의 개별적 특성을 고려한 학습이 가능하도록 한다는 점에서 효과적이다.

컴퓨터는 현대사회의 주요 정보매체로서 유아들을 위한 교수매체로도 적극적으로 활용되고 있다. 컴퓨터의 특징은 많은 정보의 저장과 프로젝터 등의 타 매체와의 연결 가능성, 다양한 자극 제공을 통해 유아의 흥미를 지속시킬 수 있다는 점을 들 수 있다. 이 외 전자매체에는 전자칠판, 슬라이드, 실물 화상기, 라디오, 녹음기, VCR, TV 등이 있다.

2) 교수-학습 매체의 선정 기준

영유아들을 위한 건강교육에서 효과적인 교수-학습 매체를 선정하는 것은 매우 중요하다. 이 시기는 구체적인 경험을 통해 학습하는 것이 필요하며 오감을 통한 탐색과 놀이형태로 매체를 활용하도록 한다. 영유아 건강교육을 위한 매체 선정 시 고려해야 할 기본 원리를 살펴보면 다음과 같다.

첫째, 매체 선정 시 영유아의 발달 수준을 고려하는 것이 필요하다. 영유아에게 너무 어렵거나 쉬운 매체나 교재·교구를 선정하게 되면 흥미를 잃어버릴 수 있으므로 주의해야 한다. 또한 영유아의 연령, 성향, 경험 등 개인적 특성에 적합한 매체를 선택하도록 한다.

둘째, 영유아 건강교육의 목표와 내용에 적합한지 살펴보아야 한다. 단순히 호기심과 흥미를 유발하는 매체를 선정하기보다는 건강교육의 목표와 내용에 부합되고, 다양한 활동이 연계되어 이루어질 수 있는 매체를 선정하도록 한다.

셋째, 교수-학습 매체의 물리적인 상태도 중요하다. 영유아들은 청결이나 안전에 대한 인식이 부족하므로 청결성, 안전성, 견고성, 보관의 용이성 등을 검토하여 매체를 선정하도록 한다.

넷째, 영유아의 사고를 촉진하고 학습 동기를 부여할 수 있는 매체인지 살펴보아야 한다. 일방향적인 전달이 아닌 영유아가 반응하고 상호작용할 수 있는

지, 개방적 사용이 가능하여 창의적 사고를 촉진할 수 있는지 검토해 본다.

다섯째, 구입 비용 및 매체 사용에 드는 시간과 노력을 고려하여 매체를 선정한다. 학습의 효율과 능률(예 구입 비용, 교사 노력, 시간 측면)이 어느 정도 달성될 수 있는지 살펴보며 매체를 구입하도록 한다.

제12장

아동학대와 건강

1. 아동 권리
2. 아동학대의 개념과 유형
3. 아동학대의 발생 요인과 영향
4. 아동학대의 현황
5. 아동학대의 대처와 예방

12장

아동학대와 건강

최근 아동학대는 심각한 사회문제로 대두되고 있다. 아동 권리에 대한 인식이 높아지고 아동학대 예방사업이 전국적으로 시행되고 있으나 아동학대의 발생 비율은 매년 증가하고 있다. 아동학대는 아동의 건강한 성장과 발달을 저해하는 행위로 아동뿐 아니라 사회 전반에 걸쳐 심각한 손상을 초래한다(정옥분·정순화·손화희·김경은, 2016). 따라서 유아교육기관의 교사들은 아동학대에 대한 정확한 개념과 정보를 알고 학대 방지 및 예방을 위해 적극적으로 대처하는 태도가 요구된다. 이를 위해 아동 권리의 내용을 알아보고, 아동학대의 개념과 유형, 발생요인과 영향, 현황, 대처 및 예방방법을 살펴본다.

1. 아동 권리

아동학대를 예방하고 근절하기 위해서는 아동을 성인과 똑같은 권리를 지닌 사회 구성원으로서 바라보고 대하는 권리 보호가 요구된다. 아동복지법 제2조(시행 2020. 4. 7.)에 의하면 아동은 성별, 연령, 종교, 사회적 신분, 재산, 장애 유무, 출생 지역, 인종 등에 의한 차별을 받지 않고, 아동의 이익을 최우선적으로 고려하며 법적 보호와 지원을 받을 수 있는 권리를 지니고 있다. 우리나라에서는 2020년 아동권리보장원을 설립하여 아동 복지 및 보호와 관련한 사업과 정책 수립을 지원하고 있으며, 아동학대 예방과 방지를 위한 다양한 업무를 수행하고 있다(아동복지법 제10조의2, 시행 2020. 4. 7).

1989년 11월 20일 국제연합(UN)에서 채택된 UN아동권리협약은 세계 모든 아동의 존엄성과 권리를 지켜주기 위해 규정된 국제사회의 협약으로, 아동의 기본 권리를 생존권, 보호권, 발달권, 참여권으로 명시하고 있다(아동권리보장원, 2020). 우리나라는 1991년 11월 UN아동권리협약을 비준하여 아동의 권리 보호를 위한 국제적 노력에 동참하고 있으며, UN아동권리협약의 주요한 원칙을 충실히 이행하기 위해 2016년 아동권리헌장이 제정되었다.

UN아동권리협약(UN Convention on the Rights of the Child)

아동은 한 인간으로서 고유한 존재이며, 스스로가 권리의 주체자임을 인식하고 적극적인 참여를 통해 자신의 권리를 향유하고 자신의 권리를 온전하게 보장받을 수 있어야 함을 담고 있는 국제적인 약속

■ 아동의 4대 권리

- 생존권 : 적절한 생활수준을 누릴 권리, 안전한 주거지에서 살아갈 권리, 충분한 영양을 섭취하고 기본적인 보건서비스를 받을 권리 등 기본적인 삶을 누리는 데 필요한 권리
- 보호권 : 모든 형태의 학대와 방임, 차별, 폭력, 고문, 징집, 부당한 형사처벌, 과도한 노동, 약물과 성폭력 등 어린이에게 유해한 것으로부터 보호받을 권리
- 발달권 : 잠재능력을 최대한 발휘하는 데 필요한 권리로서 교육받을 권

리, 여가를 즐길 권리, 문화생활을 하고 정보를 얻을 권리, 생각과 양심과 종교의 자유를 누릴 권리

- 참여권 : 표현의 자유, 양심과 종교의 자유, 의견을 말할 권리, 평화로운 방법으로 모임을 자유롭게 열 수 있는 권리, 사생활을 보호받을 권리, 유익한 정보를 얻을 권리 등 자신의 나라와 지역사회 활동에 적극적으로 참여할 수 있는 권리

2. 아동학대의 개념과 유형

1) 아동학대의 개념

아동학대는 시대의 흐름과 문화적 배경, 사회적 상황 등에 따라 다르게 정의되어 왔다. 아동복지법 제3조 제7호에서는 "아동학대란 보호자를 포함한 성인이 아동의 건강 또는 복지를 해치거나 정상적 발달을 저해할 수 있는 신체적·정신적·성적 폭력이나 가혹행위를 하는 것과 아동의 보호자가 아동을 유기하거나 방임하는 것을 말한다"라고 규정되어 있다. 여기서 아동은 만 18세 미만을 일컬으며, 아동을 향한 적극적인 가해 행동뿐 아니라 단순 체벌이나 훈육 등의 행위도 아동학대의 범주로 포함될 수 있다. 즉, 아동학대란 아동의 복지나 점진적인 발달을 위협하는 넓은 범위의 행동을 의미하며, 신체적·정신적 학대나 방임, 아동의 건전한 발달을 저해하는 행위나 환경, 나아가 아동의 권리 보호까지 포괄하는 광범위한 개념임을 알 수 있다(아동권리보장원, 2020).

한편 유교적 전통을 지닌 우리 사회에서는 아동의 교육을 위한 체벌이나 엄한 훈육을 허용하는 인식이 사람들 사이에서 존재해 왔다. 훈육과 아동학대를 구분하는 판단은 개인의 양육태도와 관점에 따라 차이가 있을 수 있으며, 사회문화적 상황과 규범 등을 고려한 종합적 이해가 요구된다. 그러므로 영유아와

아동을 보호하고 교육하는 기관에서는 아동복지법에서 제시된 개념정의를 근거로 아동학대의 유형과 사례에 대한 명확한 지식을 알아야 한다.

아동에게 금지된 행위(아동복지법 제17조)

- 아동을 매매하는 행위
- 아동에게 음란한 행위를 시키거나 이를 매개하는 행위 또는 아동에게 성적 수치심을 주는 성희롱 등의 성적 학대행위
- 아동의 신체에 손상을 주거나 신체의 건강 및 발달을 해치는 신체적 학대행위
- 아동의 정신건강 및 발달에 해를 끼치는 정서적 학대행위
- 자신의 보호·감독을 받는 아동을 유기하거나 의식주를 포함한 기본적 보호·양육·치료 및 교육을 소홀히 하는 방임행위
- 장애를 가진 아동을 공중에 관람시키는 행위
- 아동에게 구걸을 시키거나 아동을 이용하여 구걸하는 행위
- 공중의 오락 또는 흥행을 목적으로 아동의 건강 또는 안전에 유해한 곡예를 시키는 행위 또는 이를 위하여 아동을 제3자에게 인도하는 행위
- 정당한 권한을 가진 알선기관 외의 자가 아동의 양육을 알선하고 금품을 취득하거나 금품을 요구 또는 약속하는 행위
- 아동을 위하여 증여 또는 급여된 금품을 그 목적 외의 용도로 사용하는 행위

2) 아동학대의 유형

아동복지법 제3조 제7호에 의하면, 아동학대의 유형은 크게 신체학대, 정서학대, 성학대, 방임의 네 가지로 구분된다. 영유아를 교육하는 모든 교사들은 학대 유형별 행위 내용을 알고, 학대의 징후에 대해 파악하고 있어야 한다.

(1) 신체학대

신체학대(physical abuse)는 보호자를 포함한 성인이 우발적인 사고가 아닌 상황에서 아동에게 신체적 손상을 입히거나 이를 허용하는 모든 행위를 말한다. 아동을 발로 차거나 주먹으로 때리는 행위, 꼬집고 물어뜯는 행위, 도구로 때리거나 위협하는 행위, 신체 부위를 묶는 행위, 약물 등 유해한 물질로 상해나

화상을 입히는 행위 등 아동에게 행하는 모든 신체적 폭력이나 가혹행위가 신체학대에 해당된다. 특히 36개월 이하 영아에게 행해진 체벌은 상황과 상관없이 심각한 신체학대로 간주된다(아동권리보장원, 2020). 학대 유형 가운데 외적 손상과 학대 정도를 가장 쉽게 발견할 수 있다.

신체학대의 신체적·행동적 징후

- 설명하기 어려운 신체적 상흔
- 발생 및 회복에 시간차가 있는 상처
- 비슷한 크기의 반복적으로 긁힌 상처
- 사용된 도구의 모양이 그대로 나타나는 상처
- 사고로 보기에는 미심쩍은 상처(담뱃불 자국, 뜨거운 물에 잠겨 생긴 화상자국 등)
- 입, 입술, 잇몸, 눈, 외음부 상처
- 손목이나 발목에 긁힌 상처, 성인에 의해 물린 상처
- 겨드랑이, 팔뚝 안쪽, 허벅지 안쪽 등 다치기 어려운 부위의 상처
- 다른 아동이 울 때 공포를 보임
- 공격적이거나 위축된 극단적 행동
- 어른과의 접촉 회피, 부모에 대한 두려움
- 집에 가는 것을 두려워함
- 위험에 대한 지속적인 경계

출처 : 아동권리보장원(www.ncrc.or.kr).

(2) 정서학대

정서학대(emotional abuse)는 성인이 아동에게 하는 언어적 모욕이나 정서적 위협, 감금이나 억제, 기타 가학적인 행위를 말한다. 언어적·정신적·심리적 학대라고도 하며, 강압적인 언어 사용이나 정서적인 무관심, 형제나 친구 등과 비교·차별하기, 비현실적인 기대나 강요 등 아동의 정신건강 및 건강한 발달을 저해하는 행위 등이 해당된다. 정서학대는 겉으로 드러나지 않아 발견이 어렵고, 부모들의 자녀에 대한 냉담이나 거부적 태도 혹은 자녀 능력에 대한 잘못된 기대로 인해 발생하는 비율이 높다.

정서학대의 신체적·행동적 징후

- 발달 지연 및 성장 장애
- 신체발달 저하
- 과도한 수면 부족 증세
- 스트레스로 인한 원형탈모
- 특정 물건을 계속 빨고 있거나 물어뜯음
- 행동장애(반사회적, 파괴적 행동)
- 신경성 기질 장애(놀이 장애), 히스테리, 강박, 공포 등 정신 신경성 반응
- 언어장애
- 극단행동, 과잉행동, 자살시도
- 실수에 대한 과잉반응
- 부모와의 접촉에 대한 두려움

출처 : 아동권리보장원(www.ncrc.or.kr).

(3) 성학대

성학대(sexual abuse)는 18세 미만 아동을 대상으로 성인의 성적 만족을 위해 아동의 신체에 접촉하는 행위나 아동과의 모든 성적 행동을 말한다. 자신의 성적 만족을 위해 아동을 관찰하거나 아동에게 성적 노출을 하는 행위, 아동과 성교 혹은 유사성행위를 하는 행위, 아동에게 성매매를 시키거나 성매매를 매개하는 행위 등이 해당된다.

성학대의 신체적·행동적 징후

- 걷거나 앉는 데 어려움
- 배뇨 곤란, 요도염, 생식기의 대상포진
- 학령 전 아동의 성병 감염
- 항문 괄약근의 손상, 항문 주변의 멍이나 찰과상, 열창
- 회음부의 동통과 가려움
- 입천장의 손상, 인두임질
- 나이에 맞지 않는 성적 행동, 해박하고 조숙한 성 지식
- 명백하게 성적인 묘사를 한 그림들

- 타인, 동물, 장난감을 대상으로 하는 성적인 상호관계
- 위축, 환상, 퇴행행동, 혼자 남아 있기를 거부
- 특정 유형의 사람들 또는 성에 대한 두려움
- 자기 파괴적 행동(자살시도)
- 우울, 불안, 사회관계의 단절
- 수면장애, 유뇨증/ 유분증, 섭식장애, 외상 후 스트레스 장애
- 저조한 학업수행

출처 : 아동권리보장원(www.ncrc.or.kr).

(4) 방임

방임(neglect)은 아동의 양육과 보호를 소홀히 하여 정상적인 발달을 저해하는 모든 행위를 말한다. 아동에게 기본적인 의식주를 제공하지 않거나 보호하지 않는 물리적 방임, 학교를 보내지 않거나 무단결석을 허용하는 교육적 방임, 필요한 의료적 처치를 하지 않는 의료적 방임, 아동을 버리는 유기 등의 행위들이 방임에 해당된다.

방임의 신체적·행동적 징후

- 발달 지연, 성장 장애
- 비위생적인 신체상태
- 예방접종과 의학적 치료 불이행으로 인한 건강상태 불량
- 아동에게 악취가 지속적으로 나는 경우
- 계절에 맞지 않거나 부적절한 옷차림
- 음식을 구걸하거나 훔침
- 비행 또는 도벽
- 학교에 일찍 등교하고 집에 늦게 귀가함
- 지속적인 피로 또는 불안정감 호소
- 수업 중 조는 태도
- 잦은 결석

출처 : 아동권리보장원(www.ncrc.or.kr).

3. 아동학대의 발생 요인과 영향

1) 발생 요인

아동학대는 다양한 원인에 의해 발생할 수 있으나 크게 개인 요인, 가족 요인, 사회 요인으로 구분하여 살펴볼 수 있다.

(1) 개인 요인

아동학대는 개인의 성장 과정에서 학대를 경험했거나 감정조절 및 분노통제 능력이 부족하고, 알코올 중독, 우울증 등 정신건강에 문제가 있을 경우 발생할 수 있다. 아동학대를 하는 부모들은 나이가 어리고 미성숙하여 자녀의 행동이나 욕구를 이해하지 못하거나 성장경험에서 부모역할 수행에 대한 적절한 학습기회를 갖지 못한 경우가 많다. 이로 인해 자녀에 대해 비현실적 기대를 지니거나 그릇된 양육태도와 방법을 나타내어 아동학대가 반복될 수 있다(김혜영·석말숙, 2003).

(2) 가족 요인

아동학대는 빈곤이나 실업 등 경제적 어려움을 겪거나 가정불화로 인해 스트레스와 욕구불만이 높고 사회적으로 고립된 가족 환경에서 발생하기 쉽다(이재연·한지숙, 2003). 또한 양육자와 아동 간 애착 형성이 부족할 경우 아동학대가 발생하기도 한다. 장애아나 기형아, 만성질환을 앓고 있거나 문제행동을 보이는 아동은 부모나 양육자가 양육에 대한 신체적·심리적인 부담감을 느끼고 미흡한 애착관계를 형성하여 학대로 이어질 수 있다(김요섭, 2011).

(3) 사회 요인

사회 전반의 분위기와 인식 등도 아동학대의 발생 요인이 된다. 아동의 권리를 존중하지 않는 문화와 자녀를 부모의 소유물로 여기는 소유의식, 체벌과 엄한 훈육에 대한 관용적인 입장 등이 아동학대를 발생하게 하는 사회적 요인으로 지목된다(박혜숙·김보기, 2013). 피해아동에 대한 법적인 보호가 부재하거나 예방체계가 미흡할 경우에도 아동학대 발생을 높이게 된다.

표 12-1 **아동학대의 발생 요인**

	요 인
개 인	• 정신장애 • 학대 경험 • 약물중독 • 자녀에 대한 비현실적 기대 • 충동 • 부모역할에 대한 지식 부족
가 족	• 빈곤 • 실업 • 사회적 지지 체계 부족 • 원만하지 못한 부부관계 • 가정폭력 • 부모-자녀 간 애착 부족 등
사 회	• 자녀를 부모의 소유물로 여김 • 체벌의 수용 • 피해아동에 대한 법적인 보호 부재 및 미비 등

출처 : 아동권리보장원(www.ncrc.or.kr).

2) 아동학대의 영향

아동학대는 학대를 경험한 아동에게 여러 가지 부정적인 영향을 미치게 된다. 각종 언론보도에서 소개된 바와 같이 아동학대는 사망에도 이를 수 있으며, 발달지체, 신체장애, 운동능력 손상, 청력과 시력의 상실과 같은 신체적 손상을 줄 수 있다. 또한 아동학대는 애착 형성 붕괴, 충동조절 능력의 저하, 만성 불안, 낮은 자아개념 등 아동에게 정서적 손상을 가져오게 된다(장용환·송지혜, 2011). 학대받은 아동은 공격적·파괴적인 행동을 하거나 위축되고 수동적인 행동 변화를 나타내고, 타인과의 관계 형성이 어려우며 고립되고 냉정한 태도를 보일 수 있다(김평화·윤혜미, 2013). 학습의욕이 낮거나 무단결석, 가출과 같은 학업성취 문제, 비행, 자살시도 등 학대 경험은 아동에게 장기적이고 치명적인 후유 손상을 남기기도 한다(기광도, 2011).

표 12-2 **아동학대의 후유증**

	부정적 영향
신체적 손상	피부결손, 화상, 골절, 안구출혈, 장기파열, 두뇌손상, 성장실패, 생리기능 변화, 사망
심리 · 정서적 손상	중추신경계 손상, 지능 · 자아기능 손상, 감정조절기능 저하 및 이상, 자기개념 손상(무력감), 애착 형성 붕괴, 충동조절 능력 저하, 또래관계 붕괴, 자학적 · 자기파괴 행동, 정신병리

출처 : 아동권리보장원(www.ncrc.or.kr).

4. 아동학대의 현황

아동학대 신고접수 건수는 전국적으로 해마다 증가하고 있는 추세를 보이고 있다. 2019년부터 2023년까지 최근 5년 동안의 통계에 따르면, 2022년을 제외하면 전반적으로 증가하고 있는 추세가 나타났다. 2022년에 집계된 전체 아동학대 신고접수는 총 46,103건이었고, 2023년에 집계된 전체 아동학대 신고접수는 총 48,522건으로 전년 대비 5.2% 증가하였다. 이는 아동학대 대응 및 보호체계 구축을 위한 방안들이 실행됨에 따라 점차 신고 건수가 증가하고 있는 것으로 이해된다. 또한 전체 신고접수된 아동학대사례 가운데 4,048건이 재학대 신고 사례로 약 8.3%가 동일한 학대행위자에 의해 아동학대가 추가적으로 발생한 것으로 파악되었다(보건복지부, 2024). 아동학대는 아동이 가진 특성과 부모, 가족, 사회 등의 주변 환경과의 역동적인 관계를 고려하여 접근되어야 하며, 실태에 대한 심층적 분석을 통해 포괄적인 예방대책이 제시되어야 한다. 2023년 전국 아동보호전문기관에 집계된 신고접수 자료를 기반으로 아동학대 현황을 살펴보기로 한다.

1) 아동학대사례 유형

2023년 아동학대사례 유형별 건수를 분석한 결과 전체 아동학대사례 25,739건 가운데 정서학대가 11,094건(43.1%)으로 가장 많았다. 이어서 중복학대 7,383건(28.7%), 신체학대 4,698건(18.3%), 방임 1,979건(7.7%), 성학대 585건(2.3%) 순으로 높게 나타났다. 중복학대의 경우 신체학대와 정서학대가 중복되는 경우가 6,330건(24.6%)으로 가장 높았고, 그 다음으로 정서학대와 방임이 중복되는 경우가 456건(1.8%), 신체학대와 정서학대, 그리고 방임이 중복되는 경우가 251건(1.0%) 순으로 나타났다.

표 12-3 아동학대사례 유형

유 형	건수(비율)
신체학대	4,698건(18.3%)
정서학대	11,094건(43.1%)
성학대	585건(2.3%)
방임	1,979건(7.7%)
중복학대	7,383건(28.7%)
계	25,739건(100.0%)

또한 아동학대사례 유형을 연도별로 살펴보면, 2019년부터 2021년까지는 중복학대가 가장 높은 비율로 나타난 한편, 2022년부터 2023까지의 경우 정서학대의 비중이 가장 높은 비율로 나타났다. 성학대는 2019년 이후로, 방임은 2021년 이후로 꾸준히 감소 추세를 보였다.

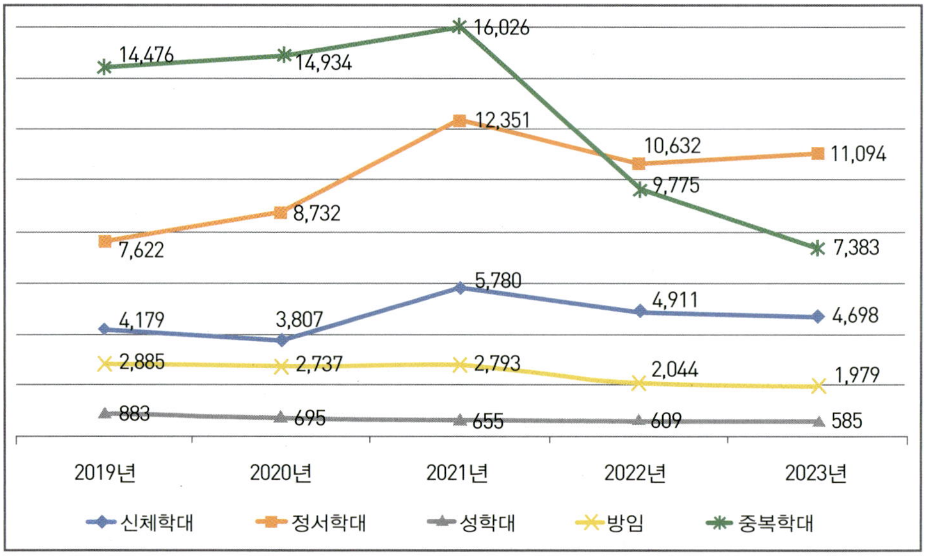

그림 12-1 **연도별 아동학대사례 유형**

2) 피해아동

(1) 성별

2023년 아동학대로 판단된 33,463명의 피해아동의 성별을 살펴보면, 남아 16,828건(50.3%), 여아 16,635건(49.7%)으로 남아가 근소하게 더 많았으나 큰 차이를 보이지는 않았다.

표 12-4 피해아동 성별

성 별	남	여	계
건수 (비율)	16,828건 (50.3%)	16,635건 (49.7%)	33,463건 (100.0%)

아동학대사례 유형에 따른 피해아동의 성별 분포를 알아보면, 남아와 여아 모두 정서학대의 비중이 가장 높게 나타났다. 그 밖에 남아의 경우 신체학대가, 여아의 경우 성학대가 다른 성별에 비해 아동학대사례 유형 중에서 차지하는 비중이 상대적으로 높게 나타났다.

표 12-5 아동학대사례 유형별 피해아동 성별

구 분	신체학대	정서학대	성학대	방 임	계
남 아	6,208건 (36.9%)	9,109건 (53.6%)	86건 (0.5%)	1,515건 (9.0%)	16,828건 (50.3%)
여 아	5,268건 (31.7%)	9,321건 (56.0%)	722건 (4.3%)	1,314건 (8.0%)	16,635건 (49.7%)
계	11,476건 (34.3%)	18,340건 (54.8%)	808건 (2.4%)	2,839건 (8.5%)	33,463건 (100.0%)

(2) 연령별

피해아동 연령의 경우, 13~15세 아동이 6,328건(24.6%)으로 가장 많았고, 이어서 10~12세 6,141건(23.9%), 7~9세 4,713건(18.3%), 4~6세 3,116건(12.1%), 16~17세 2,746건(10.7%), 1~3세 2,253건(8.8%), 1세 미만 442건(1.7%) 순으로 나타났다. 영아기 아동들은 외부 환경과의 접촉이 적고 자기 방어와 의사표현 능력이 부족하기 때문에 아동학대가 발생했음에도 발견되지 않을 가능성이 있다. 또한 영유아기는 두뇌 성장 및 양육자와의 애착 형성에 결정적인 시기로 이 시기에 발생한 아동학대는 발달에 장기적으로 부정적인 영향을 줄 수 있으므로 세심한 주의가 요구된다(Schore, 2001).

표 12-6 **피해아동 연령**

연령(만)	1세 미만	1~3세	4~6세	7~9세	10~12세	13~15세	16~17세	계
건수 (비율)	442건 (1.7%)	2,253건 (8.8%)	3,116건 (12.1%)	4,713건 (18.3%)	6,141건 (23.9%)	6,328건 (24.6%)	2,746건 (10.7%)	25,739건 (100.0%)

3) 학대행위자

(1) 성별

2023년 아동학대로 판단된 25,739건 중 학대행위자 성별은 남성 15,107건(58.7%), 여성 10,632건(41.3%)으로 남성이 여성에 비해 높게 보고되었다.

표 12-7 **학대행위자 성별**

성 별	남	여	계
건수 (비율)	15,107건 (58.7%)	10,632건 (41.3%)	25,739건 (100.0%)

(2) 연령

학대행위자 연령의 경우, 40대가 12,574건(48.9%)으로 가장 많았으며, 다음으로는 30대가 6,561건(25.5%), 50대 3,937건(15.3%), 20대 1,681건(6.5%), 60대 693건(2.7%), 70세 이상 219건(0.9%), 20대 미만 61건(0.2%) 순으로 나타났다.

표 12-8 **학대행위자 연령**

연령 (만)	20대 미만	20대	30대	40대	50대	60대	70세 이상	파악 불가	계
건수 (비율)	61건 (0.2%)	1,681건 (6.5%)	6,561건 (25.5%)	12,574건 (48.9%)	3,937건 (15.3%)	693건 (2.7%)	219건 (0.9%)	13건 (0.1%)	25,739건 (100.0%)

(3) 피해아동과의 관계

학대행위자와 피해아동과의 관계는 부모에 의한 발생 건수가 28,734건(85.9%)으로 가장 높았고, 대리양육자 2,568건(7.7%), 기타 1,161건(3.4%) 순으로 나타났다. 부모에 의해 발생한 사례 중 친부에 의해 발생한 사례가 12,414건(48.2%), 친모가 8,921건(34.7%) 순으로 높은 비율을 차지했다.

표 12-9 아동학대사례 유형별 학대행위자와 피해아동과의 관계

구 분	신체학대	정서학대	성학대	방 임	계
부 모	9,863건 (29.5%)	16,058건 (48.0%)	184건 (0.5%)	2,629건 (7.9%)	28,734건 (85.9%)
친인척	435건 (1.3%)	464건 (1.4%)	33건 (0.1%)	68건 (0.2%)	1,000건 (3.0%)
대리양육자	928건 (2.8%)	1,257건 (3.7%)	247건 (0.7%)	136건 (0.4%)	2,568건 (7.7%)
기 타	250건 (0.7%)	561건 (1.7%)	344건 (1.0%)	6건 (0.0%)	1,161건 (3.4%)
계	11,476건 (34.3%)	18,340건 (54.8%)	808건 (2.4%)	2,839건 (8.5%)	33,463건 (100.0%)

5. 아동학대의 대처와 예방

아동학대는 개인과 가족, 사회 전반에 걸쳐 손상을 가져오는 심각한 사회문제이다. 2014년 9월 국가에서는 개정된 아동복지법과 「아동학대범죄의 처벌 등에 관한 특례법」을 시행하여 아동학대사례개입에서 아동학대를 범죄로 강력히 대응하고 학대행위자에 대한 교육, 상담, 치료 등 강제 조치가 가능하도록 법적 규정을 개정하였다. 또한 시·군·구 내 아동학대 전담공무원을 배치하여 국가의 책임과 감독을 부여하고, 아동보호전문기관의 경우 사례관리 기능을 강

화하도록 아동복지법을 개정하였다. 자신을 보호할 능력이 부족한 영유아기 아동은 아동학대사례 발생 시 성인의 발견과 개입이 반드시 필요하다. 아동학대 대처를 위한 신고 절차를 살펴보고 유아교육기관에서 실천할 수 있는 아동학대 예방에 관해 알아본다.

1) 아동학대의 대처

(1) 아동학대 신고의무자

아동학대 신고의무자란 교사, 의료인, 시설종사자, 공무원 등 직무상 아동학대를 인지할 가능성이 높은 직업군의 사람들을 말한다. 아동학대처벌법에 따라 신고의무자는 직무를 수행하면서 아동학대범죄를 발견했거나 의심될 경우 수사기관(112)에 즉시 신고해야 한다. 관계 중앙행정기관의 장은 아동학대 신고의무자 직군에 해당하는 사람의 자격취득과정이나 보수교육과정에 아동학대 예방 및 신고의무와 관련된 교육을 1시간 이상 포함시켜야 한다.

아동학대 신고의무자 25개 직군

- 아동권리보장원 및 가정위탁지원센터
- 아동복지시설
- 아동복지전담공무원
- 가정폭력 관련 상담소 및 가정폭력피해자 보호시설
- 건강가정지원센터
- 다문화가족지원센터
- 사회복지전담공무원, 사회복지시설
- 성매매피해상담소
- 성폭력피해상담소, 성폭력피해자보호시설, 성폭력피해자통합지원센터
- 119구급대 대원
- 응급구조사
- 육아종합지원센터, 어린이집
- 유치원
- 아동보호전문기관
- 의료인 및 의료기사
- 장애인복지시설
- 정신건강복지센터, 정신의료기관, 정신요양시설, 정신재활시설
- 청소년시설 및 청소년단체
- 청소년 보호/ 재활센터
- 초중등교육법에 따른 학교
- 한부모가족복지시설
- 학원 및 교습소
- 아이돌보미
- 취약계층 아동에 대한 통합서비스 지원 수행인력
- 입양기관

(2) 신고 절차

유치원 교직원 및 강사 등과 어린이집 보육교직원은 아동학대범죄를 발견하거나 의심될 경우 수사기관에 신고할 의무를 지닌다. 교사는 매일 영유아의 건강과 안전상태를 살피고 평소와 다른 상흔이나 언행이 발견될 경우 보호자에게 문의하여 확인하도록 한다. 2일 이상 무단결석이 발생하거나 명확한 사유 없이 퇴학을 신청한 경우에는 전화 연락 또는 지방자치단체 공무원과 동행한 가정방문 등을 통해 아동학대 유무를 확인하도록 한다. 정당한 사유 없이 신고의무를 이행하지 않을 경우 「아동학대범죄의 처벌 등에 관한 특례법」에 따라 500만 원 이하의 과태료가 부과된다.

유치원이나 어린이집의 원장은 소속된 아동학대 신고의무자에게 연 1회 1시간 이상 신고의무에 대한 교육을 실시하고, 그 결과를 감독기관에 제출해야 한다. 교육의무기관에서 아동학대 신고의무자 교육을 미실시한 경우 300만 원 이하의 과태료가 부과된다. 신고의무자는 아동학대 징후나 신고의무자용 점검표를 활용하여 신고 여부를 판단하고, 아동학대 의심 여부가 확실하지 않을 경우에는 아동보호전문기관과 상담하거나 '아이지킴콜 112' 모바일 앱을 통해 사진, 동영상 등을 촬영하여 신고할 수 있다.

신고 시 유의할 점

- 보호자에게 신고내용을 알리는 등의 행위로 아동학대 증거가 은폐되지 않도록 주의한다.
- 가능한 한 증거 사진 등을 확보한다.
- 아동이 불안해하지 않도록 일상적으로 대한다.
- 진술의 오염이 있을 수 있으므로 학대에 대해 계속 캐묻거나 유도 질문을 하지 않는다.
- 성학대의 경우 증거 확보를 위해 씻기거나 옷을 갈아입히지 않는다.
- 신고자나 피해자의 정보가 외부에 노출되지 않도록 유의한다.
- 신고 후에 아동보호전문기관 또는 수사기관과 지속적인 협력을 유지한다.

아동학대 신고전화 예시

- ○○유치원/ 어린이집에 재직하고 있는 교사로 아동학대 신고의무자입니다.
- ○○유치원/ 어린이집에 등원하고 있는 아동에 대해 ~~~~의 이유로 아동학대가 의심되어 신고합니다.
- 학대가 의심되는 이유/ 상황은 ~~~~~입니다.
  ※ 신속출동 판단을 위해 구체적인 응급상황 설명
- 아동의 인적사항은 ~~~~~입니다.
  ※ 이름, 성별, 나이, 특징 등
- 학대행위자로 의심되는 사람은 ~~~~~입니다.
  ※ 이름, 성별, 나이, 주소 등(모를 경우 '미상'으로 신고)
- 신고자는 ~~~~입니다.
  ※ 이름, 전화번호, 피해자와의 관계, 면담 시 주의 사항, 신변보호 요청 등

학대 의심 징후(상흔, 증언 등) 발견 : 아동학대 징후리스트 활용
⬇
응급상황 시 아동의 안전 및 신병 확보 : 예 긴박한 상황인 경우 아동을 병원에 데려간 이후에 신고
⬇
아동학대 신고(112)
⬇
아동학대조사 및 사례개입 협조 : 아동조사가 필요한 경우 원내에 독립된 장소 제공 협조 아동과 친밀한 관계가 형성되어 있는 교사가 아동과 함께 조사에 참여
⬇
사후지원 및 서비스 협조

그림 12-2 아동학대 신고의무자의 신고 절차
출처 : 교육부 · 보건복지부(2016).

표 12-10 **아동학대 신고의무자용 점검표**

연번	평가항목	평가란 ✔	
1	사고로 보기에는 미심쩍은 멍이나 상처가 발생한다.	예 □	아니요 □
2	상처 및 상흔에 대한 아동 혹은 보호자의 설명이 불명확하다.	예 □	아니요 □
3	보호자가 아동이 매를 맞고 자라야 한다는 생각을 갖고 있거나 체벌을 사용한다.	예 □	아니요 □
4	아동이 보호자에게 언어적, 정서적 위협을 당한다.	예 □	아니요 □
5	아동이 보호자에게 감금, 억제, 기타 가학적인 행위를 당한다.	예 □	아니요 □
6	기아, 영양실조, 적절하지 못한 영양섭취를 보인다.	예 □	아니요 □
7	계절에 맞지 않는 옷, 청결하지 못한 외모를 보인다.	예 □	아니요 □
8	불결한 환경이나 위험한 상태로부터 아동을 보호하지 않고 내버려 둔다.	예 □	아니요 □
9	성학대로 의심될 성 질환이 있거나 임신 등의 신체적 흔적이 있다.	예 □	아니요 □
10	나이에 맞지 않는 성적 행동 및 해박하고 조숙한 성 지식을 보인다.	예 □	아니요 □
11	자주 결석하거나 결석에 대한 사유가 불명확하다.	예 □	아니요 □
12	아동에게 필요한 의료적 처치 혹은 예방접종을 실시하지 않는다.	예 □	아니요 □
13	아동이 보호자에 대한 거부감과 두려움을 보이고, 집(보호기관)으로 돌아가는 것에 대해 두려워한다.	예 □	아니요 □
14	아동이 매우 공격적이거나 위축된 모습 등의 극단적인 행동을 한다.	예 □	아니요 □
15	'아동학대 체크리스트' 1~14에 해당하지는 않지만 그 외의 학대로 의심되는 경우(학대 의심 사항 :)	예 □	아니요 □

출처 : 아동권리보장원(www.ncrc.or.kr).

2) 유아교육기관에서의 학대 예방

어린이집이나 유치원 교사들은 자기 방어와 의사표현 능력이 부족한 영유아를 돌보고 있으므로 학대로 인한 신체적·정서적 손상과 변화를 파악할 수 있는 매우 중요한 위치에 있다. 2019년 신고의무자에 의한 신고접수는 8,836건(23.0%)으로 나타났으며, 초·중·고교직원 5,901건(15.4%), 보육교직원 448건

(1.2%), 아동복지시설종사자 337건(0.9%) 순으로 높게 보고되었다. 유치원 교직원 및 강사의 경우 140건(0.4%)으로 보육교직원에 비해 신고비율이 낮았다(보건복지부, 2020). 아동학대 예방과 신고를 위해 유아교육기관에서 실행할 수 있는 다양한 예방 노력을 알아본다.

(1) 아동학대 신고에 대한 분위기 조성

유아교육기관의 교사들이 지닌 아동학대에 대한 지식과 태도는 아동학대가 발견되거나 의심될 때 교사들의 신고 의도에 영향을 미친다(김수정·이재연, 2013; 황인옥, 2015). 특히 신고에 대한 태도는 교사의 신고 의도에 유의한 영향을 미칠 수 있다. 교사들은 아동학대를 신고하는 것이 아동이나 가족에게 오히려 피해를 줄 것이라는 부정적인 염려를 지니거나 부모의 훈육방식에 대해 개입하는 것에 대한 부담을 느낄 수 있다. 따라서 유아교육기관에서는 교사들이 아동학대에 대한 정확한 지식을 가지고 신고의무를 이행할 수 있도록 긍정적인 분위기를 조성해야 한다.

(2) 아동학대 발견을 위한 관리체계 구축

유아교육기관에서는 아동학대 발견 및 관리대응을 위한 대책을 마련해야 한다. 아동학대의 유형과 사례에 대한 교육자료를 배치하고, 신고방법과 관리대응에 대한 매뉴얼을 활용하여 체계적인 관리대책을 수립하도록 한다. 또한 가정통신문과 학부모동의서 등을 통해 아동학대 발견과 관리대응을 위한 가정과의 협조체계를 구축하도록 한다. 또한 지역에 위치한 아동보호전문기관의 전화번호를 알아두어 행동 지도나 아동학대 의심 사례에 대해 상담하도록 한다.

(3) 교직원에 의한 아동학대 발생의 방지

학대 발견 및 신고 외에 유아교육기관에서는 교직원에 의한 아동학대행위가 발생하지 않도록 주의를 기울여야 한다. 아동학대는 주로 가정에서 발생하지만 어린이집과 유치원, 학교 등 영유아들이 장시간 머무르며 생활하는 곳에서도 일어난다. 장시간의 근무시간과 스트레스, 어린 영유아를 돌봄에서 오는 신체적 피로 등은 교사들의 직무만족도를 낮추고 아동학대 발생 위험을 높이게 된다. 유아교육기관의 기관장과 교사들은 아동학대의 신고의무자인 동시에 학대행위자가 될 수 있다는 경각심을 지니고, 구체적인 학대행동 사례에 대한 교육을 통해 혹시나 발생할 수 있는 아동학대 행동을 미연에 방지하도록 노력해야 한다. 유아교육기관에서 이루어지는 학대 예방교육에서는 주로 신체학대와 성학대에 대한 교육이 행해지므로 정서학대와 방임에 대한 예방교육을 보완하도록 한다.

(4) 아동학대 예방을 위한 부모교육 제공

아동학대의 약 76% 이상이 부모에 의해 발생한다. 유아교육기관에서는 가정통신문, 강의, 온라인매체 등 다양한 방법을 활용하여 아동학대 예방을 위한 부모교육을 제공해야 한다. 부모들이 올바른 양육태도와 방법에 대한 지식이 부족한 경우 아동학대가 발생할 위험이 높으므로 부모교육을 통해 적절한 부모역할수행과 부모-자녀 상호작용에 관해 안내하도록 한다. 또한 체벌 대신 긍정적인 훈육방법에 대한 정보를 알려주어 잘못된 훈육에 의해 학대가 발생하지 않도록 지원한다.

(5) 영유아 대상의 아동학대 예방교육 운영

영유아들에게도 스스로를 방어하고 학대로부터 보호되어 안전하게 성장할 수 있도록 아동학대 예방교육을 실시한다. 영유아들을 대상으로 이루어지는 학대 예방교육은 영유아들의 이해와 발달 수준을 고려하여 구성하되, 건강 및 안전교육과 연계하여 운영될 수 있다. 또한 일상생활에서 반복적인 연습과 학습이 이루어지도록 하여 영유아들로 하여금 아동학대 예방을 위한 지식, 기술, 태도를 습득할 수 있도록 한다.

영유아를 위한 학대예방 지침
• 학대란 무엇인지 알려준다. • 보육시설에 혼자 또는 친구들끼리만 남아 있을 경우 선생님께 도움을 청하도록 한다. • 영유아로 하여금 학대받은 것이 자신의 잘못이 아님을 확인시킨다. • 누군가 매를 심하게 때리거나 소리를 지른다면 학대 거부 의사를 분명히 밝히도록 한다. • 잘못을 하지 않았는데도 부당한 처벌을 받았을 경우에는 선생님이나 부모님께 알리도록 한다.
부모를 위한 학대예방 지침
• 아동학대란 무엇이며, 어떤 행동들이 아동학대인지 알도록 한다. • 아이들의 행동 특성을 이해하지 못해 화가 났을 때 마음을 가라앉힌다. • 화목한 가정을 만들 수 있도록 가족구성원 모두 노력한다. • 자녀에 대한 지나친 기대보다는 내 아이의 현재 수준을 이해하려고 노력한다. • 영유아를 양육하는 데 힘들 경우 가족 및 친척 주위 분들의 도움을 요청한다. • 체벌은 육체적 고통만 수반할 뿐임을 인식한다. • 체벌하기보다는 영유아에게 바라는 행동과 지침들을 명확하게 제시한다. • 규칙을 세울 때에는 영유아가 지킬 수 있는 규칙을 제시한다. • 지속적으로 공정하게 일관된 태도로 훈육을 한다. • 조용하나 단호한 목소리로 표현한다. • 영유아의 잘못된 행동에 대해서만 사실 그대로 말한다. • 영유아의 인격이나 자존심을 공격하는 말은 하지 않도록 한다. • 왜 하면 안 되는지 구체적으로 말하고 이유를 설명한다.

출처 : 홍길회 · 정미자(2014).

제13장

영유아 건강교육의 실제

1. 영아를 위한 건강교육 활동의 실제

2. 유아를 위한 건강교육 활동의 실제

13장

영유아 건강교육의 실제

1. 영아를 위한 건강교육 활동의 실제

■ **영아(0~1세) – 역할놀이를 통한 건강교육 활동**

활동명	음식 상을 차려요
활동목표	• 음식 상 차리는 놀이를 즐긴다. • 음식을 먹어보는 활동을 즐긴다.
표준보육과정 관련요소	• 예술경험 : 창의적으로 표현하기 • 기본생활 : 건강하게 생활하기
활동자료	소꿉놀이 세트, 과일 · 야채 모형
활동방법	1. 소꿉놀잇감으로 음식을 차려본다. – 오이는 어디에 있을까? – 사과는 어디에 놓을까? 2. 차려진 음식을 맛있게 먹는 흉내를 내어본다. – 정말 맛있는 음식 상이 되었네. – 배추도 먹어보자. – 오이도 먹어보았구나. – 사과를 먹었더니 얼굴이 예뻐졌네.

	   3. 음식 상 차리기를 하며 밀가루 반죽을 추가하여 확장활동을 진행해 본다.  
비고	영아의 경우 제시된 밀가루 반죽을 직접 먹어보는 경우가 있으므로 밀가루 반죽을 먹지 않도록 지도에 유의하여 활동을 진행한다.

■ **영아(0~1세) – 그림책을 통한 건강교육 활동**

활동명	응가하자 끙끙!!
활동목표	• 배변 관련 동화를 들어본다. • 배변활동에 관심을 가진다.
표준보육과정 관련요소	• 의사표현 : 경험과 관련된 말 듣고 알기 • 기본생활 : 건강하게 생활하기
활동자료	그림책『나도 응가할래』, 모형변기, 점토나 밀가루 반죽
활동방법	1. 언어 영역 책꽂이에『나도 응가할래』책을 비치해 두고 영아가 자유롭게 책을 꺼내 볼 수 있도록 한다. – 친구가 응가하고 있구나. – 맛있는 음식은 무얼 먹었을까? 2. 영아와 함께 책을 보며 변기에 앉으려고 시도하는 내용을 함께 알아본다.  

	3. 책 내용과 관련된 의태어나 의성어를 함께 말해보거나 그림 속 상황을 이야기 나누어 본 후 모형변기에 반죽을 넣어보거나 응가 붙이기를 해본다. – 친구가 응가하고 싶다고 하네. – 여기 변기에 뭐지? – 토끼/ 멍멍이 응가를 누가 붙여줄까?  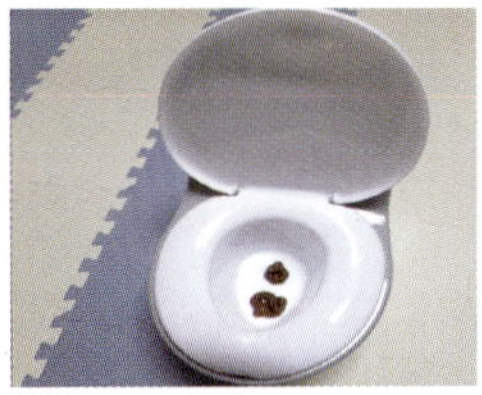 
비고	놀이실에 비치된 배변 관련 소품을 이용하여 다양한 방법으로 진행해 본다.

■ **영아(2세) – 바깥놀이를 통한 건강교육 활동**

활동명	바깥놀이하며 자연을 살펴요
활동목표	• 주변 세계와 자연에 대해 호기심을 가진다. • 하루 일과를 즐겁게 경험한다.
표준보육과정 관련요소	• 자연탐구 : 탐구과정 즐기기 • 기본생활 : 건강하게 생활하기
활동자료	실외 활동용 외투와 옷차림, 바구니, 물티슈, 비상구급함
활동방법	1. 바깥놀이를 준비한다. – 바깥놀이 나갈 때 무얼 준비하면 좋을까? 2. 바깥놀이와 산책 활동을 경험하며 맑은 공기를 마셔보고 자연물을 탐색해 본다. – OOO야, 기분이 어떠니? – 여기 개미가 지나가는구나. – 작은 꽃잎이 떨어져 있네. 한 개, 두 개, 냄새도 맡아볼까?  

	3. 승용완구 타기, 훌라후프 기차타기, 달리기 등 대근육 활동을 안전하게 즐겨본다.  
비고	영아의 발달 수준에 따라 적절한 활동을 지원하며, 특히 외부 활동 시에는 영아 안전에 유의한다.

■ **영아(0~1세) – 음악을 통한 건강교육 활동**

활동명	손을 씻어요
활동목표	• 익숙한 노래와 리듬을 표현한다. • 자신의 몸을 깨끗이 해본다.
표준보육과정 관련요소	• 예술경험 : 창의적으로 표현하기 • 기본생활 : 건강하게 생활하기
활동자료	손 씻기 노래 음원, 손 씻기 그림 카드 자료
활동방법	1. 손 씻기 노래에 맞추어 노래를 불러본다. 〈손 씻기 노래〉 쓱싹 쓱싹 씻었나요. 뽀드득 뽀드득 씻었나요. 놀고 나서 집에 오면 밥 먹기 전 잊지 말고 쉬야해도 뽀드득 응가해도 뽀드득 와글 와글 병균들이 도망가요. 뽀드득 손 씻어요. 쓱싹 쓱싹 씻었나요. 뽀드득 뽀드득 씻었나요. 손바닥 마주 대고 손가락 깍지 껴서 손등도 뽀드득 손톱 밑도 뽀드득 와글 와글 병균들이 도망가요. 뽀드득 손 씻어요. 출처 : 깨비키즈(www.kebikids.com). 2. 손 씻기 그림 카드 자료를 보며 이야기 나눈다. – 뽀드득 손이 어떻게 되었어요? – 와글 와글 병균들이 어디로 갔어요?

	3. 노래를 부르며 손 씻기를 경험해 본다. – (노래를 부르며) 쓱싹 쓱싹 씻어봐요. – 뽀드득 뽀드득, 뽀득 뽀득 씻었나요? 4. 씻은 손을 핸드타올이나 개인 수건에 닦아본다.   
비고	손 씻기 노래 가사는 개사하거나 개작하여 짧은 되풀이 노래로도 불러볼 수 있다.

■ **영아(2세) – 역할놀이를 통한 건강교육 활동**

활동명	목욕놀이를 해요
활동목표	• 주변 세계와 씻기 놀이에 대해 호기심을 가진다. • 하루 일과를 즐겁게 경험한다.
표준보육과정 관련요소	• 예술경험 : 모방과 상상놀이하기 • 기본생활 : 건강하게 생활하기
활동자료	빈 샴푸통, 목욕타올, 비눗갑, 수건, 세숫대야
활동방법	1. 빈 샴푸통, 목욕타올, 비눗갑, 수건, 세숫대야 등을 제공해 두고 관심을 보이는 영아와 목욕용품을 탐색해 본다.  

	2. 목욕용품을 이용하여 직접 씻는 놀이를 진행해 보거나 영아 자신의 경험이 놀이로 표현될 수 있도록 격려한다. – 여기 수건이 있구나. 이건 어떻게 하는 거지? – 바가지에 물을 많이 담았구나.    3. 일상생활 중 손 씻기와 이 닦기 활동을 연계하여 몸을 깨끗이 하는 습관을 경험해 본다.  
비고	목욕놀이 소품을 제공할 경우 영아들의 안전에 유의하여 제공하도록 한다.

■ **영아(2세) – 그림책을 통한 건강교육 활동**

활동명	배고픈 애벌레
활동목표	• 동화 내용 듣기에 관심을 가진다. • 여러 가지 음식의 종류를 알아본다.
표준보육과정 관련요소	• 의사소통 : 주변의 소리와 말소리 구분하여 듣기 • 기본생활 : 건강하게 생활하기
활동자료	그림책 『배고픈 애벌레』, 동화에 등장하는 여러 가지 음식 모형
활동방법	1. 언어 영역 책꽂이에 『배고픈 애벌레』 책을 비치해 두고 영아가 자유롭게 책을 꺼내 볼 수 있도록 한다. 2. 영아와 함께 동화에 등장하는 과일과 음식에 대해 이야기 나누어 본다. – 애벌레가 어디로 갔을까? – 무얼 먹을 때 제일 맛있었을까? – 나는 어떤 음식을 제일 맛있게 먹나요?

	   3. 동화 내용과 연계하여 어린이집 일상생활 중 골고루 먹어보는 경험을 스스로 해 본다.  
비고	교사는 영아의 개별적인 식습관 형성 정도에 따라 격려하며 다양한 음식을 맛볼 수 있도록 지원한다.

2. 유아를 위한 건강교육 활동의 실제

■ 유아(3~5세) – 이야기 나누기를 통한 건강교육 활동

활동명	손을 씻어요
활동목표	• 올바른 손 씻기 방법을 안다. • 스스로 몸을 깨끗이 하는 습관을 기른다.
누리과정 관련요소	• 신체운동 · 건강 : 건강하게 생활하기 • 의사소통 : 듣기와 말하기
활동자료	손 씻기 동화, 손 씻는 절차를 그린 그림 자료
활동방법	1. 손 씻기 동화를 듣고 이야기 나눈다. – 동화 속에서 손을 씻지 않았을 때 어떤 일이 생겼을까? – 손은 언제 씻어야 할까?/ 손은 왜 씻어야 할까? 2. 손 씻기 그림을 보며 손 씻는 방법을 알아본다.   – 손을 깨끗이 씻으려면 무엇이 필요하지? – 손을 씻을 때는 어떤 방법으로 씻어야 하는지 살펴보자. – 와글 와글 더러운 병균들이 어디로 갔을까? 3. 올바른 손 씻기 방법에 따라 손을 씻어본다. 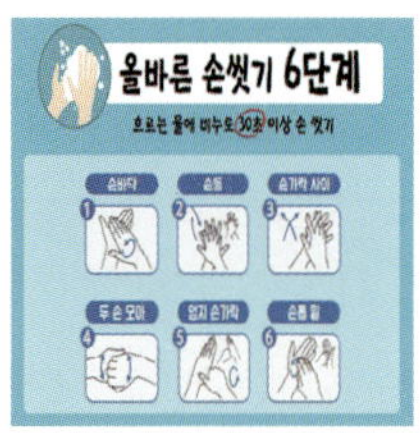
비고	그림을 보며 손 씻기 연습을 해보도록 한다.

■ 유아(3~5세) - 문학을 통한 건강교육 활동

활동명	난 토마토 절대 안 먹어
활동목표	• 우리 몸을 건강하게 하는 음식을 알아본다. • 음식을 골고루 먹으려는 태도를 가진다.
누리과정 관련요소	• 의사소통 : 듣기와 말하기 • 의사소통 : 책과 이야기 즐기기
활동자료	동화 『난 토마토 절대 안 먹어』, 음식 모형, 야채 모형, 음식 이름 활동지
활동방법	1. 동화 『난 토마토 절대 안 먹어』를 들어본다. – 롤라는 어떤 음식을 싫어했을까? – 롤라가 싫어하는 음식을 계속 안 먹으면 어떻게 될 것 같니? 2. 동화 속 롤라와 같이 비슷한 경험이 있었는지 이야기 나눈다.   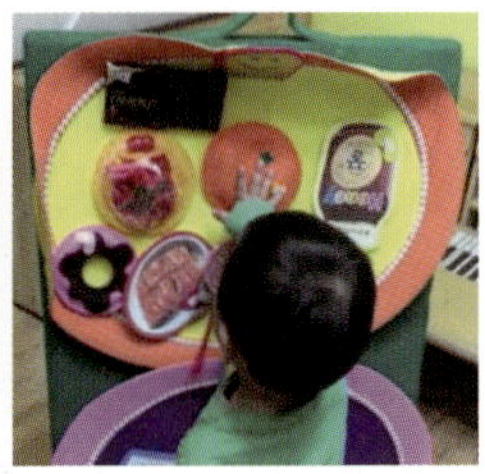 – 좋아하는/ 싫어하는 음식은 무엇이니? 3. 싫어하는 음식에 대해 재미있는 이름을 붙여본다. 4. 활동카드에 그림과 글로 생각을 표현해 본다. – 내가 먹기 힘든 음식을 여기에 그려보고, 재미있는 이름으로 바꾸어 보자. 5. 여러 가지 음식에 재미있는 이름을 붙여 음식 이름 그림책을 만들어 본다. – 새로운 음식 이름을 친구들에게 소개해 보자. – 비슷한 음식 카드끼리 모아볼까? 6. 오늘의 식단표를 보면서 먹기 힘든 음식이 있다면 이름을 바꾸어서 식단표를 만들어 보고 한 번씩 먹어보는 경험을 가진다.
비고	교사는 유아의 바람직한 식습관 형성 안내 시 개인차를 고려하여 수용적으로 진행하도록 한다.

■ 유아(3~5세) – 역할놀이를 통한 건강교육 활동

활동명	병원놀이
활동목표	• 병원놀이를 해보면서 의사와 간호사가 하는 일에 관심을 가진다. • 병을 예방할 수 있는 방법에 관심을 가진다.
누리과정 관련요소	• 신체운동 · 건강 : 건강하게 생활하기 • 사회관계 : 더불어 생활하기
활동자료	의사 가운, 간호사 가운, 붕대, 의약품 모형, 병원놀이 소품(청진기, 처방전 등)
활동방법	1. 병원에 가본 경험에 대해 이야기 나눈다. – 병원에 가본 적이 있니? – 병원에서 무엇을 보았니? 2. 병원에서 의사와 간호사가 하는 일에 대해 이야기 나눈다. – 의사/ 간호사는 어떤 일을 할까? 3. 병원놀이 소품 중 청진기에 대해 알아보고 탐색한다. – 친구의 가슴에 대고 들으니 어떤 소리가 들리는 것 같니? 4. 역할을 나누어 청진기 놀이를 해본다. – 병원놀이 하려면 어떤 역할/ 사람이 필요할까? 5. 의사, 간호사, 환자의 역할을 정해서 병원놀이를 해본다. – 우리 서로 바꾸어서 다시 놀이해 보자. 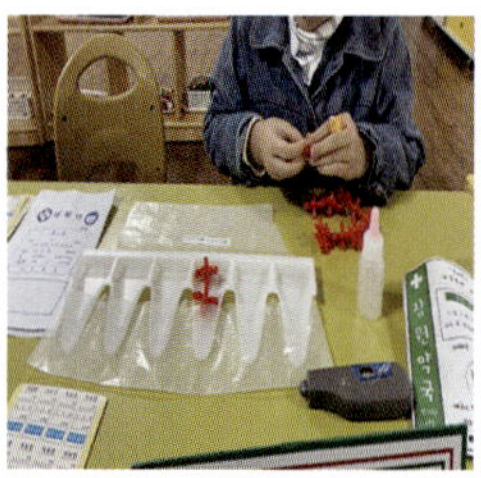   6. 병을 예방할 수 있는 것에 관심을 가지고, 병원놀이에 대하여 소감을 말해본다. – 아프지 않고 병을 예방하기 위해 어떤 노력을 해야 할까요? – 어떤 역할이 재미있었나요?
비고	유아 발달 수준에 따라 병원놀이 소품은 구체적 사물 또는 추상적 사물까지 다양하게 사용하여 놀이를 지원할 수 있다.

■ 유아(3~5세) – 게임을 통한 건강교육 활동

활동명	깨끗이 하기 게임
활동목표	• 건강한 몸을 유지하기 위해 몸을 깨끗이 씻어야 함을 안다. • 우리 몸을 깨끗하게 해주는 물건을 안다.
누리과정 관련요소	• 신체운동 · 건강 : 건강하게 생활하기 • 사회관계 : 나를 알고 존중하기
활동자료	게임판, 점수판, 주사위, 그림카드, 게임 말
활동방법	1. 『이게 무슨 냄새지?』 동화를 감상한다. – 동화에서 어떤 냄새가 났을까? 2. 동화를 듣고 이야기를 나눈다. – 우리가 동화 속의 돼지처럼 씻지 않고, 사람들이 있는 곳에 가면 어떤 일이 생길까? – 몸을 계속 씻지 않으면 어떤 일이 생길까? 3. 게임자료를 살펴보면서 게임방법을 알아본다. 〈게임방법〉 1. '몸'이 그려진 점수판에 세균들을 붙여두고(20개 정도) 게임을 시작한다. 2. 주사위를 던져 나온 숫자만큼 말을 옮긴다. 3. 도착하는 지점에 비누, 수건 등 몸을 씻는 도구가 나타날 경우 점수판에 있는 세균을 떼어낸다. 4. 물음표 칸에 가게 되면 그림카드를 뒤집는다. 이때 그림카드에는 다양한 상황이 제시되어 있으며(예 모래놀이를 해서 손이 더러워졌어요/ 간식을 먹기 위해 손을 씻었어요 등), 이에 따라 점수판에 세균을 붙이거나 더해야 한다. 5. 몸에 붙은 세균을 먼저 없애는 팀이 이긴다. 4. 게임규칙을 정한다. – 게임을 즐겁고 안전하게 하기 위하여 어떤 규칙들이 필요할까? 5. 팀을 나누고 우리 팀의 구호를 정한 후 게임을 해본다. – 같은 색깔의 옷이 들어간 친구는 같은 팀이 되도록 해본다. – 팀의 구호를 정해본다.

	   6. 게임 종료 후 친구들과 소감을 알아보고 활동을 마무리한다.
비고	

■ **유아(3~5세) – 음악을 통한 건강교육 활동**

활동명	무지개 야채
활동목표	• 여름철 야채와 과일의 종류와 특징을 안다. • 노랫말을 개사하여 불러본다.
누리과정 관련요소	• 예술경험 : 창의적으로 표현하기 • 신체운동 · 건강 : 건강하게 생활하기
활동자료	다양한 채소와 과일 사진자료, '무지개 야채' 노래 가사판, 리듬악기, 메모지, 매직
활동방법	1. '무지개 야채' 노래를 들어본다. 〈무지개 야채〉 아삭아삭 토마토는 무지개의 빨간색 오독오독 당근은 무지개의 주황색 사각사각 파프리카는 무지개의 노란색 오독오독 오이는 무지개의 초록색 아삭아삭 오독오독 무지개는 맛있다 아삭아삭 오독오독 무지개는 맛있다 2. '음'이나 '아'의 한 음절 소리로 노래 부르며 노래음을 익혀본다. 3. 가사 노랫말을 알아보고 부분으로 노래를 불러본다.

	4. 노래 전체를 함께 불러본다.   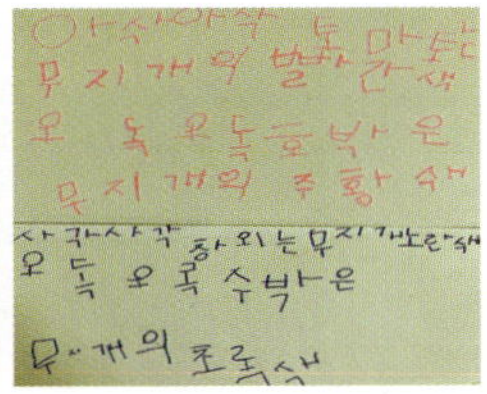 5. 노랫말을 개사하여 불러본다. – 노랫말에 나오는 채소와 과일의 이름을 바꾸어 불러보자. – 토마토 대신 바꾸어 부를 수 있는 빨간 채소나 과일에는 어떤 것이 있을까? 6. 다양한 리듬악기를 활용하여 연주해 본다.
비고	

■ **유아(3~5세) – 미술을 통한 건강교육 활동**

활동명	채소 콜라주 '내 얼굴'
활동목표	• 다양한 재료를 활용하여 나의 모습을 표현한다. • 나를 긍정적으로 생각하는 태도를 가진다.
누리과정 관련요소	• 예술경험 : 창의적으로 표현하기 • 사회관계 : 나를 알고 존중하기
활동자료	얼굴 사진, 도화지, 여러 가지 채소 재료, 목공풀, 양면테이프, 플라스틱 칼
활동방법	1. 내 사진을 보며 이야기 나눈다. – 눈, 코, 입, 내 얼굴을 살펴보자. 2. 신문이나 잡지책에 나온 사람들의 얼굴과 표정을 보며 이야기 나눈다. – 어떤 표정이 마음에 드니? 3. '내 얼굴 만들기' 활동 전 준비된 채소 활동 재료들을 탐색해 본다. – 이 재료로 내 얼굴을 어떻게 표현할 수 있을까?

	4. 내 얼굴을 꾸며본다. – 거울을 보며 얼굴을 관찰해 보자. – 내 얼굴을 어떻게 만들어 보고 싶니? – 어떤 채소로 눈, 코, 입을 표현하면 좋을까?    5. 만든 작품을 친구들에게 발표하고 서로 감상하는 시간을 가진다. – 친구의 작품 중 어떤 점이 재미있었나요?
비고	채소 콜라주 진행 시 채소 단면의 물기가 많아 표현이 어려운 경우가 있으므로 활동 전 미리 채소를 잘라 말려서 준비할 수 있다.

■ **유아(3~5세) – 요리를 통한 건강교육 활동**

활동명	'파프리카 샐러드' 만들기
활동목표	• 다양한 채소와 과일의 종류를 알아본다. • 몸에 좋은 음식에 관심을 가지고 먹어본다.
누리과정 관련요소	• 신체운동 · 건강 : 건강하게 생활하기 • 자연탐구 : 생활 속에서 탐구하기
활동자료	파프리카, 양상추, 옥수수, 방울토마토, 샐러드 소스, 플라스틱 칼, 접시, 숟가락, 포크, 요리 순서도, 앞치마, 머릿수건
활동방법	1. 파프리카를 먹어본 경험에 대하여 이야기 나눈다. – 파프리카 샐러드를 먹어본 적 있니?/ 파프리카는 어떤 맛일까? – 파프리카로 만드는 요리에는 무엇이 있을까? 2. 준비된 요리재료와 도구를 탐색한다. – 어떤 요리재료들이 있니? – OO를 만져보니 어떤 느낌이 드니? – 어떤 냄새가 나니?/ 먹으면 어떤 맛이 날까?

	3. 요리 순서도를 보며 요리방법을 알아본다. 〈요리방법〉 1. 머릿수건과 앞치마를 착용하고, 손을 씻고 요리재료를 준비해 주세요. 2. 파프리카 윗부분을 잘라내고 속을 파내주세요. 3. 오이와 방울토마토를 반으로 잘라주세요. 4. 양상추를 한 입에 먹을 만큼 작게 다듬어 주세요. 5. 다듬어진 채소들을 샐러드 볼에 담아주세요. 6. 내가 좋아하는 소스를 샐러드에 뿌려주세요. 4. 요리를 할 때 지켜야 할 약속을 알아본다. – 플라스틱 칼을 어떻게 사용해야 할까? – 안전하게 요리하려면 어떤 약속들을 지킬 수 있을까? 5. 손을 씻고 샐러드 만들기 후 친구들과 함께 먹어본다.   
비고	자료 출처 : https://youtu.be/oOpXdPJRzaU

■ **유아(3~5세) – 지역사회 연계를 통한 건강교육 활동**

활동명	바르게 양치를 해요
활동목표	• 보건소 견학 후 몸을 건강히 하는 방법을 안다. • 올바른 방법으로 이를 닦는다.
누리과정 관련요소	• 신체운동 · 건강 : 건강하게 생활하기 • 사회관계 : 더불어 생활하기
활동자료	이 닦는 방법 그림 자료, 개인 유아 칫솔, 치약, 이름표
활동방법	1. 『충치 왕국』 동화를 들어본다. – 이를 닦지 않으면 어떤 일이 생길까? 2. 보건소 견학 활동 내용에 대해 안내하고 견학 시 지켜야 할 규칙을 알아본다. – 보건소에 가서 함께 지켜야 할 약속으로는 무엇이 있을까?

<table>
<tr><td></td><td>3. 보건소 건강교육을 통해 구강검진 놀이를 경험한다.
– 악어의 입을 치료해 주자. '아~' 하고 입을 벌려보세요.

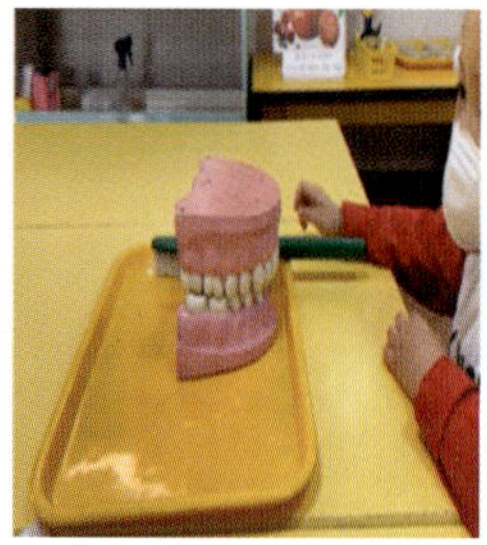

4. 바르게 이 닦는 방법을 알아본다.
– 이를 튼튼하게 하려면 어떻게 하면 좋을까?

5. 이 닦는 방법을 연습한 후 견학 활동에 대한 소감을 나눈다.
– 오늘 배운 방법으로 이를 닦아보자.
– 이 닦기 방법을 배우면서 어떤 점이 재미있었니?
– 우리 가족들에게도 이 닦는 방법을 알려줄 수 있을까?</td></tr>
<tr><td>비고</td><td></td></tr>
</table>

참고문헌

강문희 · 장연집 · 정정옥(2006). **아동정신건강**. 서울 : 정민사.

강재헌(2006). **소리 없이 아이를 망치는 질병 소아비만**. 서울 : 웅진지식하우스.

곽노의 · 박대근 · 박현미(2014). **영유아건강교육**. 경기 : 공동체.

교육부. http://moe.go.kr

교육부 · 보건복지부(2019). 2019 개정 누리과정해설서. 교육부 · 보건복지부.

______________(2016). 유치원 · 어린이집 아동학대 조기발견 및 관리 · 대응 매뉴얼.

교육부 · 한국보육진흥원(2024). 2024 개정 어린이집 평가 매뉴얼.

구미시어린이급식관리지원센터.

국민건강보험(2021). www.nhis.or.kr

__________(2024). https://www.nhis.or.kr/nhis/healthin/wbhaca04800m01.do

굿네이버스(2016. 4). 유아 정신건강 실태조사 및 긍정적 실천방안 제시. 우리아이 마음알기. 유아 정신건강 컨퍼런스 자료집, 9–15. 부산 : 부산광역시청 국제회의실.

권민균 · 문혁준 · 권희경 · 성미영 · 신유림 · 안선희 · 안효진 · 이경옥 · 천희영 · 한유미 · 한유진 · 황혜신(2012). **아동발달**(개정판). 서울 : 창지사.

기광도(2011). 가정학대경험과 청소년 비행 간의 관계분석. **한국경찰연구, 10**(4), 93–114.

김미예 · 권인수 · 구현영(2008). **아동의 건강문제와 간호**. 경기 : 군자출판사.

김민정 · 엄정애(2005). 유아의 혼자놀이와 기질 및 문제 행동과의 관계. **아동학회지, 26**(5), 1–14.

김선희(2004). 한국 유아의 스트레스와 행동문제와의 관계에 대한 완화요인의 효과. **유아교육연구, 24**(2), 135–158.

김수정 · 이재연(2013). 유아교사의 아동학대 신고 의도에 영향을 미치는 요인. **아동과 권리, 17**(2), 205–228.

김숙령(2002). **제6차 유치원교육과정에 기초한 유아 수학교육.** 서울 : 학지사.

김숙령 · 김미정 · 조수경(2014). 어머니 심리특성과 부부관계 특성이 영아 사회성 발달에 미치는 영향 : 아버지 부부관계 특성을 매개효과로. **열린유아교육연구, 19**(4), 105–124.

김숙이 · 손수민 · 고선옥 · 신리행(2016). **아동건강교육**. 경기 : 정민사.

김연진 · 송주미(2009). **유아건강교육**. 서울 : 동문사.

김영옥 · 백혜리 · 최미숙 · 황윤세(2009). **아동발달론.** 경기 : 공동체.

김영혜 · 권봉숙 · 양영옥 · 어용숙 · 오진아 · 이내영 · 이영은 · 이지원 · 정향미(2009). **영유아 교사를 위한 아동간호학**. 경기 : 양서원.

김요섭(2011). 아동학대에 대한 장애아동 부모와 일반아동 부모의 인식 비교 연구. **특수아동교육연구, 13**(4), 63–82.

김은심 · 성은영 · 윤성운 · 손미애 · 김선의(2016). **표준보육과정과 누리과정에 기초한 영유아 건강교육**. 서울 : 파란마음.

김은주 · 이시자(2011). **아동영양학**. 경기 : 공동체.

____________(2015). 유아의 자아존중감과 자아탄력성이 행복감에 미치는 영향. **한국보육학회지, 15**(4), 282–300.

김정화 · 이재연(2012). 어린이집 재원 시간에 따른 유아의 일상적 스트레스와 어린이집 질적 수준의 중재효과. **한국보육지원학회지, 9**(6), 357–377.

김평화 · 윤혜미(2013). 아동학대가 아동의 정서결핍과 공격성에 미치는 영향. **한국아동복지학, 41**, 217–239.

김혜경(2012). **영유아 건강교육**. 경기 : 공동체.

김혜영 · 석말숙(2003). 아동기 학대적 경험이 자녀학대에 미치는 영향력에 관한 연구 : 개인특성 및 가족관계의 매개효과를 중심으로. **한국아동복지학, 16**, 71–97.

대한심폐소생협회(2011). 한국 심폐소생술 지침.

류경화 · 정명순 · 지주영(2008). **영유아건강교육의 이론 및 실제**. 서울 : 동문사.

문혁준 · 권희경 · 김명애 · 김상희 · 김정희(2016). **영유아 건강교육**. 서울 : 창지사.

문혁준 · 김혜경 · 박복매(2012). **아동영양학**. 서울 : 창지사.

박가희 · 정계숙(2011). 유아–교사 간 애착안정성 정도에 따른 유아의 스트레스 및 대처행동 연구. **교육혁신연구, 21**(2), 103–117.

박성혜 · 김광웅(2003). 유아의 일상적 스트레스에 영향을 미치는 미시체계 변인 탐색. **아동학회지, 24**(4), 1–14.

박인숙 · 이은주 · 노승옥 · 류혜숙 · 박혜숙(2015). **아동건강교육**. 서울 : JMK.

박현진 · 배주미 · 허자영 · 김영화 · 송현주 · 이수림 · 허지은(2010). ADHD아동–부모 프로그램 개발. 서울 : 한국청소년상담원.

박혜숙 · 김보기(2013). 아동학대의 발생원인과 유형별 분석을 통한 조치방안 연구. **21세기사회복지연구, 10**(2), 287–311.

법제처. www.moleg.go.kr

보건복지부(2020). 2019 아동학대 주요 통계.

__________(2011). 어린이집 건강관리 매뉴얼.

__________(2013). 영유아 지역정신건강증진사업 모델 개발.

________(2014). 국민건강영양조사.

________(2015). 한국인 영양섭취기준 활용가이드북.

________(2016). 어린이집 평가인증안내.

________(2020). 보건복지부 고시 제 2020-47호 제4차 어린이집 표준보육과정 고시문. 보건복지부.

________(2020). 제4차 어린이집 표준보육과정(0~2세) 해설서. 보건복지부.

________(2021). 코로나바이러스감염증-19(COVID-19) 정보.

________(2024). 아동학대 주요 통계.

보건복지부·아동권리보장원(2020). 아동학대 신고의무자가 꼭 알아야 하는 아동학대 예방요령.

보건복지부·중앙아동보호전문기관(2016). 아동학대 신고의무자 교육자료.

보건복지부·질병관리본부(2017). 소아·청소년 표준 성장 도표.

보건복지부·한국영양학회(2015). 한국인 영양소 섭취기준.

________________(2020). 2020 한국인 영양소 섭취기준.

설진화(2009). **정신건강론.** 경기 : 학현사.

손남숙·이숙희(2008). 부모의 양육태도가 만 4세~6세 유아의 사회성 발달에 미치는 영향. **미래유아교육학회지, 15**(2), 49-77.

송정아·이양희(2004). 유아의 일상적 스트레스와 반사회적 행동과의 관계 연구. **생활과학, 7**, 189-206.

식품의약품안전처·어린이급식관리지원센터(2013). 식품안전·영양 교육을 위한 교수·학습과정안 : 만 3~5세 미취학 아동.

____________________________(2013). 영유아 단체급식 가이드라인.

식품의약품안전청(2011). 유아 식생활과 건강 지침서.

__________(2012). 유아식생활과 건강.

식품의약품안전평가원(2020). 코로나19 예방을 위해 올바른 체온계 사용법 알아 두세요.

신순식(2014). **아동간호학**. 경기 : 정민사.

____(2014). **영유아교사와 엄마를 위한 영양과 건강교육**. 경기 : 공동체.

심성경·고경미·이선경·변길희·강 진·류경희(2015). **영유아 건강교육**. 경기 : 양서원.

아동권리보장원. https://www.ncrc.or.kr

어린이급식관리지원센터. https://ccfsm.foodnara.go.kr

연합뉴스(2011. 5. 11). 한국 아동 자폐증 발병률 2.64%… 美의 2배 이상. 2016. 7. 26. 인출, www.echild.or.kr

염현경(1988). 유아의 일상적 스트레스 척도의 개발을 위한 연구. **한국심리학회지 : 발달, 11**(1), 67-82.

예방접종도우미. nip.cdc.go.kr/irgd/index.html

오경숙·강영식·박창욱·김영분·이정민(2015). **아동영양학**. 경기 : 공동체.

오미경·이은미(2015). **아동건강교육**. 경기 : 공동체.

이 숙·김수미(2009). 유아의 일상적 스트레스 및 부적응 행동 : 유아의 개인적 변인과 어머니의 심리사회적 변인을 중심으로. **대한가정학회지, 47**(1), 1-12.

이 영·이정희·김온기·이미란·조성연·이정림·유영미·이재선·신혜원·나종혜·김수현·정지나(2009). **영유아발달**. 서울 : 학지사.

이기숙·장영희·이윤경·정미라·심성경·손순복·김영아(2015). **유아발달**. 경기 : 양서원.

이민규(2004). **현대생활의 적응과 정신건강**. 서울 : 교육과학사.

이숙재·이봉선(2012). **영유아의 발달과 교육.** 서울 : 창지사.

이순형·이성옥·민하영·이영미·한유진·장영은·최나야·김지현·김진경·정현심(2009). **영유아건강교육**. 서울 : 학지사.

이시자(2013). 유아의 성별, 기질, 유아-어머니 간 기질 조화적합성과 유아의 일상적 스트레스 간의 관계. **유아교육연구, 33**(5), 257-278.

이은주(2010). 유아의 건강관리에 대한 교사의 인식과 역할수행. 충남대학교 교육대학원 석사학위논문.

이재연·한지숙(2003). 아동과 부모, 가족환경 특성에 따른 아동학대 실태 연구. **아동학회지, 24**(2), 63-78.

이정균·김용식(2001). **정신의학**(제4판). 서울 : 일조각.

이종숙·김연진·박근주·강지현·황선명·이영민·이미화·최 진(2009). **영유아 영양과 활동**. 경기 : 양서원.

임 혁·채인숙(2015). **정신건강의 이해**(제3판). 경기 : 공동체.

임미혜·정정옥(2010). **유아교육기관에서의 건강교육**. 서울 : 창지사.

장용환·송지혜(2011). 아동기의 학대경험이 청소년 자아존중감 및 자살생각에 미치는 영향. **정책과학연구, 20**(2), 80-104.

전남련·성은숙·김기선·이은임·남궁기순·이효수·김재환·박은희·이선영·김연옥·백향기·나현행·강은숙·엄영숙(2014). **유아발달**. 경기 : 양서원.

전석균(2013). **정신건강론**. 경기 : 공동체.

정미라·배소연·이영미(2004). **유아 건강교육**. 경기 : 양서원.

__________________(2007). **영유아를 위한 건강 및 영양교육**. 경기 : 양서원.

정옥분(2003). **아동발달의 이론**. 서울 : 학지사.

______(2006). **영유아발달의 이해**. 서울 : 학지사.

______(2012). **영아발달.** 서울 : 학지사.

정옥분 · 정순화 · 손화희 · 김경은(2016). **아동권리와 복지**. 서울 : 학지사.

정효은 · 하영례(2009). 기관변인에 따른 5세 유아의 스트레스에 관한 연구. **놀이치료연구, 13**(3), 1–13.

정희영 · 방승미(2012). TV애니메이션 "뽀롱뽀롱 뽀로로"에 나타난 유아 인성교육 경향 분석. **유아교육연구, 32**(1), 159–180.

조경자 · 이현숙(2010). **유아건강교육.** 서울 : 학지사.

____________(2013). **유아건강교육.** 서울 : 학지사.

조성연 · 이정희 · 천희영 · 심미경 · 황혜정 · 최혜영 · 전효정(2014). **영아발달**. 서울 : 신정.

조숙인 · 송하나 · 김연수 · 김주련 · 김문정(2020). 감염병 재난 극복을 위한 영유아 심리방역 매뉴얼. (사업보고 2020-01). 육아정책연구소.

조형숙 · 박은주 · 강현경 · 김태인 · 배정호(2013). **유아발달**. 서울 : 학지사.

주영은 · 성영화 · 이숙자(2011). **아동건강교육**. 경기 : 공동체.

__________________(2012). **아동건강교육**. 경기 : 공동체.

질병관리본부. www.cdc.go.kr

질병관리청 예방접종도우미(2021). 표준예방접종일정표.

질병관리청(2020). 한국심폐소생술 가이드라인.

최나야 · 서주현 · 김진경(2010). 유아와 학령기 아동의 일상적 스트레스에 관한 연구 동향 분석 : 1990~2009년 게재 논문의 연구대상, 내용, 방법을 중심으로. **한국가정관리학회지, 28**(2), 97–110.

최옥주(2016). 어머니의 양육스트레스와 우울, 유아 사회성 간의 종단연구. **유아교육연구, 36**(3), 127–149.

최혜진 · 남미경 · 손원경(2014). 어린이집 건강과 영양, 안전관리 현황과 과제. **한국보육지원학회지, 10**(2), 43–71.

하새봄 · 손원경(2015). 유아 건강교육에 대한 어린이집 교사의 개념도 분석. **교사교육연구, 54**(2), 188–198.

하애화 · 최경희(2011). **아동영양학**. 경기 : 공동체.

하정훈(2016). **삐뽀삐뽀 119 소아과.** 서울 : 그린비.

한국간호학회(1996). **간호학대사전**.

한국보육진흥원(2019). 2019 평가인증 문서 서식 양식.

____________(2020). 2020 어린이집 평가 매뉴얼(어린이집용).

한국지능정보사회진흥원 스마트쉼센터. https://www.iapc.or.kr/kor/index.do

허혜경·김성희(2015). **영유아를 위한 건강과 영양**. 서울 : 창지사.

홍광표·조준오(2015). 유아 미디어 및 인터넷 중독 경향성이 문제행동에 미치는 영향. **유아교육연구, 35**(4), 469–491.

홍길회·정미자(2014). **영유아건강교육.** 서울 : 동문사.

홍순정·김희태(2014). **유아사회교육**(제2판). 경기 : 공동체.

환경부(2011). 어린이 건강 유해물질 사용제한 규정.

황인옥(2015). 보육교사의 아동학대 신고의도에 영향을 미치는 요인. **아동교육, 24**(3), 329–345.

Berk, L. E.(2013). *Child Development*(9th ed.). Upper Saddle River, NJ : Pearson Education, Inc.

________(2017). *Development through the Life Span*(7th ed.). Upper Saddle River, NJ : Pearson Education.

Brown, J. E.(2005). *Nutrition through the Life Cycle*. Belmont : Thomson Wadsworth.

Caspi. A., & Silva, P. A.(1995). Temperament qualities at age three predict personality traits in young adulthood : Longitudinal evidence from a birth cohort. *Developmental Psychology, 66*(2), 486–498.

Crnic, K. A., Gaze, C., & Hoffman, C.(2005). Cumulative parenting stress across the preschool period : Relations to maternal parenting and child behaviour at age 5. *Infant and Child Development, 14*(2), 117–132.

Cummings, E. M., & Davies, P. T.(2010). *Marital Conflict and Children : An emotional security perspective*. New York and London : The Guilford Press.

Feldman, R., & Eidelman, A. I.(2005). Biological and Environmental Initial Conditions Shape the Trajectories of Cognitive and Social–emotional Development across the First Years of Life. *Developmental Science, 12*(1), 194–200.

Gagne, R., & Briggs(1979). *The Conditions of Learning and Theory of Instruction*(4th ed.). New York : Haper Collins Publishers Inc.

Gross, D.(2008). *Infancy : Development from Birth to Age 3*. Upper Saddle River, NJ : Pearson Education, Inc.

Hart, A. D.(1997). 김원주 역. **엄마 아빠, 스트레스 좀 주지 마세요**. 서울 : 베다니출판사.

Harter, S.(2006). The Self. In N. Eisenberg(ed.), *Handbook of Child Psychology : Social, Emotional, and Personality Development*(6th ed., Vol. 3, pp. 505–570). Hoboken, NJ : Wiley.

Hoffner, C., & Badzinski, D. M.(1989). Children's Integration of Facial and Situational Cues to Emotion. *Child Development, 60*(2), 411–422.

Humphrey, J. H.(2004). *Childhood Stress in Contemporary Society*. New York : The Haworth Press Inc.

Lewis, M.(1995). Self-conscious Emotions. *American Scientist, 83*(1), 68–78.

Marsh, H. W., Ellis, L. A., & Craven, R. G.(2002). How do Preschool Children Feel About Themselves? Unraveling Measurement and Multidimensional Self-concept Structure. *Developmental Psychology, 38*(3), 376–393.

Moll, H., & Tomasello, M.(2006). Level 1 Perspective-taking at 24 Months of Age. *British Journal of Developmental Psychology, 24*, 603–613.

NAEYC(1998). Position Statement on Licensing and Public Regulation of Early Childhood Programs. www.naeyc.org/resources/position_statements/pslicense.htm.

Newcombe, N., & Huttenlocher, J.(1992). Children's Early Ability to Solve Perspective-taking Problems. *Developmental Psychology, 28*(4), 635–643.

Santrock, J. W. (2005). *Life Span Development*(10th ed.). New York : McGraw-Hill.

Schore, A. N.(2001). The Effects of Early Relational Trauma on Right Brain Development, Affection Regulation, and Infant Mental Health. *Infant Mental Health Journal, 22*(1–2), 201–269.

Sroufe, L. A., Egeland, B., Carlson, E., & Collins, W. A.(2005). The Place of Early Attachment in Developmental Context. In K. E. Grossmann, K. Grossmann, & E. Waters(eds.), *Attachment from Infancy to Adulthood : The Power of Longitudinal Studies*(pp. 48–70). New York : Gulliford Publications.

Stein, N. L., & Levine, L. J.(1999). The Early Emergence of Emotional Understanding and Appraisal : Implications for Theories of Development. In T. Dalgleish & M. J. Power(eds.), *Handbook of Cognition and Emotion*(pp. 383–408). Chichester, UK : Wiley.

Thomas, A., & Chess, S.(1977). *Temperament and Development*. Oxford, England : Brunner/Mazel.

Thompson, R. A.(1998). Early Sociopersonality Development. In W. Damon & N. Eisenberg (eds.), *Handbook of Child Psychology*(5th ed., Vol. 3, pp. 25–104). New York : John Wiley & Sons.

Werker, J. F., & Tees, R. C.(1984). Cross-language Speech Perception : Evidence for Perceptual Reorganization during the First Year of Life. *Infant Behavior and Development, 7*, 49–63.

World Health Organization(2013). Mental Health Action Plan 2013(pp. 1–45).

법령

미국 건강교육증진협의회(Association for the Advancement of Health Education)

미국 건강교육표준기구(Joint Committee on National Health Education Standards)

미국 공공건강협회(American Public Health Association)

미국 학교건강협의회(American School Health Association)

영유아보육법(법률 제17785호, 2020. 12. 29. 일부개정 및 시행)

찾아보기

저자소개

임민정
중앙대학교 대학원 석사
미국 조지아대학교 박사
현 경북대학교 아동학부 교수

임영심
중앙대학교 대학원 석사, 박사
전 경북대학교 아동학부 교수

정정희
미국 남일리노이주립대학교 석사, 박사
현 경북대학교 아동학부 교수

제3판
2019 개정 누리과정 · 2024 개정 표준보육과정을 반영한
영유아건강교육

| 공저자 | 임민정 · 임영심 · 정정희

| 1판 1쇄 | 발행 2017년 9월 15일
| 1판 4쇄 | 발행 2020년 7월 30일
| 2판 1쇄 | 발행 2021년 8월 30일
| 2판 4쇄 | 발행 2024년 8월 30일
| 3판 1쇄 | 발행 2025년 7월 30일

| 발행인 | 김동훈
| 발행처 | **공동체**

| 주소 | 경기도 고양시 일산동구 호수로 358-39 동문타워 I 905호(백석동)
| 전화 | 031) 814-3000(대표)
| 팩스 | 031) 814-3100
| 홈페이지 | www.compub.co.kr
| 전자우편 | compub@naver.com
| 출판등록 | 2005년 10월 6일
| 등록번호 | 제396-2005-6호

| ISBN | 979-11-6725-863-2
정가 22,000원